리더십 워크북

5도의 리더십 : 진단 · 처방 · 적용

리더십 워크북

5도(度, Do)의 리더십 : 진단·처방·적용

김재득 지음

공동체

시작하는 말

정보화 · 세계화 사회라는 말이 익숙하기도 전에 우리를 둘러싼 이 시대의 패러다임은 '지식사회'(Knowledge Society)를 넘어 '지혜사회'(Wisdom Society)로 넘어가고 있다. 지혜사회가 도래하면서 가정, 학교, 일터를 비롯한 모든 조직의 구성원들은 새로운 지혜와 정보를 요구하고 있다. 현대의 사람들은 성공하고 싶어 한다. 그런데 성공하기 위해서는 어떤 유형의 길을 가든지 반드시 '리더십 관문'을 통과해야 한다. 리더십은 양날의 검이다. 즉, 성공한 사람들의 키워드이자 동시에 실패한 사람들의 키워드이기도 하다.

리더십은 행정부, 국회, 군대와 같은 대규모 공식조직만의 이야기가 아니다. 리더십은 가정, 학교, 동창회, 종교단체, 운동단체, 학교 조별모임, 동아리, 친목회 등 인간관계가 존재하는 모든 일상에 스며있는 현실적인 문제이다. 즉, 자녀 교육의 상투적인 고민에서 벗어나 자녀의 미래를 리더십의 전망에서 발견하고, 진정한 방향성을 제시해 주는 부모가 되기 위해서도 리더십이 필요하게 되었다.

자못 리더십의 과잉시대다. 필자는 과잉과 포화로 자칫 오도된 리더십의 개념을 독자적으로 접근하였다. 리더십도 어제 오늘 생겨난 이론이 아니다. 스토리텔링과 동화의 근원을 거슬러 올라가면, 인류의 무의식과 신화, 전설, 구전까지 닿아 있듯이, 리더십 역시 인류의 역사와 함께 한다. 호메로스의 오디세이와 칭기즈칸, 셰익스피어 희곡에 등장하는 인물들의 대사에도 리더십이 녹아있다. 필자는 '고전의 지혜'를 '오늘의 언어'로 해석하여 '내일의 비전'을 제시할 것이다. 리더십의 초대를 받은 독자는 리더십의 정글에서 올바른 방향으로 안내받아 꿈을 이루길 바란다.

본 과정은 총 6부의 모듈(Part, Module)과 13개의 장(Chapter)으로 구성되어 있다. 본 과정은 경영학, 심리학, 교육학, 사회학, 사회복지학, 비서행정학, 행정학뿐만 아니라 인성교육, 청소년 리더십 훈련 관련 분야에도 참고서적 및 주교재로 이용 가능하도록 구성하였다. 따라서 대학, 지방자치단체 그리고 기업 및 기타 조직에서 워크숍을 실시할 수 있도록 구성된 책이다.

리더십은 "가르칠 수는 없지만 배울 수는 있다." 이 프로그램은 필자의 리더십 해외 연수 및 사회경험, 서강대학교와 가톨릭 의과대학의 리더십 강의경험, 종교단체, NGO, 사회복지단체를 대상으로 지난 10여 년간 적용해 본 노하우(Knowhow)를 토대로 구안하였다.

필자는 그동안 리더십 이론 서적만 난무한 가운데 리더십 프로그램과 매뉴얼이 부족함을 번번이 느끼고, 워크북의 출현을 바라는 독자들을 위해 수많은 리더십 서적들을 독파한 결과이다. 따라서 필자는 이 책을 구성하면서 리더십을 이론적으로 다루지 않고 다음의 원칙을 기본 방향으로 설정하여 구성하였다.

첫째, 리더십은 인기가 아니라 성과다. 성공하는 개인 또는 성공하는 지도자가 되기 위해서는 리더십이 필수 덕목이다. 그렇다면, 리더는 어떤 사람이고 리더십이란 무엇인가? 인간과 조직은 어떤 관점에서 볼 수 있는가? 리더가 실천해야 할 과제들은 무엇이고 어떻게 실행해야 하는가? 현재 진행되고 있는 리더십의 주요 이슈와 훈련방법은 무엇일까? 이 책은 저자가 이런 문제의식에서 출발하여 10여 년간 연구하고 대학교에서 가르친 필자의 경험과 다양한 계층의 현장교육에 적용함으로써 검증을 마친 훈련 프로그램이다. 즉, '자기학습'과 '팀 학습'이 가능하도록 설계된 개방적이고 경험적인 훈련 프로그램이다.

둘째, 이 책은 기존의 교육처럼 일방적인 주입식 강의를 배제하였으며, 다양한 '퀴즈'와 '게임'으로 학습의 참여도를 높였다. 리더라고 해서 다 같은 리더가 아니다. 리더마다 제각기 뭔가 다름이 있고 특색이 있다는 말이다. 그러므로 우선 자기가 어떤 모습의 리더인지 진단파악해 보고, 그 다음에 어떤 리더가 될 것인지, 아니면 어떤 리더가 되고 싶은지 '자기 견적'을 도출하는 처방을 스스로 내려야 한다. 그 다음 단계에서는 그러한 리더가 되기 위해 갖추어야 할 적용훈련을 충분히 해야 한다는 점이다.

셋째, 이 책을 통해 토의하고 발표하고 같이 대안을 찾아보는 과정에서 여러분은 서로 배우고 학습하게 될 것이다. "측정 없이 개선 없다."라는 말이 있다. 우선 자기가 어떤 리더인지 알아보고 자기의 리더십 패턴을 파악해 봄으로써 그대로 밀고 갈 것인지, 아니면 다른 모습으로 변신해 나갈 것인지 결정해야 한다. 스스로 자신의 리더십 패턴을 파악하고 그것을 바탕으로 앞으로 어떤 방향으로 나아가야 할 것인지 액션 플랜을 그려보고, 리더의 특성은 무엇이며 어떻게 하면 더 좋은 리더가 될 것인지에 대한 실천 과제도 생각해 보아야 한다. 따라서 자신의 리더십을 측정할 수 있을 뿐만 아니라 실질적인 리더십 훈련을 집중적으로 다루었다.

한 조직의 목표달성은 탁월한 리더와 더불어 훌륭한 팔로워들(followers)이 체험적인 훈련과 토론이 동시에 진행되어야만 가능하기 때문이다.

넷째, 추가적으로 이 책은 리더십의 여러 관점들 중에서 "리더십=팔로워십이다"라는 등식을 풀어보려는 노력의 산물이다. 우리는 흔히 지도자의 길, 즉 리더십에 대해서 많은 관심을 가져왔다. 그러나 봉사자의 길, 섬김(서번트)에 대한 서번트 리더십(Servant Leadership)과 팔로워십(Followership)에 대한 고민은 등한시하였다. 조직은 리더만의 것이 아니다. 모든 역사는 리더만이 화려하게 조명받는 리더의 무대였지만, 팔로워 또한 리더만큼 중요하다. 북경의 나비 한 마리의 퍼덕임이 지구 반대편의 상황에 영향을 미칠 만큼, 이 사회는 수많은 소수의 10%의 의견이 중시됨을 아무도 부인하지 못한다. 예측불허의 사회에서 잠재적 리더인 팔로워십의 등장이 필요한 이유이다. 필자는 팔로워를 '준비된 일인자', '잠재군 리더', 혹은 '주인의식을 지닌 사람'으로 확고한 리더십의 소유 여부에 따라 리더로 변신할 수 있는 대상이라는 소신을 가지고 이 책을 집필하였다.

다섯째, 이 워크북은 혼자서도 공부할 수 있도록 구성되었다. 하지만 리더십의 특성상 혼자보다는 사람들 사이에서 리더십은 작동되므로, 팀원끼리 함께 습득하면 훨씬 효과적이다. 1~2단계의 지식, 태도 부문은 개별적으로 공부하여도 무방하지만 연습, 진단, 처방, 적용, 토의 및 실천 부문은 팀별로 모여서 점검해보는 것이 가장 좋을 듯하다.

시작하는 말

필자는 리더십으로 가는 여정에 3가지를 필수품목으로 꼭 추천한다. 바로 '등대', '지도', '시계'이다. 이 3가지가 삼위일체가 되어야만 리더십의 항로에 길을 찾을 수 있다. 동시에 '독서', '여행', '대화'를 갖추게 된다면 금상첨화가 될 것이라 믿어 의심치 않는다. 바로 이것이 리더의 5도(度)와 아이 브랜드(I-Brand) 리더십을 이루는 첩경이다.

모든 일이 그렇듯이 처음이 없는 끝이 없고, 초보 시절이 없는 프로는 존재하지 않는다. 서툴지만 열심히 노력하고 도전한 결과로 자신의 미래를 개척하게 되는 것이고 리더로서의 자신을 완성해 가는 지름길이 된다. 적극적인 참여를 통해 여러분의 꿈과 리더십의 성취를 위한 첫걸음을 시작하기 바란다. '리더십의 정글 속에서 길 찾기'를 위한 워크북은 여러분 삶에 성실한 동반자가 될 것이다. 이제 남은 것은 줄탁동시(啐啄同時)의 추구와 리더십의 정글 속에서 길을 찾는 것이다.

이 책의 출간은 많은 분들의 사랑과 관심, 공감과 배려가 있었기 때문에 가능하였으므로 그분들에게 깊은 감사를 드립니다. 또한 필자의 의도를 정확히 경청하고 공감하면서 흔쾌히 배려하신 도서출판 공동체의 사장님과 임직원들께도 진심으로 감사드린다. 이 책을 펼쳐든 모든 분들이 부디 읽는 자 되지 마시고, 행하는 자 되시어 자신의 원대한 꿈을 성취하시기를 희망합니다.

2009년 7월 신촌 노고산 기슭 연구실에서

저자 김재두

01 PART 오리엔테이션 Orientation

02 PART 속도 리더십 Speed Leadership

06 PART 각도 리더십 Flexible Leadership

PART 1

오리엔테이션
Orientation

리더십 워크북의 기본 가치와 훈련 사이클

21세기형 뉴(New) 신언서판(身言書判)의 적용

케네디 스쿨(Kennedy School)이 선정한 리더십의 적용

진단 결과의 해석 및 평가

리더십 플랜 가이드(Leadership Plan Guide)

기대효과

This world revolves around Me.

세상은 나 중심으로 회전한다.

CHAPTER 1

리더십 플랜

리더십 플랜의 전체적인 플랜은 카네기 연구소의 훈련 사이클과 필자의 철학을 담아 제1단계 지식(Knowledge), 제2단계 태도(Attitude Change), 제3단계 연습(Practice), 제4단계 습관(Skill Development)의 4단계로 구성하였다. 워크북의 성격상 리더십에 대한 기초학습을 다진 후 자기 진단, 처방, 적용으로 이어지게 하였다. 그러므로 필자가 강조하는 5度(속도, 태도, 정도, 온도, 각도)의 리더십에 입각한 기본개요를 강의함과 동시에 학습, 진단, 토론, 적용 순으로 배우고 익히게 된다. 이러한 훈련과정은 일방적인 전달방식이 아닌 창조(Creation), 공동작업(Co-work), 소통(Communication) 등의 활동을 통하여 액션 러닝(Action Learning)이 이루어지도록 구성된 과학적이고 경험적인 학습방법이다.

리더십이란 "나도 저렇게 되어야지"에서 출발한다.
조직을 이끄는 리더는 "나도 저렇게 되어야지"라고
기대할 수 있는 모습을 보여줘야 한다.

– 좋은 리더가 되는 212가지 노하우 중에서 –

01 리더십 워크북의 기본 가치와 훈련 사이클

리더십 워크북의 핵심 가치에 대한 방향설정(Pathfinding)은 다음과 같이 정하였다.

(1) 지시→지원(Stewardship)의 리더십

(2) 군림→봉사(Servant leadership)의 리더십

(3) 리더 중심→팔로워 중심(Followership)의 리더십

(4) 만족→감동(Charismatic leadership)의 리더십

(5) 한 사람 리더→셀프 리더(Self-leadership)의 리더십

(6) 기법→원칙중심(Principle-centered leadership)의 리더십

(7) 팔로워의 리더→수퍼(리더의 리더)(Super leadership) 리더십

(8) 개인 승리→공생(Exemplary and Selfsacrificial leadership)의 리더십

(9) 물질적 동기→정신적·영적 동기(Transformational leadership)의 리더십으로 큰 방향을 잡았다.

| 그림 1-1 | 리더십 워크북의 기본 사이클(Cycle of Leadership Plan)

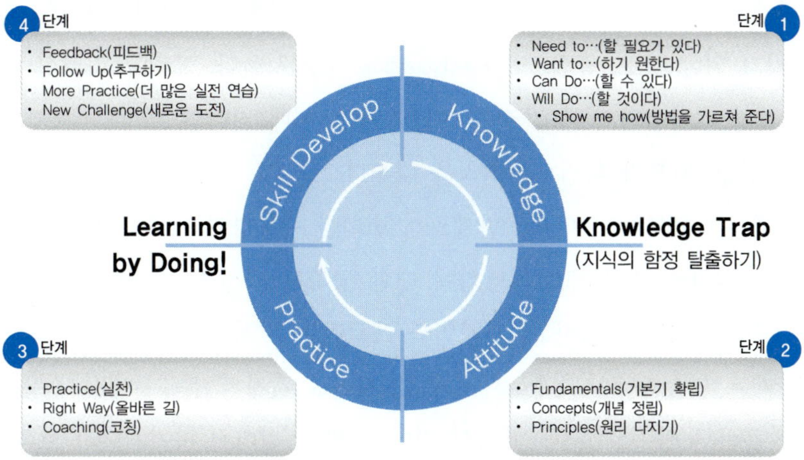

|표 1-1| 리더십 워크북의 4단계 적용

단 계	내 용	적용 리더십
제1단계 지식 (Knowledge)	**〈리더십 이론 리뷰〉** • 태도를 변화시키기 위한 정보, 방법, 노하우를 제시한다. • 리더십 이론의 흐름 및 리더의 기본 자질을 설명한다.	▪리더의 5도(度)(Five-Do) -개념정립, 기본기 확립, 원칙 다지기 ▪리더의 속도(速度) : Speed Leadership ▪리더의 태도(態度) : Attitude Leadership ▪리더의 정도(正度) : Rightous Leadership ▪리더의 온도(溫度) : Human Leadership ▪리더의 각도(角度) : Flexible Leadership
⇩		
제2단계 태도 (Attitude Change)	**〈리더십 임팩트〉** • 변화를 수용하여 새로운 것을 배우겠다는 확고한 의지를 형성 • 리더십에 대한 명확한 비전을 설정한다.	▪잠재 능력과 도전 의식 개발 ▪자기변화 프로젝트 시도
⇩		
제3단계 연습 (Practice)	**〈자기진단과 토론을 통한 리더십 리뷰〉** • 습득한 지식을 각자의 실생활에서 적용, 코칭을 통해 연습 한다.	▪리더 되기 게임 ▪리더십 자기진단 ▪코칭에 의한 올바른 실습
⇩		
제4단계 습관 (Skill Development)	**〈새로운 도전과 적용〉** • 기술연마(습관화)를 통해서 자신의 리더십 변화를 창조한다.	▪리더십 훈련을 통한 변화체험 나눔 ▪리더십 피드백 ▪더 많은 연습과 새로운 도전 ▪모델링되기

제1단계는 지식(Knowledge)단계로서 이는 개념을 이해하는 단계이다. 즉, 태도를 변화시키기 위한 정보, 방법, 노하우(Knowhow)를 제시한다. 그리고 리더십 이론의 흐름과 해당 리더십의 기본 자질을 설명하였다. 이때 리더의 5도(度, Five-Do)에 대한 개념 정립, 기본기 확립 및 원칙을 다진다.

제2단계는 태도(Attitude Change)단계로서 변화를 수용하여 새로운 것을 배우겠다는 확고한 의지를 형성하고, 리더십에 대한 명확한 비전을 설정한다. 이때 잠재 능력과 도전 의식을 개발하고, 자기변화 프로젝트를 시도한다.

제3단계는 연습(Practice)단계로서 습득한 지식을 각자의 실생활에서 적용, 코칭을 통한 올바른 실습을 한다. 따라서 리더십 게임, 리더십 자기진단과 토론을 통한 리더십 리뷰의 실전훈련 과정이다.

제4단계는 기술개발 및 습관(Skill Development)단계로서 기술 연마(습관화)를 통해서 자신의 리더십 변화를 창조하고 변화체험을 나누는 단계이다. 이때 피드백을 통해 습득한 리더십에 대한 구체적인 목표와 실천 계획을 바탕으로 새로운 도전과 적용이 이루어진다. 이러한 과정 중에서 가장 핵심적인 과정은 제3~4단계로서 '연습', '코칭', '새로운 도전', '리더역할 게임', '리더십 피드백', '리더십 자기진단', '리더십 토론'을 통한 '변화체험 나눔', '모델링되기'가 학습목표이다.

이러한 학습목표는 자신과 타인 및 공동체를 올바르게 이해함과 동시에 바르게 이해시키기 위한 작업이다. 이러한 매뉴얼은 도입단계(Introduction), 워밍업(Warming Up), 경험과 피드백(Experience & Feedback)으로 분류할 수 있다. 도입과 워밍업 단계에서는 자신을 소개하고 상대방을 이해하는 과정이며, 경험과 피드백 단계에서는 감정의 교류와 같은 '느낌 선물'을 하는 단계로 자신의 삶을 되돌아보고 리더십에 대한 새로운 플랜을 설계하게 된다.

02 21세기형 뉴(New) 신언서판(身言書判)의 적용

예전부터 내려오던 인재채용의 기준인 신언서판(身言書判)을 21세기형 리더십의 가치로써 온고지신(溫故知新)의 정신으로 이 책에 적용한다. 신언서판은 중국 당나라 때 관리를 등용하는 시험에서 인물 평가의 기준으로 삼았던 몸(體貌)·말씨(言辯)·글씨(筆跡)·판단(文理)의 네 가지를 이르는 말이다. 21세기형 뉴(New) 신언서판(身言書判)의 적용은 다음과 같이 한다.

신(身) : 신(身)이란 사람의 '풍채'와 '외모'를 뜻하는 말이다. 이는 사람을 처음 대했을 때 평가 기준이 되는 것으로 아무리 신분이 높고 재주가 뛰어난 사람이라도 첫눈에 풍채와 외모가 뛰어나지 못했을 경우, 정당한 평가를 받지 못하게 되기 쉽다. 예전에도 네 가지 중에서도 가장 먼저 나와 있는 것이 바로 외모이듯이 사람의 첫인상이 그만큼 중요하다는 뜻이다. 예나 지금이나 자신의 배필감을 고를 때, 가장 먼저 보는 것이 상대방의 겉모습, 외적 이미지인 신(身)이다.

하지만 21세기에는 단순히 외모만이 아니라 '정신과 육체'의 건강을 의미한다. 지식정보화 사회의 인재는 혼자서 수만 명을 먹여 살릴 수 있는 창의적인 인재가 되어야 하는데, 그 전제 조건은 건강이다. 건강이 뒷받침되지 않고서는 그 어떠한 창의적인 일도 제대로 수행해 낼 수 없다. 육체적·정신적 건강에 대한 자기관리의 엄격한 실천력을 지닌 리더가 요구된다. 본 교재에서는 '태도'와 '정도'의 리더십에 속하므로 '이미지 리더십', '도덕적 리더십' 부문에 이러한 훈련을 구성하였다.

언(言) : 사람의 언변을 이르는 말이다. 이것 역시 사람을 처음 대했을 때 아무리 뜻이 깊고 아는 것이 많은 사람이라도 말에 조리가 없고, 말이 분명하지 못했을 경우, 정당한 평가를 받기 어렵다. 의미 전달 능력이 분명한지를 체크하는 기준이다.

그러나 21세기형 '言'이란? 과거의 '언'이 말 잘하는 언변이었다면 지식 정보화 사회에서 '언'은 수평 조직에서 개인과 조직, 국가 간의 상이한 입장 차이나 첨예한 갈등을 원만하게 조정할 수 있는 '설득'과 '협상' 능력이다. 현대 사회의 핵심 키워드는 '다양성'과 '개성'이다. 그만큼 이익 관계와 갈등 관계가 첨예하게 진행되는 것이다. 이때 '소통의 리더십'을 가지고 서로의 입장을 충분히 경청한 후, 좀더 설득력 있는 합리적 대안을 도출하면서 대화할 수 있는 리더십을 지닌 사람이어야 하는 것이다. 이러한 훈련을 위하여 본 교재에서는 온도와 각도의 리더십에 속하므로 '경청 리더십', '질문 리더십', '칭찬과 유머 리더십', '통합과 소통의 리더십' 부문에 구성하였다.

서(書) : 글씨(필적)를 가리키는 말이다. 예로부터 글씨는 그 사람의 됨됨이나 정신 세계의 깊이를 말해 주는 것이라 하여 매우 중요시했다. 그래서 인물을 평가하는 데 글씨는 매우 큰 비중을 차지했기 때문에 사대부 집안에서는 자식들의 붓글씨 쓰는 능력을 향상시키기 위해 많은 정성을 기울였다.

이제 '書'의 기준 또한 변해야 한다. 지난 시절의 기준이 필적에 있었다면, 21세기형 리더가 지닐 덕목은 새로운 가치를 창조할 수 있는 학식이어야 한다. 이것은 남다른 발상과 아이디어로 새로운 상상력을 지닌 창조적 지식이 요구된다. 상상력에 코드를 꽂아야 하는 것이다. 메모하는 습관, 기록하는 습관을 의미하는 '적자생존(籍者生存)'과 세상의 이치와 세상의 메커니즘을 파악하게 하는 '독서(Reader)하는 리더(Leader)'를 의미한다. 따라서 이러한 훈련을 위하여 본 교재에서는 '속도'와 '각도'의 리더십에 속하므로 '창조적 리더십', '시간관리' 부문에 구성하였다.

판(判) : 끝으로 판(判)을 꼽았는데 사람의 문리(文理), 곧 사물의 이치를 깨달아 아는 판단력을 뜻하는 말이다. 사람이 아무리 체모(體貌)가 뛰어나고, 말을 잘하고, 글씨에 능해도 사물의 시비선악(是非善惡)을 깨달아 아는 능력이 없으면, 그 인물됨이 출중할 수 없다고 했다. '판'의 기준도 이제는 단순한 판단 능력에서 사물의 이치를 완벽하게 터득하고, 그것을 '위기관리'와 '변화관리'에 탄력적으로 적용할 수 있는 고도의 판단 능력으로 탈바꿈해야 한다. 지식정보화 사회에서는 미래의 변화 방향과 속도를 가늠하기 힘들다. 따라서 이러한 훈련을 위하여 본 교재에서는 '속도'의 리더십에 속하므로 '위기관리 리더십', '변화관리' 부문에 구성하였다.

03 케네디 스쿨(Kennedy School)이 선정한 리더십의 적용

하버드 대학교 케네디 스쿨의 리더십 핵심은 데이터를 분석하는 방법, 조직의 중간관리자로서 조직을 운영하는 방법, 한 조직의 장(長)으로서 리더십을 발휘하는 방법이 핵심이다. 하버드에서 리더십 교육은 강의식 수업은 거의 없고 대부분 토론식 수업이며, 스터디 그룹을 통해서 배운 리더십을 실험해 볼 수 있는 다양한 프로그램을 제공한다. 본 교재는 하버드 대학교에서 강조한 21세기 리더십도 함께 적용하였다. 그리고 이 시대가 요구하고 있는 종합예술로써의 리더십을 어떻게 함양시킬 것인가?에 대해 '나침반', '등대'와 같은 리더십을 추가적으로 설계하였다.

1) 성취적 리더십, 피그말리온 리더십

필자가 강조하는 5도의 리더십 중 '태도'의 리더십에 속하는 영역으로 비전과 목표를 달성하는 '성취적 리더십', '피그말리온 리더십'을 훈련한다. 전통적인 리더십 교육에서 최고의 유형으로 손꼽히는 것은 역시 성취적 리더십이다. 리더십의 존재 목적은 비전과 목표를 달성하는 것으로써 그렇지 못한 리더십은 실패한 것이다. 비전을 성취하는 리더십이 절대 필요한 것이다. 피그말리온 리더십은 간절한 기대와 소망으로 자신의 조각상을 살아 움직이게 만든 고대 키프로스의 조각가 '피그말리온'의 이름에서 따온 말로, 긍정적 기대를 통해 공동의 목표에 놀라운 성과를 가져오는 리더십이다.

2) 변혁적 리더십

필자가 강조하는 5도의 리더십 중 '속도'의 리더십에 속하는 영역으로 변화는 리더의 몫이라고 한 '변혁적 리더십'을 훈련한다.

변혁적 리더십은 부하들과의 적극적인 교류를 통해 그들에게 비전을 제시하고 높은 이상과 가치관을 심어줌으로써 부하들에게 동기를 부여하여 공유한 비전을 달성하게 한다는 것이다. 즉, 변혁적 리더십은 강요된 복종이나 거래적 관계를 통해서가 아니라 직원 스스로의 자발적인 참여와 창의력을 고무하고 스스로 일할 수 있도록 책임과 권한을 부여하여 개개인이 이러한 책임과 권한을 부여받고 있다는 확신을 갖게 함으로써 강한 직무만족과 조직몰입을 통해 보다 높은 조직성과를 달성하도록 동기를 부여한다는 것이다.

3) 창조적 리더십

필자가 강조하는 5도의 리더십 중 '각도'의 리더십에 속하는 영역으로 리더들은 통상의 결과를 넘어서는 창의적 결과를 추구하는 '창조적 리더십'을 훈련한다. 변화하는 시대에 적응하기 위해서 조직, 정책, 인사, 재무, 리더십도 변해야 한다. 계층제에 의한 획일적 통제 방식의 리더십으로는 직원들을 동기부여해서 이끌어 나가기 힘들다. 이처럼 변화의 흐름을 읽고 그 변화에 대응하기 위한 전략을 짜고 변화를 시도해서 오히려 변화를 기회로 바꿀 리더가 필요하다. 시대가 변하면 행정 기법이나 리더십도 진화하기 마련이다. 참여와 창조의 시대에 창조적으로 혁신을 이끌어 나갈 수 있는 방법을 강구해야 한다. 미래의 리더가 갖추어야 할 최고의 덕목은 '상상력'이다. 상상력을 증진시키기 위해서 많이 읽고, 많이 보고, 많이 경험해야 한다.

4) 모성 리더십, 서번트 리더십

필자가 강조하는 5도의 리더십 중 '온도'의 리더십에 속하는 영역으로 이해관계의 다양화에 따른 갈등, 조정, 중재능력을 위한 '모성 리더십', '서번트 리더십'을 훈련한다. 최근 모성 리더십이 뜨고 있다. 필자는 여성 리더십을 모성 리더십으로 정정하여 용어를 제안하려 한다.[1] 사회의 고도화, 글로벌화로 인한 이해관계의 다양화로 갈등 조정, 중재 능력이 더 많이 필요해져서, 커뮤니케이션과 네트워크의 중요성이 증대되고 있는 업무 환경으로 인해 직장인 10명 중 7명 가까이가 모성 리더십을 선호하고 있다. 모성 리더십은 감성을 기반으로 섬세하고 부드러우며, 공사 구분이 명확하고, 직무보다는 사람 간의 관계를 중요시하는 리더십이다.

21세기에는 리더가 부하들보다 우월한 위치에서 조직원을 이끄는 기존의 리더십 패러다임 대신 리더가 열린 마음에서 부하들의 의견을 경청하고, 그들의 성장을 위해 노력하고 헌신하며, 부하들과 함께 더 나은 공동체를 만들어 가는 서번트 리더십이 요구된다. 이제 부드러운 힘이 세상을 바꾸는 것이다.

서번트 리더십은 재물이 없어도 가능하다. 재물이 없어도 남에게 베풀 수 있는 일곱 가지 방법이 석가의 무재칠시(無財七施)에 대한 가르침이다. 어떤 이가 석가모니를 찾아가 대화를 나눴다. "저는 하는 일마다 제대로 되는 일이 없으니 이 무슨 이유입니까?" "그것은 네가 남에게 베풀지 않았기 때문이니라." "저는 아무것도 가진 것이 없는 빈털터리입니다. 남에게 줄 것이 있어야 주지 뭘 준단 말입니까?" "그렇지 않느니라. 아무 재산이 없더라도 줄 수 있는 일곱 가지는 있는 것이다."

"첫째는 화안시(和顔施), 얼굴에 화색을 띠고 부드럽고 정다운 얼굴로 남을 대하는 것이요. 둘째는 언시(言施), 말로써 얼마든지 베풀 수 있으니 사랑의 말, 칭찬의 말, 위로의 말, 격려의 말, 부드러운 말 등이다. 셋째는 심시(心施), 마음의 문을 열고 따뜻한 마음을 주는 것이다. 넷째는 안시(眼施), 호의를 담은 눈으로 사람을 보

1 신(God)도 아버지신으로만 인식하였으나 페미니즘의 영향으로 완전한 신은 사실 어머니신의 영역도 가지고 있다는 것을 인식하게 되었다. 여성이라는 용어로 한정시키지 않기 위해 '모성'이라는 개념으로 용어를 확장시켰다.

는 것처럼 눈으로 베푸는 것이요. 다섯째는 신시(身施), 몸으로 때우는 것으로 남의 짐을 들어 준다거나 일을 돕는 것이요. 여섯째는 좌시(座施), 자리를 내주어 양보하는 것이요. 일곱째는 찰시(察施), 굳이 묻지 않고 상대의 속을 헤아려서 도와주는 것이다." "네가 이 일곱 가지를 행하여 습관이 붙으면 너에게 행운이 따르리라." 하였다. 본 교재는 무재칠시를 강조하고 훈련한다. 바로 이것은 머지않아 자신의 가슴에 날개를 다는 것이다.

5) 글로벌 리더십(Global Leadership)

필자가 강조하는 5도의 리더십 중 '각도'의 리더십에 속하는 영역으로 세계화는 피할 수 없는 현실이고 이에 따라 발생하는 국제 문제들을 해결하기 위한 보편적인 '글로벌 리더십'을 훈련한다.

21세기는 글로벌 리더십의 시대라고 할 수 있다. 글로벌 리더십에 관한 명확한 정의는 없지만 글로벌 리더십은 "세계무대를 겨냥해 조직의 전략적 방향을 설정하고 글로벌 역량을 갖춘 인재를 적재적소에 배치할 수 있는 역량"으로 정의할 수 있다. 지금 조직들은 국경 없이 상호 연결된 글로벌 시대의 출현으로 인해 엄청난 경쟁과 불확실성에 직면하고 있다. 이러한 상황 속에서 조직들이 지속적으로 생존・발전하기 위해서는 글로벌 차원의 역량을 갖춘 리더들을 육성하는 것이 절실히 요구된다. 해외 조직이 국내에 들어오고, 국내 조직이 해외로 진출하면서 지구촌 어느 곳에서나 세계 초일류 조직들과의 경쟁이 불가피해졌다.

6) 도덕적 리더십, 감성 리더십

필자가 강조하는 5도의 리더십 중 '정도'의 리더십에 속하는 영역으로 도덕성이 리더십을 지탱하는 힘이라고 한 '도덕적 리더십'을 훈련한다. 도덕성 우선의 리더십(Ethical Leadership)은 새로운 개념의 리더십은 아니다. 그러나 가장 강력한 리더십의 유형이다. 범세계적 분쟁과 환경오염의 폐해와 같은 불확실한 미래에 직면한 지금, 인류 공동의 이익을 추구하는 리더십으로서 윤리적 요구는 현실적 필연이며 리더가 반드시 갖춰야 할 자기 수양이다.

간디의 비폭력 무저항 운동, 넬슨 만델라(Nelson R. Mandela)가 청춘을 감옥에서 보내면서 외친 인종차별철폐, 마틴 루터 킹 목사의 인권운동, 테레사(Mother Teresa) 수녀의 빈민구제활동 등 도덕적 리더십의 사례는 끝이 없을 정도다. 이러한 도덕적 리더십은 가치에 기초한(value-based) 높은 수준의 리더십 형태다.

지능이나 기술적 능력은 훌륭한 리더가 되기 위한 필요조건이기는 해도 충분조건은 아니다. 지속적인 고성과(高成果)를 창출하는 일류 리더들은 공통적으로 감성지능이 높은 것으로 알려져 있다. 감성적 리더십(Emotional Leadership)의 본질은 먼저 리더 스스로가 자신의 내면을 깊이 있게 성찰하는 데서 시작된다. 그리고 부하의 감성 및 요구(Needs)를 이해하고 배려함과 동시에 서로가 함께 추구해 가야 할 지향점으로 '공동의 선(善)'을 찾아 이를 향해 자연스럽게 구성원들을 이끌 수 있는 능력이다. 인재를 육성하지 못하고 오히려 망치고 마는 인재 킬러형 관리자들의 근본적인 문제점은 감성지능의 결핍에서 비롯된다. 감성지능이 리더가 갖추어야 할 기본 자질로 자리매김하고 있는 이유는 조직 환경이 변화하는 속도만큼이나 조직 구성원들의 가치관 또한 너무나 빠르고 다양하게 변화하고 있기 때문이다.

7) 위기관리 리더십, 서바이벌 리더십

필자가 강조하는 5도의 리더십 중 '각도'의 리더십에 속하는 영역으로 위기관리는 리더의 수준과 인격에 대한 시금석이자, 능력에 대한 시험대이므로 '위기관리 리더십', '서바이벌 리더십'을 마지막 리더십 훈련으로 선택했다.

튼튼한 조직도 언제 위기가 닥칠지 모르므로 매일매일 위기라고 생각하고 대비하는 습관을 길러야 한다. 준비된 조직과 준비되지 않은 조직의 위기관리 대처 능력은 천지 차이이다. 위기가 닥쳤을 때 빛나는 리더십이 있는 반면, 오히려 위축되는 리더십이 있다. 위기관리는 폭풍우가 휘몰아칠 때 현장에서 배워야 할 원칙이 아니다. 구름이 없는 맑은 하늘일 때 미리 배워서 익혀야 한다. 샤를 드골(Charles de André Joseph Marie de Gaulle)은 "위기가 닥칠 때 덕망을 갖춘 리더가 필요하다. 그는 책임이라는 쓰라린 환희를 추구한다"라고 말했다.

위기에 잘 대처하는 조직은 평소에도 정리정돈이 잘 되어 있다. 그들의 가치가 무엇인지, 조직 안에서 흐르는 주어진 일(Mission)이 무엇인지 잘 알고 있다. 이는 조직의 존재 이유를 알기 때문이다. 위기관리가 제대로 되어 있지 않은 조직은 위기가 닥쳐오면 존재 이유를 모르고 무너지는 반면에 '잘 준비된 조직'은 더 강화된다.

현대 사회는 평탄한 곳이 아니다. 수많은 변화와 예상치 못한 환경이 우리를 힘들게 한다. 그러나 어려움 속에서 삶의 의미를 다시 한 번 생각하게 하는 계기가 되기도 하고 인간이 더 성숙해지기도 한다. 서바이벌 리더십(Survival Leadership)은 군림하는 리더이기 전에, '함께하는 리더'이다. 이것은 불가능(Impossible)에 점 하나를 찍은 가능(I'm possible)으로 만드는 리더십이다. 서바이벌 리더십은 부하들에게 죽음으로 인도하는 사람이 아니고, 삶으로 희망으로 인도하는 리더이다. 그리고 극한 상황에 부딪친 조직에게 가장 필요한 것이 희망과 팀워크임을 말하고, 자신에 대한 믿음과 타인에 대한 신뢰가 얼마나 중요한지를 새삼 깨닫게 해주는 것이 바로 서바이벌 리더십이다.

04 진단 결과의 해석 및 평가

진단을 위해 매 단원마다 1~2시간씩 훈련할 수 있도록 구성되어 있다. 이때 잔잔한 음악을 들으며 마음을 가라앉히고 지난 한달여의 삶을 돌아볼 시간을 2~3분 정도 시행하고 시작하면 좋다. 각 장의 초반에 등장하는 '역동적인 자기진단(Dynamic Self-Questioning)'의 진단 결과에 대한 해석 및 분석요령은 다음과 같다.

(1) 자신과 타인의 점수 차이가 클수록 그 차이의 원인이 무엇인지 잘 점검하여 개선할 필요성이 있다.

(2) 자신과 타인의 진단평가 점수에 차이가 발생하는 이유에는 다음과 같은 원인이 있을 수 있다.

본인의 진단점수가 타인의 진단점수에 비해 낮은 경우

첫째, 자신이 스스로를 과소평가하였다고 볼 수 있다. 따라서 타인의 칭찬이나 긍정적인 평가를 거부하지 말고 그대로 받아들일 필요가 있다.

둘째, 다른 사람들이 당신을 실제보다 더 좋게 여기도록 행동해서 과대평가 받고 있을 수 있다. 주변 사람들의 기대, 주어진 임무나 역할이 부담스럽고 불편하다면 더욱 그렇다. 자신의 능력과 내면을 솔직하게 나타낼 필요가 있다. 그런 모습이 진정한 리더십의 성장 기회를 제공할 수 있을 것이다.

본인의 진단점수가 타인의 진단점수에 비해 높은 경우

자신이 스스로를 과대평가하였다고 볼 수 있다. 따라서 보다 객관적인 자기이해가 필요하다. 그리고 이외로 자신의 알려지지 않은 장점과 능력이 많을 수 있으므로, 적극적인 자기개방, 참여의식 등을 함양할 필요가 있다.

자신 혹은 타인이 성심성의껏 정직하게 파악하지 못할 가능성도 존재한다.

(3) 그래프의 경우 외곽선에 가까울수록, 원모양에 가까울수록 리더십 점수가 높다고 판단하면 된다.

(4) 진단항목이 1개일 경우 결과 진단표는 다음과 같다.

진단내용	본인 진단점수	팀 진단점수	타인진단 점수			자신-타인 최대 차이
			상사	동료	부하	

(5) 진단항목이 여러 개일 경우 결과 진단표는 다음과 같다.

구 분		각 요인별 점수				
		자기관찰	단서전략	목표설정	자기보상	연 습
문항번호						
본인의 점수						
팀 평균점수						
타인진단 점수	상사					
	동료					
	부하					
본인-타인진단 최대 차이 값						

(6) 리더십 패턴을 그래프로 표현할 경우에는 다음과 같다.

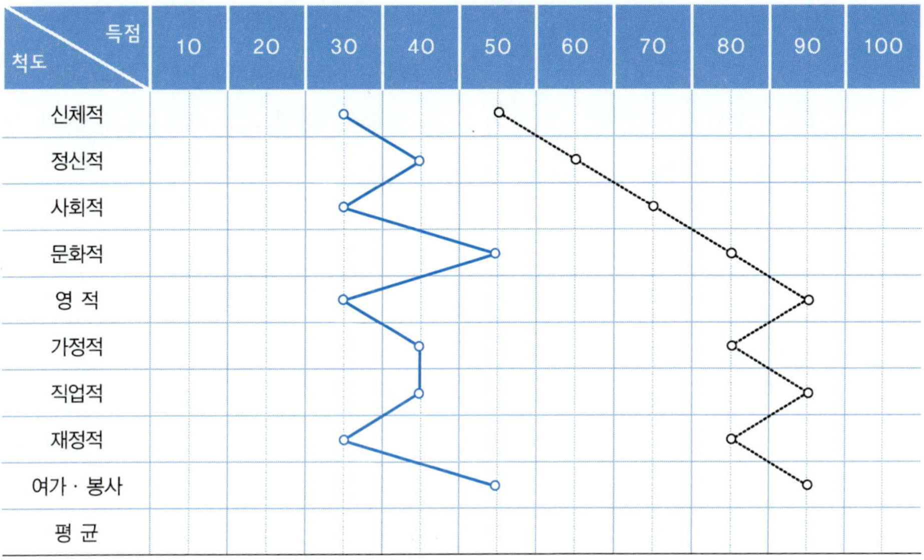

(7) 리더십 패턴을 방사형으로 표현할 경우에는 다음과 같다.

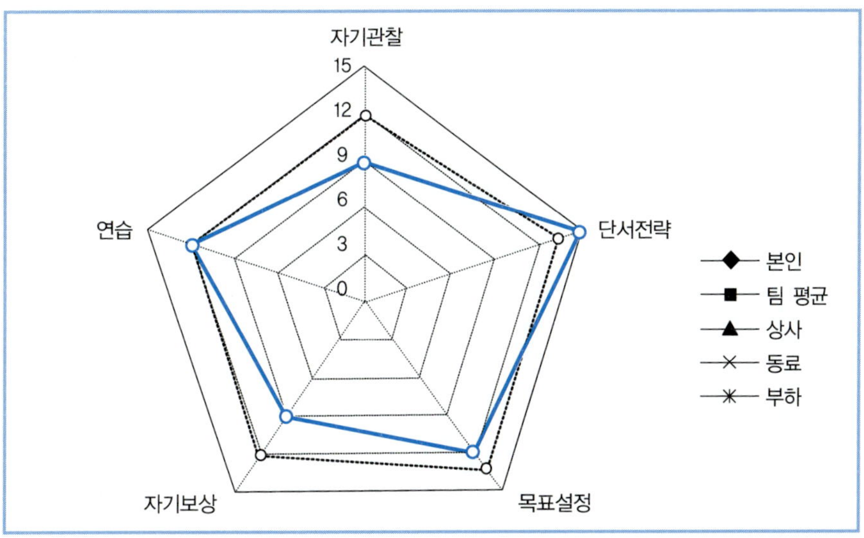

리더십 워크북:Leadership Workbook

(8) 보다 신뢰성 있는 평가를 원한다면 자신의 조직(집, 학교, 직장, 공동체)에서 자신이 신뢰하는 사람이나 정직한 피드백을 줄 것 같은 사람을 선정하여 이야기를 나누어 보는 것이 가장 바람직하다. 진단표에 제시된 문답 중 자신이 더욱 개선되기 위해 노력해야 하는 항목에 대해 혹은 자신의 노력에 대해 그들로부터 의견을 경청해보기 바란다.

05 리더십 플랜 가이드(Leadership Plan Guide)

1 HRD 담당자의 사전 역할

(1) 리더십 훈련을 의뢰한 HRD(Human Resource Development ; 인적자원 개발) 담당자는 리더십 강사와 사전에 반드시 점검하고 확인시켜야 할 사항으로 진행 장소에 대한 확인이다. 강의실인가? 강당인가? 의자가 고정식인가? 이동식인가? 활동이 자유로운 장소인가? 진행할 장소의 크기와 의자의 배열을 어떤 형태로 할 것인가? 등에 대한 사전 조사가 필수적이다.

(2) 진행방법도 팀별인지, 개별인지 혹은 전체 진행인지 파악하여야 한다. 물론 빔 프로젝트, 마이크, 컴퓨터 사용 유무 등을 확인하고, 진행소요시간도 확인하여야 한다.

(3) 진행시간대에 대한 확인도 반드시 점검한다. 몇 월 며칠 몇 시에? 아침과 점심식사 후 등등 강사가 선호하는 시간대를 점검한다.

(4) 교육 당일 HRD 담당자는 교육생 등록시간 전에 행사장에 도착하여 교육생 등록 및 입교식 실행과 관련된 사항들을 점검한다. 명찰은 찾기가 용이하도록 일련번호, 가나다순 또는 소속기관별로 분류 배열하고, 미리 준비된 배부용 교재, 교육과정 안내서, 명찰, 필기도구 등을 준비한다.

(5) 교육을 진행하는 HRD 담당자는 필수적 스킬로써 과정 시작 전에 간단한 스팟 게임(Spot Game)을 통하여 교육 분위기를 즐겁고 부드럽고 실제적인 분위기로 바꾸어야 한다. 교육시작 시에 사용할 수 있는 간단한 오프닝 스팟(Opening Spot)으로 음악을 들려주는 것도 좋은 방법이다. 강의나 모임 전의 어색하고 무거운 분위기는 경쾌한 음악을 틀어주는 것만으로도 충분한 전

환이 가능하다. 특히 모든 프로그램의 시작을 알리는 시그널 음악의 선택은 전체 훈련이 끝날 때까지의 분위기를 결정한다.

2 진행 장소와 자리 배치

(1) 팀별로 실시하는 리더십 훈련을 실시하는 장소는 프로그램에 따라 실외에서 실시되는 것도 있지만, 대체로 실내에서 실시하게 된다. 가능하면 조용한 장소로 복잡한 시설이나 물건이 많지 않고, 주위가 산만하지 않은 장소로 택한다.

(2) 가장 이상적이라면 복잡한 도시보다는 물이 있고 산이 있는 한적한 곳이면 좋겠으나 그런 곳이 여의치 않다면 적어도 냉난방 시설이 잘 갖추어진 장소라야 한다.

(3) 팀별 활동에서 서로 마주보고 앉는 것이 가깝게 앉는 것보다 서로에게 더 많은 느낌과 반응을 보이게 된다. 팀원 모두는 장애물 없이 서로 마주볼 수 있도록 앉는 것이 중요하며, 아울러 서로 간격을 최소화하는 것도 빼놓을 수 없이 중요한 일이다.

(4) 이상적인 팀원의 숫자는 6~10명 내외로 절대 10명을 넘지 않아야 하고 자유스럽게 활동할 수 있는 공간이면 좋다. 상당수의 인원이 10명 정도씩 여러 개의 팀으로 실시하게 될 경우에는 서로 토의 발표하는데 지장을 초래하지 않을 정도의 큰 공간이 필요하다.

(5) 앉는 자세는 의자나 방바닥에 앉거나 관계없지만 바닥에 앉는 것이 더 좋은 분위기를 유도할 것이다. 의자에 앉게 될 경우는 등받이가 있는 것이 좋을 것이며, 자리의 배치는 구성원 모두가 마주볼 수 있도록 둥근 원형으로 조성하는 것이 필요하다.

(6) 만일 팀 활동을 하기 위해서 방으로 모인 경우에는 구성원들이 어느 자리에 앉을까 망설이다가 벽에 등을 기대고 앉다 보면 자연히 한쪽 모퉁이에 앉은 팀은 좌·우에 앉은 구성원 이외에 다른 구성원은 잘 보이지 않는다. 그러므로 팀원 간에 서로 몸을 돌리지 않고도 쉽게 대면할 수 있는 원형으로 재조정하는 것이 중요하다.

3 리더십 지도자로서의 지도 요령

(1) 훈련을 담당한 리더십 지도자는 사전에 실시하게 될 리더십의 주제를 정하고 본 교재의 워크북을 충분히 숙지하고 해당 팀에 적합한 프로그램을 선정하여 합당한 순서를 정한다.

(2) 사전에 팀원 모두가 필기도구와 교재, 필기노트를 준비하게 하거나 준비 팀에서 마련한다.

(3) 훈련 실시하기 전에 해당 프로그램에 대한 방법을 충분히 설명하고 의문에 대해서 질문을 받는다. 그러나 기대 효과나 목적에 대해서는 사전에 설명하지 말고 피드백 이후에 설명하고 기대 효과에 이르렀는지 평가하는 것이 좋다.

(4) 팀원들이 서로 잘 볼 수 있도록 둥글게 앉히고 리더십 지도자도 구성원의 일원이 되어 모든 프로그램에 동참하여야 하며 지도한다는 이유로 자리를 뜨지 말아야 한다.

(5) 마무리할 시간이 되면 조그마한 종을 울려서 종료를 알릴 수도 있다.

(6) 프로그램을 마치고 피드백을 할 때 "이 프로그램을 하시면서 무엇을 느꼈는지 서로 토의해 봅시다."하고 말하면서 시작한다. 이때 느낌에 대한 발표를 강요해서는 절대 안 되며 리더십 지도자는 자유스러운 분위기를 유도하고 보장해야 한다.

(7) 느낌을 발표할 때 부정적이고 저항적인 태도가 나타나더라도 이를 수용할 수 있도록 리더십 지도자는 역량을 갖추어야 한다.

(8) 발표의 순서를 정하지 않고 자유롭게 자연스럽게 발표하는 것이 좋다. 그러나 시간의 절약과 효과적 진행을 위해서 리더십 지도자를 중심으로 시계 방향으로 차례의 방향을 정하는 것도 좋겠다. 그러나 너무 틀에 얽매이거나 강압적이지 않도록 한다.

피드백을 통해서 다루어질 토의 내용은 다음과 같은 것이 가능하다.

① 자신이 가지고 있었던 리더십 편견이 있었는가?
② 이 훈련을 통해 자신의 리더십 문제는 무엇이라고 생각하는가?
③ 자신의 인생관 및 가치관, 윤리관(혹은 신앙관) 등에 어떤 변화를 가져왔고 또한 이러한 것들이 어떻게 자신의 리더십 철학과 잘 조화를 이루고 있는가?
④ 타인과 자신의 리더십 차이점은 무엇이고, 그 원인은 어디에 있다고 생각하는가?
⑤ 타인과 자신을 비교해 볼 때 자신의 리더십에 무엇이 잘못된 점을 발견했는가? 또는 자신의 장점을 발견했는가?
⑥ 타인과 자신은 서로 어떻게, 어떤 조화를 이루어야 하겠는가?
⑦ 팀 안에서 자신의 생각과 행동에 영향을 주는 보이지 않는 동기들이 있었는가?
⑧ 팀 구성원들이 공동의 목적을 이루기 위해 일체감을 느꼈는가? 진행에 방해되는 요소가 있었다면 무엇이었는가?
⑨ '나와 너'를 발견하고 '우리'를 발견하게 되었는가?
⑩ 앞으로 자신과 이웃, 공동체를 위해 어떤 리더십을 전개해 나가야 하는가?
⑪ 본인의 진단 점수와 부하, 동료, 상사의 진단점수를 비교하고 서로의 느낌을 주고받는다.

(9) 지나치게 심각한 분위기에 휘말리지 않도록 리더십 지도자는 분위기를 조성하는 데 힘써야 한다. 따라서 모든 프로그램은 모방보다는 팀 상황에 맞게 응용하여 실시해야 한다.

(10) 시간이 촉박하다는 인상을 주거나 발언을 제한하는 일이 없도록 한다. 예

상보다 시간이 많이 지날 때는 차후의 프로그램을 포기하더라도 실시되고 있는 프로그램의 마무리를 짓도록 할 때 피드백의 분위기를 손상하지 않도록 한다.

(11) 모든 질문은 리더십 지도자에게 하고 구성원들 서로 간에 귓속말이나 분위기를 해치는 여타의 잡담은 금한다. 리더십 지도자는 질문에는 항상 친절하게 몇 번이고 답변해 줄 것이지만 개인적인 지도를 위해서 돌아다니는 일은 하지 않도록 한다.

(12) 리더십 지도자의 구성원으로서 함께 참여하는 적극성을 보이고 쓸데없는 잔소리를 하지 않도록 해야 하며, 카리스마적인 권위 내지는 힘보다 그룹의 분위기를 위해 부드럽고 수용적이어야 한다.

(13) 리더십 지도자는 프로그램 진행 도중에는 절대로 중단시키지 말아야 하며, 질문을 던질 때에도 워크북에 적힌 내용에 얽매여서는 안 된다. 리더십 지도자는 때때로 인내심 있게 기다려야 한다.

(14) 리더십 지도자는 팀원들에 대한 선입관을 모두 버려야 하며, 팀이 한 사람이나 몇 사람에 의해 독점되는 것을 방지해야 한다.

(15) 리더십 지도자는 중립을 지켜야 하며, 편견이 없어야 하고 구성원들에게 강압적인 태도를 보이지 말아야 한다. 예를 들어 마치 구두시험을 치르는 것 같은 분위기를 만들지 않도록 주의한다.

(16) 리더십 지도자는 부드러운 태도로 진행하되 가끔 유머 감각을 사용하여 긴장을 풀어 주는 것이 좋으며, 대답을 성급하게 요구하지 말고, 대답할 수 있도록 도와주는 분위기를 유도한다.

(17) 대답하는 팀원에 대해서는 진지하게 적극적인 경청을 해야 하며, 만족할 만한 대답이 아닐지라도 흡족한 반응을 보여 주는 것이 팀원의 사기앙양에 도움을 준다.

(18) 질문을 할 경우에도 예, 아니오 식의 폐쇄형 질문이나 정답이 뻔한 질문은 피하고, 왜, 무엇, 어떻게 등으로 시작하는 것이 좋다. 따라서 리더십 지도자는 자신을 살아 있는 백과사전인 듯한 인상을 남겨서는 안 된다.

4 효율적 토의를 위해 팀원들이 기억해야 할 것들

(1) 이 훈련을 갖기 전에 가졌던 모든 선입관은 어떤 것이든 다 버리도록 해야 한다.

(2) 정해진 시간을 두고 만나게 될 경우에는 시간을 엄수한다.

(3) 자신의 느낌이나 생각을 상대방에게 잘 알리기 위해 노력하고, 유머와 재치, 창의성을 발휘하여 훈련 분위기를 고조시킨다.

(4) 자유로운 분위기에서 자율적이며 자발적으로 말하고 행동한다. 그러나 발표하는 일에 너무 빠지는 일이 없도록 한다.

(5) 어떤 토론은 분명한 결론에 이를 것이고, 또 어떤 토론은 일치된 결론에 이르지 않을 수도 있다. 일치된 결론에 다다르지 못했을지라도 팀은 다른 행동을 유발시킬 수 있는 결론을 얻기 위한 타협점을 마련할 수 있다. 토론의 과정 자체가 교육적이고, 코칭적이라는 점과 토론 참여자들은 거기에서 문제의 깊은 이해를 얻게 된 사실을 인지해야 한다.

(6) 의도적으로 서로의 인격에 상처를 주는 일이 없도록 노력하고, 타인의 이야기나 감정의 표현을 적극적으로 경청하고 공감하도록 노력해야 한다. 팀 내에서의 토의는 무엇보다도 진실을 기초로 해야 한다. 경쟁이나 비방의 마음이 있어서는 안 된다.

(7) 장난기가 섞이면 불쾌해지는 수가 있으므로 잡담이나 필요 이상의 이야기나 제스처는 자제한다.

(8) '스침'이 아니라 진정한 '만남'이 되기 위해서는 자기의 생각이나 감정을 솔직하게 표현하며 진실한 자세를 갖고 서로 내면을 보여주기 위해 노력해야 합니다.

(9) 리더십 지도자나 코칭리더의 지침과 지시가 있을 때에는 적극적으로 받아들이고 따르도록 한다. 특히 리더십 지도자가 프로그램의 종료를 알려왔을 때에는 마무리 시간을 잘 지키도록 한다.

5 훈련기간 및 일정

사람의 마음과 습관은 쉽게 변하는 것이 아닌 것처럼 리더십 역시 쉽게 변하는 것이 아니어서 짧은 시간보다 긴 시간의 여정이 필요하다. 어쩌면 충분한 시간을 갖지 못하면 이 훈련을 하지 않은 것보다 못한 결과를 가져올 수도 있다. 사람을 세우는 인재경영의 법칙을 단 몇 시간 만에 배울 수 있다고 기대하는 것은 사실 무리한 바람이다. 병을 치료하기 위해서도 정기적인 투약 또는 장기간 입원치료가 필요한데 리더십 훈련도 마찬가지이다.

수년에 걸친 필자의 경험상 워크북의 전체 과정을 연습하고 적용하여 자신의 삶과 리더십의 잠재력을 익히는데 필요한 기간은 프로그램 중 적어도 각 장마다 1개 이상(총 18개)은 실시되어야 충분하다. 한 개의 프로그램이 끝나면 약 10분간의 휴식이 필요하다. 따라서 한 개 프로그램에 평균 60분 정도가 소요된다고 볼 때 하루에 6개 이상 실시되기는 어렵다. 그러므로 한 팀이 18개 정도의 프로그램을 경험하려면 최소한 18시간 이상이 필요하므로 적어도 하루 6시간(오전 2시간, 오후 4시간)씩 3~4일간 나누어서 실시되는 것이 이상적이다.

필자의 원래 의도는 5~6일간의 숙박을 의도하고 개발하였으나, 시대의 추세에 따라 3일에서 5일, 혹은 2박 3일간 숙박할 수도 있다. 물론 주말 실습(Weekend

Laboratory)형식으로 1박 2일간 실시할 수도 있다. 일반적으로 기업체의 간부와 팀장급, 대학교의 대학생 간부 수련회, NGO의 지도자급, 종교단체의 청소년 및 청년 사도직 수련회, 지도자급에서 특별 프로그램으로 실시되기로는 매우 적당하다.

1) 비합숙 · 정시제(Nonresidential, Part-time)

합숙하지 않고 하루 4시간 정도 정해진 시간에(오후 5시부터 8시까지 라든지) 실시하는 것이다. 또는 주에 몇 회씩 출석하면서 실시할 수도 있고 매주말(2시부터 8시까지 정도) 실시되기도 한다.

2) 비합숙 · 전일제(Nonresidential, Fulltime)

일체 합숙하지 않고 훈련 당일, 아침부터 저녁까지 실시하는 것으로 주 1회씩 3~4회 지속될 수도 있다. 그러나 완전 합숙제보다는 그 효과가 적다고 볼 수 있다.

3) 부분적 합숙제(Partial Residential)

프로그램을 약 5일 정도 실시할 계획이면 4일은 합숙하지 않고 마지막 1박 2일은 합숙하면서 실시하거나, 바꾸어서 첫날은 합숙하고 나머지는 합숙하지 않을 수도 있다.

4) 완전 합숙제(Total Residential)

소정의 기간을 모두 합숙하면서 실시하는 것이다. 짧게는 1박 2일에서 길게는 1주간까지 실시된다. 가장 바람직한 방법이기도 하다.

06 기대효과

앞서 밝힌 바와 같이 리더십은 "가르칠 수는 없지만 배울 수는 있다." 그리하여 본 교재는 이 시대가 원하는 리더십 불변의 법칙을 위주로 구성하였다. 동시에 아이 브랜드(I- Brand) 리더십을 찾고, 어떤 리더로 육성할 것인가?에 대한 고민을 함께 하는 시간이 되기를 바란다. 훈련 이후 피드백을 통해서 '아이 브랜드' 리더십의 재발견을 향한 '리더십 플랜'의 여정이 되길 원한다.

(1) 미래의 우리 세상은 어떻게 변할 것인지 예측하고 변화하는 미래 속에서 자신이 달성할 비전을 수립한다.
(2) 리더십의 개념 및 리더들의 생각하는 방식에 대해 학습하고 리더십을 키우기 위한 방법과 실천 과제를 터득한다.
(3) 조직의 운영 원리를 이해하고 리더십의 발휘 과정을 학습하며 조직을 발전적으로 변화시키는 리더십의 핵심 원리를 학습한다.
(4) 사회 구성원으로서의 자기를 돌아보고 인간관계 속에서 세계인과 더불어 살아갈 수 있는 상생(Win-Win)을 위한 삶의 지혜를 배운다.
(5) 프로 정신을 이해하고 비전을 달성하기 위한 프로로서의 자기경영 계획서를 작성하여 실천 방안을 구체화 한다.
(6) 이기주의와 물질만능주의를 넘어서서 참여하는 구성원으로 거듭나기
(7) 각자의 역량 함양(Empowerment) 및 사회적 책임감 강화
(8) 꿈과 비전과 희망으로 거듭나는 공동체 만들기
(9) 지역사회, 시민사회, 또는 종교사회 안에서 활동할 리더 양성 및 발굴

(10) 인권과 정의, 평화와 관용, 공동선과 연대, 생명과 환경, 여성과 복지와 같은 타인을 위한 삶에 가치를 둔 참여적 정의의 실천모델을 제시한다.

PART 2
속도 리더십
Speed Leadership

진정한 리더라면 변화의 속도를 감지하라!

조직의 승패! 리더십의 속도에 달렸다.

"Who controls the past controls the future. Who controls the present controls the past."

"과거를 지배하는 자가 미래를 지배하며 현재를 지배하는 자가 과거를 지배한다."

– 조지 오웰(George Orwell) –

Leadership Workbook

진정한 리더라면 세상의 변화를 감지하는 능력이 있어야 한다. 바로 속도(速度)의 리더십(Speed Leadership)이다. 세상은 변하고 있다. 미래를 모르면 과거의 노예로 살게 된다. 미래는 예측하는 자의 것이며, 준비하는 자에게 순종한다. 미래는 꿈을 꾸는 자의 것이다. 미래는 꿈꾸는 자에게 아부한다. 따라서 속도의 리더십을 지닌 리더는 미래를 알고 기다리며, 미래의 꿈을 조율하고, 미래를 다스리는 '예비황제'이다.

어둠 속에서 길을 떠나는 사람만이 새벽녘 '기회의 강'을 건널 수 있다. 속도의 리더십은 목적과 목표를 다른 무엇보다도 명확히 하고, 모든 자원과 전략이 집중되도록 유도한다. 리더의 의사결정 순서, 시기 및 결정 속도는 성과와 직결되는 중요한 문제가 된다. 그러므로 이런 것들을 원활히 할 수 있는 시스템을 만들어야 한다. 속도의 리더십은 독재형인 하향 명령적 리더십과는 상반된 개념이다. 오히려 권한을 조직의 구성원들과 배분하여 효율적인 의사결정 시스템을 만든다. 따라서 직원들이 능력과 권한을 가질 수 있도록 훈련시켜야 한다.

무한경쟁시대, 속도를 높여야 생존한다

강속구 투수는 확실한 포수가 만든다. 폭투를 막을 수 없는 불안한 포수 앞에서는 아무리 훌륭한 투수라도 빠른 공을 던질 수 없다. 따라서 리더는 조직원들이 최대한의 능력을 발휘할 수 있도록 안정적으로 조직을 이끌어야 한다. 조직원의 업무동선을 센스 있게 파악하고 스스로 목표를 명확하게 설정하여 초지일관하는 것이 중요하다. 속도의 리더십은 가속도의 묘미를 불러일으킨 것이며, 무한한 +@의 능력을 가지고 있다.

병귀신속(兵貴神速)이란 말이 있다. 전쟁의 경우 빨리 끝낼수록 좋은 것이다. 기교 있고 멋있게 이기는 것이 중요한 것이 아니다. 전광석화(電光石火)처럼 움직여야 한다. 이때 신속(神速)이란 말은 귀신처럼 빠르다는 전술적 개념이다. 그리고 출기불의(出其不意)라고 하여 상대방이 의도하지 못한 시간에 출격하여야 한다. 아무리 덩치가 큰 조직이라 하더라도 발 빠르게 시장에 반응하면서 허를 찌르는 조직에게는 당해낼 수가 없다. 이 때문에 요즘과 같은 스피드 시대에는 큰 덩치가 오히려 부담스러운 결과를 가져 올 가능성이 크다. 개인이나 조직이나 변화무쌍한 시대를 살아가면서 가장 중요하게 생각해야 하는 것이 바로 속도이다. 택배, 산악구조대의 경우 스피드는 바로 경쟁력이며 생명과도 직결된다. 그러지 않아도 성격 급한 우리나라 사람들이지만, 이제는 타인의 시간까지 배려하는 참 속도 리더십에 도전해 보자. 바로 이것이 5도의 리더십 중 필자가 바라는 '속도의 리더십'이며, 속도전이다.

리더라면 변화의 속도를 감지하라

성장하는 리더는 세상의 흐름을 앞서 나간다. 데이빗 바움(David Bahum)은 "바보는 변했다라고 말하고 현자(賢者)는 변하자."라고 말한 바 있다. 존 F. 케네디는 "절대로 변할 수 없는 확실한 것 한 가지는 이 세상에 변하지 않는 것은 없다는 사실이다."라고 말했다. 그는 변화를 가져오기 위해서는 왜 변화해야 하는지 확실히 이해하고, 변화하지 않으면 결국에는 변화하는 것보다 더 큰 고통을 겪게 될 것이라는 사실을 깨달았다. 변화는 선택이 아니다. 선택할 수 있는 것은 오직 어떻게 반응할 것인가, 그리고 어떻게 자신과 조직이 꿈꾸는 미래로 나아갈 것인가라는 것뿐이다. 오바마 대통령 역시 대통령 유세의 주요 슬로건으로 '변화'와 '희망'을 외쳐 대권을 차지했다.

현대조직의 경쟁력은 과거의 '싸게'에서 '좋게'를 지나 '빠르게'로 바뀌고 있다. 세계 최대의 배달전문 피자 체인점인 도미노피자는 주문에서 배달까지 30분 이상 소요되면 20%를 할인해주고 45분이 초과하면 피자를 공짜로 제공한다. 도미노피자는 신속하고 정확한 배달서비스의 필요성을 남보다 먼저 파악하고 업(業)의 개념에 맞는 속도 리더십을 기반으로 시장 점유율을 확대해 선두업체들을 추월해내는 성과를 거뒀다. 최근 들어 우리 조직들도 극심한 불황과 함께 찾아온 갑작스런 조직환경 변화에 대처하고 위기를 극복하기 위해 '시간과의 전쟁'을 선언하였는데 이는 바로 속도 리더십이라 할 수 있다.

불황에 대응한 긴축재정도 중요하지만 돈이나 다름없는 시간을 절약하는 것이 더 큰 비용을 줄일 수 있고, 기회도 선점할 수 있다. 그러나 이러한 스피드 리더십을 우리의 민족적 특성으로까지 지적되는 '빨리빨리' 문화로 오인하는 것은 절대 금물이다. 성수대교 붕괴, 삼풍백화점 참사 등에서 지켜보았듯이 시간만의 단축을 추구하는 성급함은 오히려 속도 리더십의 저해요소가 된다.

이런 점에서 속도 리더십의 핵심은 단순한 시간의 단축이 아니라 급변하는 조직 환경과 시장에 대한 대응력을 극대화하여 고객이 만족하는 제품, 서비스를 남보다 더 빠르게 제공하는데 있다. 즉, 단순히 '빨리'만을 의미하는 것이 아니라 조직은 총체적으로 '시간중심'의 개념에서 '시간단축', '적시공급', '기회선점'을 의미하는 것이다.

속도 리더십에 대한 편견 허물기

속도 리더십은 모든 조직의 화두다. 그러나 속도 리더십에 대한 오해도 만만치 않다. 빠름을 '미덕'으로 삼아 속도의 승부로 미쳐 돌아간다고 비꼰다. 필자는 조직의 리더가 원하는 단편적인 업무만 신속히 처리하는 것을 속도 리더십이라고 말하지 않는다. 빠른 완결을 위해 정해진 룰을 깨는 것도 진정한 속도 리더십이 아니다. 속도가 진정 의미를 가질 때는 시스템과 유기적으로 결합되었을 때이다. 예를 들면, 배차간격이 5분인 지하철은 무조건 빨리 도착하는 것보다 정해진 배차 간격을 준수하는 것이 가장 빠른 것이다.

다른 사람, 다른 부서를 존중하지 않는다면 속도 리더십이란 없다. 다른 사람과 다른 부서를 존중한다는 것은 그들의 '시간'을 존중한다는 것과 같은 말이다. 즉, 유기적으로 결합된 업무 프로세스에서 서로 간에 맡은 바 스케줄을 철저히 지켜주는 것, 나의 동료가 최대한 성과를 낼 수 있는 적절한 시간을 가질 수 있게 해주는 것이 바로 속도 리더십이다.

오늘의 현대인은 지나칠 정도로 속도 경쟁에만 치우친 면이 있다. 한 곳에 뿌리를 박고 있는 나무는 관리만 잘하면 수백 년을 산다. 스스로 자리에 뿌리를 박고 떡 버티고 앉아서 오백년 이상 살고 있는 나무에게 우리는 다양한 이름을 붙이고 소중하게 여긴다. 이제 지나친 속도경쟁에서 돌아와 우리 자신의 일상을 되돌아보자. 그리고 거목처럼 자신의 중심을 회복하고 자신을 되돌아보며 삶을 성찰해보자. 소걸음으로 상징되는 '느림의 지혜', 꾀부리지 않고 묵묵히 일하는 '우직함'이 통할 수 있는 사회와 정직함을 우리사회에서 순기능으로 작동하게 만들자.

CHAPTER 2

리더의 삶과 변화관리

진정한 리더라면 세상의 변화를 감지하는 능력이 있어야 한다. 바로 속도(速度) 리더십(Speed Leadership)이다. 세상은 변하고 있다. 미래를 모르면 과거의 노예로 살게 된다. 미래는 예측하는 자의 것이며, 준비하는 자에게 순종한다. 미래는 꿈을 꾸는 자의 것이다. 미래는 꿈꾸는 자에게 아부한다. 따라서 속도의 리더십을 지닌 리더는 미래를 알고 기다리며, 미래의 꿈을 조율하고, 미래를 다스리는 '예비황제'이다. 어둠 속에서 길을 떠나는 사람만이 새벽녘 '기회의 강'을 건널 수 있다. 속도의 리더십은 목적과 목표를 다른 무엇보다도 명확히 하고, 모든 자원과 전략이 집중되도록 유도한다. 리더의 의사결정 순서, 시기 및 결정 속도는 성과와 직결되는 중요한 문제가 된다. 그러므로 이런 것들을 원활히 할 수 있는 시스템을 만들어야 한다.

과거 잘 나가던 조직들이 오랜 시간을 버티지 못하고 후발 주자에게 선두를 내주거나 경쟁 시장에서 퇴출되는 사례를 분석해 보면, 외부 환경 변화에 둔감한 리더십 실패가 주요 원인인 경우가 상당수다. 변화에 둔감한 리더들은 본인 스스로가 기존의 관행이나 고정 관념을 탈피하지 못하고, 구성원들의 창조적 실험 정신을 고무하려는 의욕과 노력이 부족하다. 리더는 사람들이 스스로는 결코 가지 않았을 곳으로 그들 스스로 가게끔 만드는 사람이다. 시키는 일만 해선 절대 크지 못한다. 남이 안 간 길, 힘든 곳으로 나가야 한다. 세상에 늦은 건 없다. 공부하라. 그리고 브레이크 더 박스(break the box : 울타리를 걷어 치워라)를 추구하라. 이제 탁월한 리더가 되기 위한 준비 작업에 힘을 기울여 보라.

자기진단
Dynamic self-Question

01 나의 과거-현재-미래 전망

일본에 '코이'라는 잉어는 작은 수족관에 넣어두면 5~8cm 정도밖에 자라지 않지만 연못에 넣어두면 15~20cm까지 자란다고 한다. 하지만 코이를 커다란 강물에 풀어 주면 90cm~1.2m 이상 자란다. 스스로를 작은 세계에 가두어 버림으로써 자신들의 성장과 발전을 가로막고 있는 코이처럼 생활하는 사람이 있다. 이들에게 넓은 세상으로 나갈 수 있는 자신감과 글로벌 마인드를 심어 주기 위해서는 셀프 리더십이 절실히 요구된다. 코이의 크기를 결정하는 것은 환경이지만 내 스스로 어떠한 환경을 선택할 것인지, 즉 내 스스로를 수족관으로 인도할 것인지 커다란 강으로 인도할 것인지를 결정하는 것은 바로 '나 자신'이다. 나는 나를 혁명할 수 있다. 세상을 바꾸려 하지 말고 자신을 바꿔라. 나를 구할 수 있는 '힘'도, 나를 해치는 가장 참혹한 '칼'도 다 내 안에 있다.

자신에 대한 신체적, 정신적, 사회적, 경제적, 영적, 가정적, 직업적, 재정적, 여가 및 봉사의 9가지 영역을 과거-현재-미래 순으로 100점 만점에 점수를 부여해보고 각 영역에 좌표를 찍어보라. 과거와 현재에 비해 나의 미래가 둥근 원(圓)에 가까울수록 나의 미래는 밝은 것이다.

기록을 마쳤으면 자신의 내용 중 3~4가지만 서로 소개한다. 과정을 마쳤으면 이 프로그램을 통해서 느낀 점을 서로 토의하라.

(1) 과거 : 5년 전의 나의 모습

신체적	______점	정신적	______점	사회적	______점
문화적	______점	영적	______점	가정적	______점
직업적	______점	재정적	______점	여가·봉사	______점

(2) 현재의 나의 모습

신체적	______점	정신적	______점	사회적	______점
문화적	______점	영적	______점	가정적	______점
직업적	______점	재정적	______점	여가·봉사	______점

(3) 5년 후의 나의 모습

신체적	______점	정신적	______점	사회적	______점
문화적	______점	영적	______점	가정적	______점
직업적	______점	재정적	______점	여가·봉사	______점

(4) 일생의 나의 모습

신체적	______점	정신적	______점	사회적	______점
문화적	______점	영적	______점	가정적	______점
직업적	______점	재정적	______점	여가·봉사	______점

| 표 2-1 | 종합진단 비교표

구 분		각 요인별 점수																		
문항번호		1	2	3	4	5	6	7	8	9	10	11	12	11	12	13	14	15	16	17
본인의 점수																				
팀 평균점수																				
타인 진단 점수	상사																			
	동료																			
	부하																			
본인–타인진단 최대 차이 값																				

- 본인과 타인 간의 점수 차이가 클수록 원인을 잘 점검하고 개선할 필요성이 있다.
- 보다 자세한 진단 결과의 내용은 제1장 '해석 및 요령'을 참조하라.
- 보다 신뢰성 있는 평가를 원한다면 진단표에 제시된 문답 중에서 자신이 더욱 개선되기 위해 노력해야 하는 항목을 조직(집, 학교, 공동체, 직장)에서 가장 신뢰하는 사람이나 정직한 피드백을 줄 것 같은 사람을 선정하여 경청한다.

| 그래프 2-1 | 나의 과거–현재–미래전망

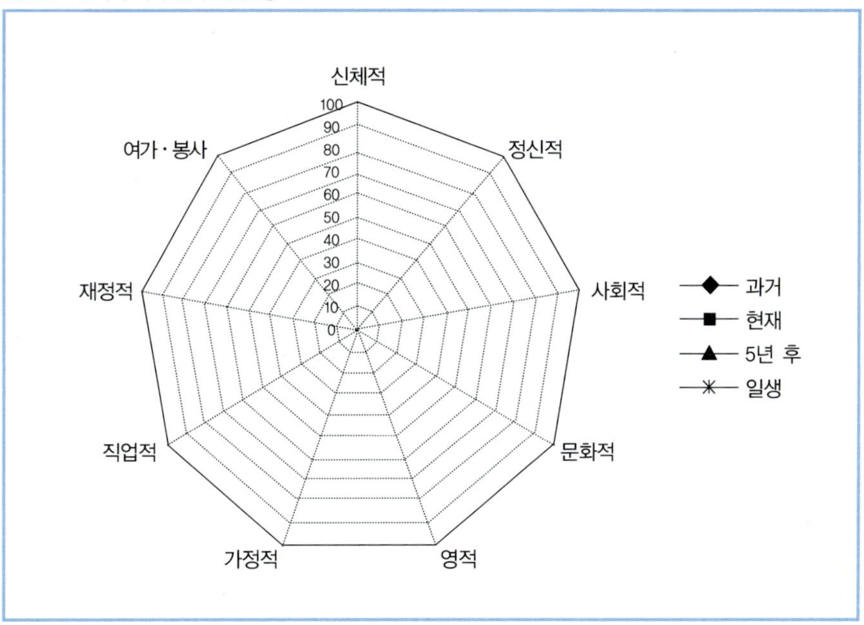

| 표 2-2 | 나의 과거-현재-미래전망

척도 \ 득점	10	20	30	40	50	60	70	80	90	100
신체적										
정신적										
사회적										
문화적										
영 적										
가정적										
직업적										
재정적										
여가 · 봉사										
평 균										

02 조직의 변화관리

생각하는 대로 살 것인가, 사는 대로 생각할 것인가? 많은 사람들이 성공을 꿈꾼다. 성공을 이루기 위해서는 성공에 맞는 인간형으로의 변화가 뒤따라야 함을 안다. 그러나 도스토예프스키(Dostoevsky)가 "사람들이 가장 두려워하는 것은 새로운 발걸음을 내딛는 것과 새로운 단어를 입 밖에 내는 것"이라고 했듯이 익숙한 것들을 변화시키는 데는 커다란 용기가 필요하다. 더욱이 습관처럼 굳어져 익숙한 자신을 변화시키기란 세상을 변화시키는 것만큼 어렵다. 습관처럼 익숙한 자신을 변화시켜야만 하는 불편함을 감수하고 현실에 쉽게 안주하고 싶은 유혹과 변화 후의 불확실한 미래에 대한 불안감을 떨쳐내야만 비로소 변화로 나아갈 수 있다. 다음의 질문에 답하고 자신의 변화관리 능력을 진단하라.

기록을 마쳤으면 자신의 내용 중 서로 소개한다. 과정을 마쳤으면 이 프로그램을 통해서 느낀 점을 서로 토의하라.

1. 동료들에게 "변화관리란 무엇이라고 생각합니까?"라는 질문을 던지면 그들은 다음과 같이 답한다.

① 뭐라고?

② 한번 추구해 볼만은 하지만 회사의 이익에는 별로 도움이 안 되는 것 같아요.

③ 적극적으로 추구해야 합니다.

④ 이미 우리 업무의 일부 아닌가요?

2. 당신의 조직에서 추진하는 매우 창의적이고 혁신적인 프로젝트에 대해 다른 사람들의 평은 다음과 같다.

① 이번 프로젝트를 추진하는 사람들은 제정신이 아닌 것 같아.

② 지난번에 그 부서와 함께 했던 브레인스토밍의 내용이 도대체 뭔가?

③ 그 프로젝트에는 신선한 아이디어가 많더군.

④ 그 부서가 추진하는 프로젝트는 정말 혁신적이야. 나도 그 부서에서 일했으면 좋겠어.

3. 당신은 팀장에게 이틀간의 일정으로 워크숍을 현재 추진 중이다. 이것은 프로젝트를 위해서 새로운 아이디어가 좀더 필요하다고 판단했기 때문이다. 그러자 팀장은 다음과 같이 말한다.

① 또 가?

② 워크숍은…. 다음에는 미리 말해주길 바라네.

③ 그래? 좋은 생각 같은데, 이런 경우를 대비하여 예비비를 마련해 두었으니 비용은 거기서 처리하면 되고.

④ 그래? 이번 프로젝트에 참여한 지 얼마 되지도 않았는데 그런 생각을 하다니 대단한데. 잠시 프로젝트의 진행을 멈추고 어떻게 하면 워크숍을….

4. 변혁적인 아이디어가 떠오르면 당신은 제일 먼저 누구에게 이야기하는가?

① 자기 자신에게만

② 당신에게 우호적인 동료들

③ 변혁을 책임지고 있는 조직의 일원

④ 알려야 할 필요가 있다고 생각되는 사람 모두

5. 누군가 창의적인 아이디어가 떠올랐다며 매우 새로운 생각을 말하면, 책임자들은 다음과 같은 반응을 보인다.

① 우리 조직에서 그런 일은 실현 불가능하다고 그 사람을 훈계한다.

② 불신의 눈초리로 그 사람을 쳐다본다.

③ 그 사람의 아이디어를 주의 깊게 듣는다.

④ 그 사람의 용기와 능력에 대해 찬사를 보낸다.

6. 지금 당신이 속한 조직을 가장 잘 상징하는 말은 다음 중 어느 것인가?

① 자신의 일만 생각한다.

② 전체를 위해 한 명이 희생할 수도 있다.

③ 한 명을 위해 전체가 희생할 수도 있다.

④ 전체는 한 명을, 그리고 한 명은 전체를 위해 희생할 수 있다.

7. 다음 중 현재 당신이 몸담고 있는 조직에서 추진되고 있는, 변혁적이고 창의성을 위한 노력을 가장 적절히 나타내고 있는 표현은 무엇인가?

① 이따금 브레인스토밍(Brainstorming)을 한다.

② 요즘 유행하는 몇몇 혁신 기법을 사용한다.

③ 혁신을 위한 다양한 기법을 능숙하게 사용할 줄 안다.

④ 상황에 맞게 여러 가지 기법을 적절히 혼합하여 사용할 줄 알고, 이를 통해 다양한 업무의 혁신을 꾀한다.

8. 당신은 내일 아이디어 회의를 진행해야 한다. 회의 중 사용할 수 있는 장비로는 무엇이 있는가?

① 화이트보드와 필기구

② 마이크와 스피커 등의 음향 설비

③ 디지털 영상장비

④ 혁신적인 아이디어를 내는 데 최적의 구조로 만들어진 회의실

9. 당신은 언제 업무에서 변화관리를 추구하는가?

① 그렇게 하라는 지시가 내려졌을 때
② 호기심을 느낄 때
③ 변화를 추구해야 하는 업무를 수행할 때
④ 항상

10. 새로운 아이디어가 정말 좋은 생각인지 어떻게 알 수 있을까?

① 알 수 없다.
② 과거의 일에 비추어 보면 알 수 있다.
③ 다른 사람들의 반응으로 알 수 있다.
④ 수많은 아이디어 가운데서 고른 것이기 때문에 최선의 아이디어일 가능성이 크다고 본다.

11. 당신 조직의 근무 분위기를 한마디로 표현하자면 다음과 같다.

① 조립 생산 라인
② 도서관
③ 시장
④ 디자인실

12. 당신이 변혁을 전담하는 프로젝트팀에 참여하게 되었다. 이때 "왜?"하고 물었다. 이에 대한 당신의 대답은 다음과 같다.

① 지난 분기 때 실적이 좋지 않았거든. 그래서 좌천된 거야.
② 상관(기관장)하고 대화를 너무 오래 했나봐.
③ 내가 지원했고, 상관은 내가 적임자라고 생각했나봐.
④ 상관이 내가 제안했던 아이디어를 마음에 들어 했어. 그러더니 내게 팀을 구성해서 일을 한번 추진해보라고 하더군.

13. 혁신적인 아이디어를 다른 사람들에게 소개할 때 어떤 도구를 이용하는가?

① 화이트보드와 필기구

② 파워포인트 같은 소프트웨어

③ 혁신적인 아이디어를 이끌어내고 정리하는 데 유용한 전문 소프트웨어

④ 네트워크를 통해 공유할 수 있는 그룹웨어

14. 당신은 조직을 위해 매우 혁신적인 아이디어 하나를 내놓았다. 그러자 당신의 동료들은 그것이 성공할 확률에 대해 다음과 같이 말한다.

① 그것이 성공할 확률은 0.01%야.

② 그것이 성공할 확률은 1%야.

③ 그것이 성공할 확률은 50%야.

④ 우리 조직의 주식을 미리 사놓아야 할 것 같은데….

1) ①은 5점, ②는 10점, ③은 15점, ④는 20점으로 계산하여 각 합계란에 아래의 해석 방법을 참고하여 현 조직의 변화성향에 대한 수준을 가늠한다.
2) 90점 이하라면, 변화지수가 매우 낮으며, 가까운 미래에 위기에 처할 가능성이 높다. 그리고 조만간 도산할 가능성이 높다. 90~140점이라면, 조직 변화와 변화의 필요성을 절감하고 있으면서도 구체적인 방법을 몰라 당황하고 있을 가능성이 높다. 140~210점이라면, 매우 혁신적인 조직이다. 210점 이상이라면 벤치마킹할 수 있는 최고 수준의 혁신적 조직이다.

| 표 2-3 | 종합진단 비교표

진단내용	본인 진단점수	팀 진단점수	타인진단 점수			본인-타인 최대 차이
			상사	동료	부하	

- 본인과 타인 간의 점수 차이가 클수록 원인을 잘 점검하고 개선할 필요성이 있다.
- 보다 자세한 진단 결과의 내용은 제1장의 '해석 및 요령'을 참조하라.
- 보다 신뢰성 있는 평가를 원한다면 진단표에 제시된 문답 중에서 자신이 더욱 개선되기 위해 노력해야 하는 항목을 조직(집, 학교, 공동체, 직장)에서 가장 신뢰하는 사람이나 정직한 피드백을 줄 것 같은 사람을 선정하여 경청한다.

질문과 답변
Q & A

Q3 내가 버려야 할 잡동사니는?

세상을 파악하는 방법은 '관념'이 아니라 '실천'이다. 그런 의미에서 생각하는 머리보다 더 중요한 것은 '실천하는 손'이다. 손은 마음의 칼이다. 그것이 세상을 바꾼다. "나는 괜찮고, 남은 안 된다"는 안일함, "어떻게든 되겠지"라는 무책임감, 약한 자는 무시하면서 강한 자에게 아부하는 비굴함 등등 내가 버려야 할 것들은 무엇인지 살펴보라. '대문자'만으로 인쇄된 책은 읽기 어렵다. 일요일뿐인 인생도 마찬가지다. 이제 내 삶을 새롭게 포맷(Format)해보라.

기록을 마쳤으면 자신의 내용 중 3~4가지만 서로 소개한다. 과정을 마쳤으면 이 프로그램을 통해서 느낀 점을 서로 토의하라.

(1) 삶터의 잡동사니들－입지 않는 옷, 신지 않는 신발, 매지 않은 가방, 쓰지 않는 가구 등

____

____

(2) 마음의 잡동사니들－얍삽함, 거지근성, 냄비근성, 두려움, 비판, 비난, 불평, 불만, 미련 등

____

____

(3) 관계의 잡동사니들–불필요한 만남, 기억하고 싶지 않은 과거 등

(4) 몸의 잡동사니들–숙변, 군살 등

(5) 이러한 잡동사니를 극복하기 위한 당신의 해결방안은 무엇인가?

04 으라차차! 편견 바로잡기

프로가 되기 위해서 가장 중요한 것은 자신감과 긍지를 갖고 적극적으로 생각하고 행동하는 자세이다. 그것이 프로의 첫걸음이다. 자신에게 스며 있는 부정적인 생각을 떨쳐 버리는 것에서 프로로서의 삶이 시작된다. 독자 여러분은 어떠한가? 자신에 대해서 우리가 태어나고 자란 우리나라에 대해서 또 우리 주변 사람들에 대해서 부정적인 생각을 하고 있지 않은가? 부정적인 생각은 부정적인 행동을 낳고 결국 부정적인 결과를 낳는다. 성공하는 사람은 '방법'을 찾는다. 실패하는 사람은 '핑계'를 찾는다. 기둥이 약하면 집이 흔들리듯, '의지'가 약하면 생활이 흔들린다. 내가 가지고 있는 나에 대한 잘못된 인식에 대해서 생각하도록 하라.

기록을 마쳤으면 자신의 내용 중 3~4가지만 서로 소개한다. 과정을 마쳤으면 이 프로그램을 통해서 느낀 점을 서로 토의하라.

(1) 내가 가진 부정적인 자기 인식과 패배주의적인 생각에는 무엇이 있는지? 또 그렇게 믿게 된 원인은 무엇인지? 그리고 언제부터 시작되었는지 적어본다.

(2) 우리가 우리나라에 대해서 부정적으로 인식하고 있는 것, 즉 '변방 콤플렉스'가 있다면 어떤 것들이 있는지 그리고 그 원인은 무엇이었는지 적고 토의한다.

____

____

____

____

____

| 그림 2-1 | 무엇으로 보입니까?

05 나의 실패와 실수

'실패'와 '실수'를 저지르는 것 사이에는 큰 차이가 있다. '실패'란 자신을 위해 세운 목표나 다른 사람이 지정한 목표에 달성하지 못함을 뜻한다. 사람들에게는 능력의 한계가 있기 때문에 실패를 경험할 수 있다. '실수'는 자기가 자신의 능력을 발휘하지 않았기 때문에 생기는 잘못된 현상을 뜻한다.

우리는 대부분이 가슴 아프고 쓰라린 실패나 실수로 끝나버렸다고 하더라도, 그가 겪어 낸 그러한 크고 작은 실패와 실수는 그 사람을 더욱 굳건하게 변화시킬 것이며 다음 번 새로운 시도에서 지금보다 더욱 현명해질 수 있도록 소리 없이 이끌어 줄 것이다. 만일 이렇게 실패와 실수로부터 무엇이든 얻고 배우려 마음만 먹는다면 당신이 경험하게 될 실패와 실수는 참으로 소중한 것들로 거듭나게 될 것이다. 구름이 없으면 비도 없다. 자신의 삶 주변을 살펴보면서 가장 충격이 컸던 실패와 실수를 분석해보고 순서대로 번호를 적어보고 왜 충격이 컸는지 분석해본다.

기록을 마쳤으면 서로 자신의 실패와 실수를 발표하고 분석한다. 과정을 마쳤으면 이 프로그램을 통해서 느낀 점을 서로 토의하라.

(1) 지난 3년 동안 겪었던 실패를 열거한다.

번호	실패 내용	나의 책임성 여부	충격정도	순위
1				
2				
3				
4				
5				

(2) 지난 3년 동안 행했던 실수를 열거한다.

번호	실수 내용	나의 책임성 여부	충격정도	순위
1				
2				
3				
4				
5				

(3) 이제 only one chance이다. 나의 각오를 적어라.

06 나에게 '氣'를 줄 수 있는 사람은 누구?

1~30번까지 내가 아는 사람을 생각나는 대로 적는다. 그리고 나의 꿈과 시간 등을 아래로 끌어내리는 사람인 '**잠수형**' 인간에게는 1~2점을 준다. 우리의 삶에서 가장 큰 적은 '부정성(否定性)'이다. 이런 사람은 당신의 생산성만 갉아먹는 게 아니라 당신의 인간성까지도 갉아먹는다. 그들의 부정적인 에너지인 회의적인 생각, 두려움, 절망 같은 형상은 당신의 마음 안에 똬리를 틀고, 당신의 내면을 고갈시킨다. 그들에게 에너지와 시간을 낭비할 필요가 없다. 그런 사람들한테까지 일일이 신경쓰다보면, 정작 중요한 사람들에게 쏟아야 할 에너지를 뺏기게 된다. 초대해야 할 더 멋진 사람을 놓칠 수도 있다.

서로의 에너지가 통하는 사람으로 당신을 땅위에 걸어 다니게 하는 '**공유형**' 인간에게는 3~4점을 준다. 공유형과는 수시로 정보와 소식을 전하라. 한편, 나의 성취와 변화에 날개를 달아주는 사람인 '**날개형**' 인간에게는 4~5점을 준다. 날개형은 당신의 능력에 날개를 달아 창공을 날게 하므로 항상 기대 이상의 가치를 제공한다. 따라서 그들과의 대화와 활동을 늘려 인간적으로 교류하고 사소한 약속이라도 목숨같이 지켜라.

이렇게 적은 30명 중에서 1~2점은 가급적 소통을 피하고 점차 정리해고 시킨다. 3~4점은 20% 정도의 노력과 시간을 투자한다. 4~5점은 80% 소통을 하고 그들로부터 가르침을 받고, NQ(Network Quotient : 공존지수)를 구축하여 리더십의 장점을 배우도록 한다.

기록을 마쳤으면 자신의 내용 중 3~4명의 사람을 익명으로 소개한다. 과정을 마쳤으면 이 프로그램을 통해서 느낀 점을 서로 토의하라.

(1) 잠수형 인간의 명단

(2) 공유형 인간의 명단

(3) 날개형 인간의 명단

(4) 반대로 내가 적은 30명의 명단에서 그들에게 나는 어떤 형인지 점검해보기 바란다.

07 변화에 대처하는 나의 유형은?

『누가 내 치즈를 옮겼을까?』에 나오는 스니프, 스커리, 헴, 허 중에서 당신은 어느 경향인가? '스니프'[1]형은 변화의 냄새를 맡을 수 있는 사람이라면, '스커리'[2]형은 즉시 행동으로 옮기는 사람이다. '헴'[3]형은 익숙한 세상에 머물러 있고자 하여 변화를 거부하는 사람으로, '허'[4]형은 변화하기를 망설이지만 결국 자신의 상황을 깨닫고 스스로 변화하고 새로운 치즈를 찾아 떠나는 사람이다. 이 이야기에서 당신은 누구입니까? 그리고 자신을 CRI(Change Responsible Indicator)그래프에 대입하여 분석해보라. 책을 읽지 못한 사람은 다음(Daum) 카페에서 '김재득의 리더십과 소통(http://cafe.daum.net/leadershipandKJD)'에서 제공하는 동영상으로 내용의 일부를 이해할 수 있을 것이다.

기록을 마쳤으면 자신의 내용 중 1~2가지만 서로 소개한다. 과정을 마쳤으면 이 프로그램을 통해서 느낀 점을 서로 토의하라.

(1) 조직생활을 시작한 후 자신에게 다가온 커다란 변화들이 있다면?
(이전의 생활과 달라진 것은 무엇인지)

---

1 스니프 : 킁킁이(킁킁거리며 냄새를 맡는다는 의미의 의성어)
2 스커리 : 종종이(종종거리며 급히 달린다는 의미의 의태어)
3 헴 : 헛기침(헛기침한다는 의미의 의성어)
4 허 : 점잔이(점잔을 뺀다는 의미의 단어)

(2) 이런 변화들에 대한 자신의 느낌은 어떠한지?(기쁨 / 두려움 / 힘듦 / 만족함…)

(3) 자신이 맞이한 요즈음의 변화들에 어떻게 대처하고 있는가?

| 그림 2-2 | CRI(Change Responsible Indicator) 그래프

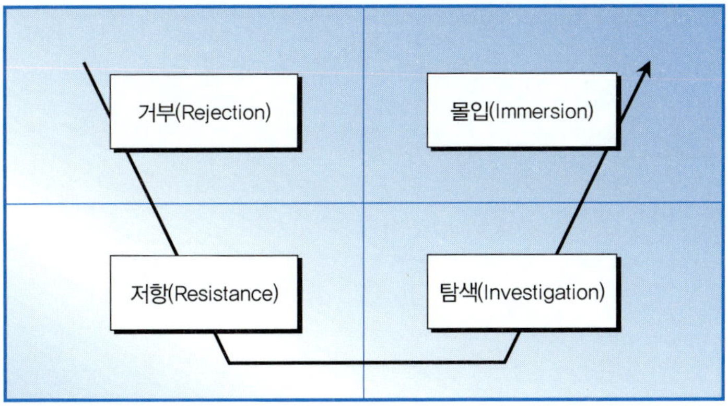

(4) 나는 변화를 맞이하게 되면 주로 어떤 태도를 취하는가?

① 변화를 아주 빨리 알아차리는 편이다.

② 변화에 대처해서 신속하게 행동하는 편이다.

③ 변화에 적응하기보다는 익숙한 세상에 머무는 것을 더 좋아하는 편이다.

④ 변화를 빨리 알아채진 못하지만, 변화를 알아채면 스스로 변화되려고 노력하는 편이다.

(5) 우리 중에 변화를 두려워하는 사람은 누구인가?

08 비전 가꾸기 : Want-Have 매트릭스를 작성하라

현재 자신이 가지고 있는 것(Have)과 앞으로 가지고 있기를 간절히 원하는 것(Want)이 무엇인지 생각해보라. 아래의 사례를 참고로 자신을 점검하고, 자신이 갖추고 싶은 것이지만, 현재 가지고 있지 않는 Ⅳ분위의 것을 목표로 정진하길 부탁한다.

기록을 마쳤으면 자신의 내용 중 3~4가지만 서로 소개한다.

| 표 2-4 | Want-Have 매트릭스를 작성하라

DON'T WANT ← → WANT	Ⅱ	Ⅰ
HAVE	늦잠 자는 것 카드빚 비만 흡연습관 ①_______ ②_______ ③_______	취미 운전면허증 친구 ①_______ ②_______ ③_______
	Ⅲ	Ⅳ
DON'T HAVE	난시 전과기록 허리디스크 ①_______ ②_______ ③_______	세계일주 여행 애인 원하는 직장 학교졸업장 ①_______ ②_______ ③_______

11 내가 선택할 수 있는 일 찾아보기

당신의 자신의 '운명'에 만족하는가? 만일 그렇지 않다면 생각을 바꾸라! 그러면 자신의 운명에 감사하는 마음이 생길 것이다. 내가 이 세상에 태어나기 전에 이미 정해져 있는 것, 즉 부모나 형제 관계 등을 우리는 '숙명' 또는 '운명'이라고 부른다. 숙명은 나의 노력이나 선택의 힘이 미치지 못하는 것이기에 내 뜻대로 할 수 없다. 자신이 선택할 수 없는 일로 인해 고민하기보다는 자신이 선택할 수 있는 일에 최선을 다해 정진하는 것이 지혜로운 삶이며 올바른 선택이다. 나의 선택에 의해 변하는 것과 변치 않는 것은 무엇일까?

기록을 마쳤으면 자신의 내용 중 3~4가지만 서로 소개한다. 과정을 마쳤으면 이 프로그램을 통해서 느낀 점을 서로 토의하라.

(1) 내가 선택할 수 없는 것은?—부모님, 성(性)

______

(2) 내가 선택함에도 불구하고 바뀌지 않는 것은?—진실, 존재, 진리

______

(3) 나의 선택에 의해 변화될 수 있는 것은?—영어실력, 자원봉사, 성격

______

CHANGE
=
體 認 知
체 인 지

나는 나의 가치를 위해 지금 무엇을 하고 있는가?
언제까지 눈알의 돈을 쫓아 여기저기 옮겨 다닐 것인가?
'안정은 신기루다', '안정은 일종의 착각이자 착시현상일 뿐이다'
환경변화에 스스로 주도적이어야 한다.

– 공병호, 『10년의 법칙』 –

"The hardest work is to go idle."

"가장 하기 힘든 일은 아무 일도 안하는 것이다."

– 유대인 격언(Jewish proverb) –

CHAPTER 3

리더의 시간관리

피터 드러커(Peter Ferdinand Drucker)에 의하면 "시간 부족은 부족의 문제가 아니라 관리의 문제다."라고 하였다. "신이 우리를 가르칠 때는 채찍을 쓰지 않는다. 신은 우리를 시간으로 가르친다." 발타자르 그라시안(Balthasar Gracian)의 말이다. 한 분야에 투자한 시간이 1,000시간을 넘기면 조금 알기 시작하고, 3,000시간을 넘기면 보이기 시작하고, 10,000시간을 채우면 전문가가 된다는 말이 있다. 이것은 하루 3시간을 투자할 경우 1년, 3년, 10년에 해당되는 시간이다. 이와 같은 지속적인 학습과 시간관리는 세상의 리더가 되길 꿈꾸는 사람의 인생을 반짝이게 할 것이다.

헬라어에는 시간(때)을 두 가지로 표현한다. '크로노스(Chronos)'와 '카이로스(Kairos)'가 그것이다. '크로노스'는 단순히 흘러가는 시간으로 불연속적인 우연한 사건을 뜻한다. 반면에 '카이로스'는 때가 꽉 찬 시간으로 구체적인 사건의 순간, 감정을 느끼는 순간, 구원의 기쁨을 누리는 의미 있는 순간이다. 카이로스는 자신의 존재 의미를 느끼는 절대적인 시간이다. 우리는 역사 속에서 부정과 불의, 투쟁과 타협, 전쟁과 싸움, 가난과 억압 등의 수많은 사건들을 경험한다. 크로노스의 시간을 사는 사람은 역사가 자신을 어떻게 판단할지에 관심이 없다. 오직 현재만이 중요할 뿐이다. 그러나 카이로스의 시간을 사는 사람은 끊임없이 자신을 반추하며 사는 사람이다. 이런 점에서 리더는 자신의 리더십 시간을 점검할 필요가 있다.

자기진단
Dynamic self-Question

01 리더의 삶(Life)과 리더십

위대한 리더는 목표만을 달성해서 성공한 사람이 아니다. 모두가 가야 할 길을 보여주었기에 성공할 수 있었다. 오로지 앞만 보고 전진하는 방식이 아닌 주변 사람들을 보살피고 함께 이끌면서 동시에 자기 자신도 성장할 수 있었던 것이 진정한 리더의 삶이다. 사실 그들은 날 때부터 성공이 보장된 인생이 아닌 지극히 평범한 인물들이다. 그들은 자신의 삶을 존중하듯이 타인의 삶을 존중하였다. 우리는 위대한 리더의 삶을 통해서 진정한 행복과 성공이 무엇인지 배울 수 있다.

진단 항목에 대하여 다음과 같이 5단계 평점으로 체크하시오. 뛰어나게 좋다. 아주 잘하고 있다면 5점, 좋다. 잘하고 있다면 4점, 보통. 그저 그렇다면 3점, 약간 나쁘다. 잘못하고 있다면 2점, 나쁘다. 전혀 못하고 있다면 1점이다.

	리더의 삶(Life)과 리더십	Check 전혀 못한다 – 잘한다
1	공부, 노력하는 목표를 설정하고 그 달성도를 늘 체크하고 있습니까?	1 2 3 4 5
2	인생의 귀감이 될 만한 현명한 사람과 사귀고 싶습니까?	1 2 3 4 5
3	자기의 성격적 특징을 잘 알고 있습니까?	1 2 3 4 5
4	자기의 자질과 능력상의 강점과 약점을 잘 알고 있습니까?	1 2 3 4 5
5	담당업무에 목표를 세우고 있습니까, 또는 업무의 개선에 열의를 가지고 있습니까?	1 2 3 4 5
6	가정생활을 직장보다도 귀중하게 여기고 있습니까?	1 2 3 4 5
7	인생에 있어서 귀중한 것은 사는 보람, 가족, 건강이라는 사실을 인식하고 그 실행에 노력하고 있습니까?	1 2 3 4 5

8	과음, 회식 또는 지나치게 여가에 심취하여 일에 지장을 초래하는 일은 없습니까?	1 2 3 4 5
9	매주 책을 읽으며 꾸준히 자기계발에 노력하고 있습니까?	1 2 3 4 5
10	다른 사람에게 알기 쉽게 이야기하는 능력이 있습니까?	1 2 3 4 5
11	취미활동, 정서활동을 주기적으로 하고 있습니까?	1 2 3 4 5
12	정보를 널리 수집하여 자기계발, 능력향상에 노력하고 있습니까?	1 2 3 4 5
13	후배직원 또는 부하를 교육하고 지도하는데 능숙합니까?	1 2 3 4 5
14	외부에서 발생한 트러블을 가정으로 끌어들이지 않는다.	1 2 3 4 5
15	수입의 5% 이상을 미래를 위한 능력개발에 투자하고 있습니까?	1 2 3 4 5
16	지나친 일이나 여가로 자기의 몸에 무리를 주지 않도록 자기관리를 잘하고 있습니까?	1 2 3 4 5
17	업무에 임하는 자세는 야무지고 열의가 있습니까?	1 2 3 4 5
18	화술이 좋고 자기 자신을 PR하는 노력을 하고 있습니까?	1 2 3 4 5
19	원만한 인간성의 향상을 위한 삶의 좌우명을 갖고 있습니까?	1 2 3 4 5
20	능력개발을 위하여 새로운 지식과 경험을 쌓고 있습니까?	1 2 3 4 5
21	프로의식에 투철하고 프로로서의 능력향상에 노력하고 있습니까?	1 2 3 4 5
22	부모봉양, 가족부양 또는 자녀의 성장에 대하여 책임을 느끼고 필요한 행동을 취하고 있습니까?	1 2 3 4 5
23	학교 친구나 동료에 비하여 재정관리를 잘 하고 있다고 생각합니까?	1 2 3 4 5
24	건강한 몸을 유지하기 위하여 적극적으로, 지속적으로 운동을 하고 있습니까?	1 2 3 4 5
25	탐구심의 개발에 노력하고 행동으로 옮기고 있습니까?	1 2 3 4 5
26	다른 분야의 사람들과 마음 놓고 접촉할 수 있습니까?	1 2 3 4 5
27	자신의 개성을 적당히 외부에 표출하고 있습니까?	1 2 3 4 5
28	복합능력(전문기술 이외의 특별한 능력)을 가지고 있습니까?	1 2 3 4 5
29	자기의 담당업무에 대하여 누구에게도 지지 않게 일을 하고 있습니까?	1 2 3 4 5
30	가족문제가 업무수행에 지장을 주는 일이 없도록 잘하고 있습니까?	1 2 3 4 5
31	자신이나 가족에서 부업을 하고 있거나, 장래에 하기 위한 준비를 하고 있습니까?	1 2 3 4 5
32	몸이 쇠약해졌다는 기분을 느끼지 않도록 잘하고 있습니까?	1 2 3 4 5
33	클럽, 동창회, 사내서클 등 그룹 활동에 적극적으로 참가하고 있습니까?	1 2 3 4 5
34	나이에 비해 지나치게 노인티를 내고 않도록 잘하고 있습니까?	1 2 3 4 5

35	항상 문제의식, 목적의식을 가지고 있습니까? 그리고 자기의 부족한 점을 시정하려고 노력하고 있습니까?	1 2 3 4 5
36	세상에 팔 수 있는 능력(남이 살만한 가치가 있다고 보는 능력)이 있습니까?	1 2 3 4 5
37	항상 능률을 향상시키기 위하여 노력을 경주하고 있습니까?	1 2 3 4 5
38	일에 대한 가정의 협력은 충분하다고 생각합니까?	1 2 3 4 5
39	재정관리 계획을 세우고, 계획대로 실행하고 있습니까?	1 2 3 4 5
40	정기 건강진단 등 건강유지에 유의하고 있습니까?	1 2 3 4 5

결과분석

당신의 성별이 여자라면 각 문항별로 +0.2점을 더한다. 그리고 연령이 만 30~34세이면 +0.2점, 만 40~44세이면 −0.1점, 만 45세 이상이면 −0.2점을 가감하여 계산합니다. 그리고 미혼이면 +0.2점, 결혼 후 1자녀인 경우 점수는 그대로 계산하지만, 결혼 후 2자녀 이상이면 −0.1점을 감하여 계산한다. 또한 이혼 또는 재혼이라면 −0.2점을 감하고 합산하면 가중치가 적용되므로 전체적으로 신뢰성 높은 설문이 될 것이다. 예를 들어 미혼의 여대생이라면 문항별로 2점 추가되어서 전체적으로 16점이 추가된다. 이론적으로 항목별로 27점이 만점이 되는 것이다.

표 3-1 종합진단 비교표

구 분		각 요인별 점수							
		자기계발	인간관계	정서안정	능 력	업무수행	가정관리	재정관리	건강관리
문항번호		1, 9, 17, 25, 32	2, 10, 18, 26, 34	3, 11, 19, 27, 35	4, 12, 20, 28, 36	5, 13, 21, 29, 37	6, 14, 22, 30, 38	7, 15, 23, 31, 39	8, 16, 24, 32, 40
본인의 점수									
팀 평균점수									
타인 진단 점수	상사								
	동료								
	부하								
본인–타인진단 최대 차이 값									

- 본인과 타인 간의 점수 차이가 클수록 원인을 잘 점검하고 개선할 필요성이 있다.
- 보다 자세한 진단 결과의 내용은 제1장의 '해석 및 요령'을 참조하라.

그래프 3-1 리더의 삶(Life)과 리더십

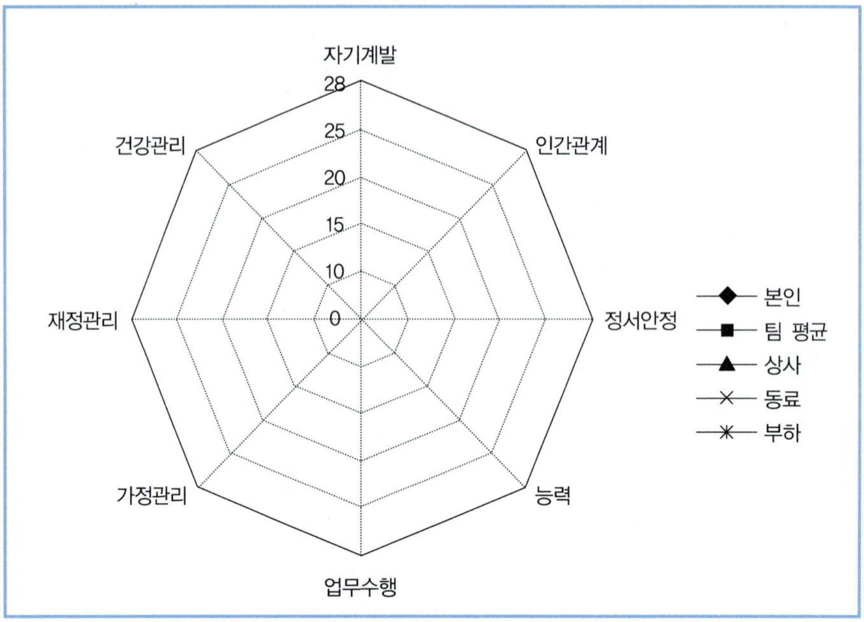

리더의 삶(Life)과 리더십 결과 그래프

25									
22									
20									
18									
15									
13									
12									
10									
7									
5									
분 류	자기계발	인간관계	정서안정	능 력	업무수행	가정관리	재정관리	건강관리	평 균

02 시간도둑을 체포하라

“만약 내가 삼 일간 볼 수 있다면, 첫째 날에는 나를 가르쳐 준 설리번 선생님을 찾아가서 그 분의 얼굴을 바라보겠다. 그리고 산으로 가서 아름다운 꽃과 풀과 빛나는 노을을 보고 싶다. 둘째 날엔 새벽에 일찍 일어나 먼동이 터 오는 모습을 보고 싶다. 저녁에는 영롱하게 빛나는 하늘의 별을 보겠다. 셋째 날엔 아침 일찍 큰길로 나가 부지런히 출근하는 사람들의 활기찬 표정을 보고 싶다. 점심때는 아름다운 영화를 보고 저녁에는 화려한 네온사인과 쇼윈도의 상품들을 구경하고 집에 돌아와 사흘간 눈을 뜨게 해주신 하나님께 감사의 기도를 드리고 싶다.”

3중 장애를 가진 헬렌 켈러가 『3일 동안만 볼 수 있다면』이라는 책에서 고백한 하루의 가치가 얼마나 그녀에게 소중한 시간인가를 말해주는 글이다. 그런데 우리는 두 눈을 뜨고도 얼마나 허송세월 하면서 귀중한 삶의 시간을 낭비하고 있지나 않은지 나의 ‘시간도둑’을 체포하여야 한다. 여기 자신의 시간관리를 측정할 문항이 있다.

이 문항들은 자신의 시간관리 행동이 어느 정도인지를 측정하는 문항이다. 다음 문항들을 읽고 자신의 시간관리 행동이 어느 정도인지를 Yes 또는 No로 체크하시오.

	시간 도둑을 체포하라 (‘나의 상사는~’ or ‘나의 동료는~’)	Check	
		Yes	No
1	출근 시간을 잘 활용하려고 노력한다.		
2	사전에 계획하는 데에 시간을 많이 할당하는 편이다.		
3	일을 혼자서 다 처리하기보다 권한을 위임하려고 하는 편이다.		

4	시간약속을 철저하게 지키려고 노력한다.		
5	시간이 남을 때 해야 할 일을 2~3가지 준비하고 있다.		
6	쓸데없다고 생각되는 요구는 쉽게 거절할 수 있다.		
7	어떤 일에건 목표를 명확히 하려고 노력한다.		
8	업무를 할 때 스스로 마감시간을 정하는 편이다.		
9	업무와 관련된 다른 사람들의 스케줄에도 항상 관심을 두고 있다.		
10	일을 할 때는 우선순위를 정하는 편이다.		
11	가능하면 일찍 출근하려고 한다.		
12	5년 후 10년 후의 내 모습을 쉽게 상상할 수 있다.		
13	하루나 일주일의 업무에 관한 시간 계획표를 짜는 편이다.		
14	회의를 하기 전에 많은 준비를 하는 편이다.		
15	컴퓨터 같은 IT기술에 대해 관심이 많다.		
16	일을 열심히 하기보다는 효율적으로 하려고 노력한다.		
17	다른 사람과 똑같이 출근하고 똑같이 퇴근하는 것을 바꾸고 싶다.		
18	다른 사람과 관련된 일에서는 항상 '타이밍'을 의식한다.		
관련의견			

채점 : '예'라고 응답한 문항의 개수가 자신의 점수이다.
16점 이상 : 우수 / 15~13점 : 양호 / 12~10점 : 보통 / 9점 이하 : 불량

표 3-2 종합진단 비교표

진단내용	본인 진단점수	팀 진단점수	타인진단 점수			본인-타인 최대 차이
			상사	동료	부하	

- 본인과 타인 간의 점수 차이가 클수록 원인을 잘 점검하고 개선할 필요성이 있다.
- 보다 자세한 진단 결과의 내용은 제1장의 '해석 및 요령'을 참조하라.
- 보다 신뢰성 있는 평가를 원한다면 진단표에 제시된 문답 중에서 자신이 더욱 개선되기 위해 노력해야 하는 항목을 조직(집, 학교, 공동체, 직장)에서 가장 신뢰하는 사람이나 정직한 피드백을 줄 것 같은 사람을 선정하여 경청한다.

두 개의 동전! 같은 시간을 존재했어도

어떻게 살아왔느냐에 따라 모양은 달라진다.

오늘 나는 어떤 모습일까?

여러분은 지금 어떤 생각으로 이 자리에 앉아 있는가?

03 아침형, 저녁형 리더 자가 진단

아침형 리더가 주목받은 것은 일본인 의사 사이쇼 히로시가 쓴 『인생을 두 배로 사는 아침형 인간』이 출간되면서부터다. 아침형 리더들은 평균 새벽 4시에서 6시 30분 사이에 일어난다. 사람마다 개인차가 있겠지만 아무래도 영혼과 정신이 가장 맑은 시간은 아침이 아닐까? 따라서 아침형 리더들은 아침에 하루를 구상하고 가장 중요한 결정도 주로 아침에 한다. 그런 만큼 시간에 쫓기지 않고 여유가 있으며 자신만의 풍요로운 시간을 만끽할 수 있다. 그들은 대부분 아침에 일어나면 신문을 보면서 정치, 경제, 사회, 문화 전반의 이슈와 기사를 꼼꼼히 살핀다. 아침에 능률이 가장 많이 오르는 이유는 깊은 잠을 통해서 휴식이 이루어지고 뇌 속에 에너지가 재충전되어 있기 때문이다.

아침을 경영하듯, 인생을 경영하는 이 시대 아침형 리더들의 '불꽃같은 삶'도 있지만, 이러한 트렌드를 무분별하게 쫓아가는 것 역시 바람직하지 않다. 우리는 시간활용에 있어 아침이냐 점심 또는 저녁이냐가 아닌, 사람마다 시간활용에 '차이'가 있다는 사실을 인정하고 출발하는 것이 바람직할 것이다. 본인이 만일 저녁형인 사람이라면 억지로 아침형으로 바꾸려고 아침에 일찍 일어나는 것은 오히려 몸에 스트레스를 줘서 역효과가 있다. 따라서 아침잠이 많은 저녁형 리더는 아침형 리더와 다르게 시간을 활용하는 것이 좋을 것이다. 저녁시간에는 다양한 약속, 야근, 회식 등으로 자기만의 시간을 만들기 힘든 것이 사실이다. 따라서 저녁형 리더는 일정한 원칙을 세워두는 것이 중요하다.

나는 아침형 리더인지, 저녁형 리더인지 아래의 8개 질문에 체크하고, 자신의 유형을 소개하시오.

1. 아침에 일어날 때는 어떤 상태인가?

① 정신이 맑고 출근(등교) 준비에 지장이 전혀 없다.

② 기상 후 어느 정도 시간이 지나거나 커피를 마시면 잠이 깬다.

③ 컨디션 최악. 무슨 수를 써도 정신이 몽롱하다.

2. 아침식사는 무엇으로 하는가?

① 반드시 식사를 챙겨 먹는다.

② 시리얼이나 토스트를 먹는다.

③ 거의 먹지 않는다.

3. 휴일에는 언제 일어나는가?

① 평소처럼 일찍 일어난다.

② 평소보다 1~2시간 늦게 깬다.

③ 점심때쯤 눈을 뜬다.

4. 중요한 시험의 시간대는 언제였으면 하는가?

① 오전 8시~오전 10시

② 오전 10시~정오

③ 초저녁~저녁

5. 수업(강의 수강)이나 출근이 새벽 5시에 시작된다면 어떻게 하겠는가?

① 일어나서 간다.

② 나중에 녹화 테이프나 동영상을 본다.

③ 전날 밤을 새웠다가 바로 들으러 간다.

6. 모임은 어떤 형태를 좋아하는가?

① 오후의 커피숍 회동

② 저녁시간에 간단한 식사

③ 새벽까지 이어지는 술자리

7. 언제 가장 졸린가?

① 점심식사 후

② 밤 12시 이후

③ 아침 내내

8. 내일이 쉬는 날이라면 오늘 몇 시에 잠자리에 들겠는가?

① 평소처럼

② 평소보다 1~2시간 늦게

③ 잠이 올 때까지 안 잔다.

결과 분석

①이 가장 많은 경우－오전 9시에서 오후 4시까지 기분이 좋고 오후 2시반 경 가장 활발히 활동하며 아침 식사는 반드시 챙겨 먹어야 하는 '아침형'

②가 가장 많은 경우－때에 따라 '아침형'이나 '저녁형'으로 변신할 수 있는 스타일로 일정한 수면과 기상 패턴을 유지하기 위해 신경 써야 함

③이 가장 많은 경우－오후 8~10시 기분이 좋고, 저녁식사를 거하게 차려 먹는 '저녁형'으로 지적, 예술적 직업을 가진 사람이 많다(박미선, 일간스포츠 2004. 2. 11).

Q4 시간관리 매트릭스(Time Management Matrix)

사람들은 '중요성'과 '긴급성'으로 짜여진 네 가지 중 하나의 방식으로 대부분의 시간을 보낸다. 그 중 '중요성(Importance)'은 가장 중요한 일, 소중한 것, 맡은 바 임무와 목표에 도움이 되는 활동이고, '긴급성(Urgency)'은 급한 일, 목전에 놓인 일, 즉각적인 행동을 요구하는 활동이다.

스티븐 코비 박사가 제시하고 있는 성공하는 사람들의 7가지 습관 중 [습관 3]인 '소중한 것을 먼저 하라'는 [습관 1]인 '주도적이 되어라'와 [습관 2]인 '목표를 확립하고 행동하라'를 실질적으로 완성하는 것이다. 소중한 것이라 함은 우리가 개인적으로 가장 가치가 있다고 생각하는 일들로써, 그것들은 우리들에게 무엇을 먼저 해야 될지를 제시해 준다. 사실 모든 사람은 네 가지 부류에 어느 정도씩 속해 있다. 그러나 가능한 한 2번째 부류에 많이 속하려고 애쓰는 것이 중요한데 그러기 위해서는 계획표를 만들어 주간계획을 세워야 한다. 계획표는 생활을 구속하는 것이 아니라, 생활을 편하게 하는 훌륭한 도구다.

제1상한은 필수적 상한이기도 하지만 상당수의 사람들이 여기에 너무 많은 시간을 빼앗기고 피로해 한다. 우리가 제 I 상한의 활동에만 관심을 둔다면 이것들은 점점 늘어나서 마침내 우리를 지배한다. 제 II 상한이 아주 훌륭한 생활 방식으로 이런 방식으로 생활하기 위해 애써야 한다. 하지만 급하게 해야 할 일들은 아니기 때문에 막상하기가 망설여지기도 한다. 제III상한은 다른 사람들을 즐겁게 해 주려고 애쓰는 사람이고, 그들의 요구를 다 들어 주는 사람이다. 급한 일은 대부분 중요한 일인 것처럼 보이지만 항상 그런 것은 아니다. 제IV상한은 아무 짝에도 쓸모없는 방식이다. 네 번째 부류에 속하는 사람은 무절제하고 무책임한 사람이다. 그 결과 직장에서 파면되고, 결국은 의식주를 다른 사람이나 보호시설에 의존하게 된다.

조직의 리더인 나는 시간을 어떻게 사용하고 있는가? 지난 주간에 한 일들을 각각의 중요성과 긴급성에 따라 가장 알맞은 상한에 적어 넣으라. 당신이 각 상한의 일들에 사용한 시간의 %를 추정하여 써 넣어라.

기록을 마쳤으면 자신의 내용 중 3~4가지만 서로 소개한다. 과정을 마쳤으면 이 프로그램을 통해서 느낀 점을 서로 토의하라.

구 분	긴급함	긴급하지 않음
중요함	Ⅰ **미루는 사람** • 시험이 내일이다. • 급박한 문제, 가족 경조사 • 오늘까지 내야 할 과제물 • 기간이 정해진 프로젝트 • 위기, 응급 사태	Ⅱ **순서를 정해 일하는 사람** • 계획, 목표 설정 • 리더십, 인맥관리, 인간관계 구축 • 예방, 새로운 기회 발굴 • 독서, 여행, 운동, 휴식, 오락 • 중장기 계획
중요하지 않음	Ⅲ **무조건 '그래'라고 하는 사람** • 중요하지 않은 전화 • 쓸데없는 참견 • 다른 사람의 사소한 문제 • 주변 사람들의 눈치 • 일부 회의나 보고서	Ⅳ **게으른 사람** • TV를 아주 많이 보기 • 끝없는 전화와 문자 날리기 • 밤새도록 컴퓨터 게임하기 • 길거리 배회 • 시간 낭비, 하찮은 일

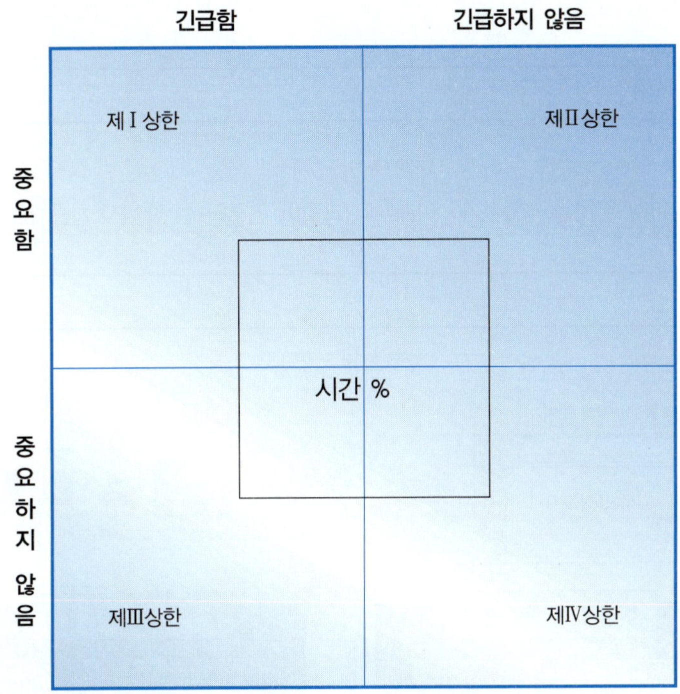

(1) 당신은 어느 상한의 일들에 가장 많은 시간과 노력을 들였는가?

(2) 제 I 상한에 너무 많은 시간을 쓴다면, 당신의 신체 · 정신 · 조직에 어떤 일이 일어나겠는가?

(3) 제Ⅰ상한의 일들을 하지 않을 때는 어느 상한의 일들에 시간을 사용하는가?

(4) 제Ⅱ상한에 무엇을 적었는가? 이제부터 그것이 이루어 질 때까지 차근차근 준비하라.

❙그림 3-1❙ 소중한 것 먼저 하기

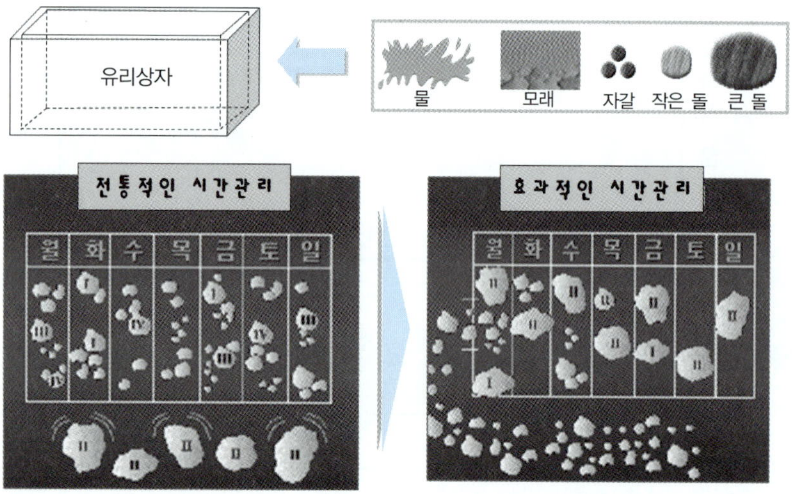

우리는 전통적인 시간관리인 제Ⅰ상한이나 제Ⅲ상한의 업무에서 효과적인 시간관리를 위해
제Ⅰ상한이나 제Ⅱ상한의 업무를 중심으로 시간관리를 하여야 한다.
특히 제Ⅱ상한에 주목하여야 한다.

05 나의 인생 곡선

내가 통제할 수 있는 것은 무엇인가? 만일 매일 2시간 동안 시간이 연장된다면 나는 그 시간을 어디에 쓰고 싶은가? 당신이 언젠가 꼭 하고 싶은 것은 무엇인가? 나의 인생 곡선을 작성해보라. 그동안 생각해보지 못했던 사건들 그리고 지금까지 살아온 '인생의 굴곡'을 다시 한 번 떠올리면 어찌 살아갈지 그려보라.

기록을 마쳤으면 자신의 내용 중 2~3가지만 서로 소개한다. 과정을 마쳤으면 이 프로그램을 통해서 느낀 점을 서로 토의하라.

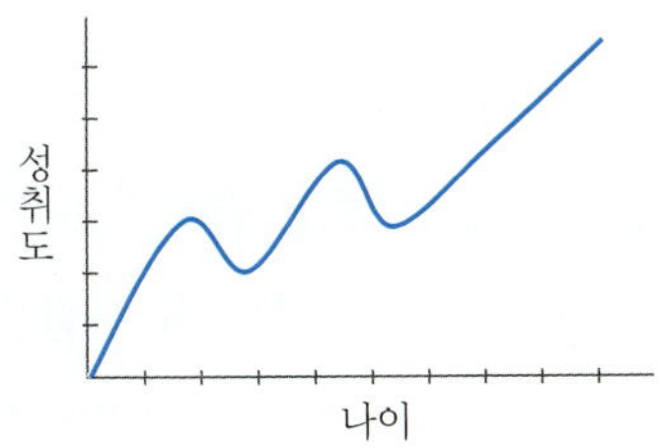

내가 통제할 수 있는 것은 오직 (   ) 뿐이다.

(1) 당신에게 매일 2시간(86,400초)이 연장된다면 그 시간을 어떻게 쓰고 싶은가?

내 용	우선순위

(2) 당신이 언젠가는 꼭 하고 싶은 것은 무엇인가?

06 습관(Habits)

삶에서 습관은 매우 중요하다. 공부하는 습관, 독서하는 습관, 일어나는 습관, 잠자는 습관, 남을 헐뜯는 습관, 비웃는 습관, 비관적 습관, 그림을 그리는 습관, 체념하는 습관, 메모 습관, 음주 습관, 걷는 습관, 웃는 습관 등등 일상적으로 우리가 하고 있는 행동의 90%는 습관을 바탕으로 하고 있다. 우리가 매일 행동하는 것은 거의 대부분이 습관이다. 습관이 없는 사람은 한 사람도 없을 것이다. 습관은 살아가면서 자신도 모르는 사이에 반복되는 버릇으로 형성된 행동이다. 무슨 일을 하든지, 어떤 습관을 몸에 배게 하느냐에 따라 일을 풀어가는 과정과 결과가 다르게 나타나는 법이다.

좋은 습관을 몸에 익히는 것은 살아가면서 반드시 행동으로 옮기면 나와 주변부의 삶이 빛나는 것은 당연한 귀결이다. 모든 사람들은 좋은 습관과 나쁜 습관을 갖고 있다. 대부분 성공한 사람들은 좋은 습관을 갖고 있고, 실패한 사람은 나쁜 습관을 갖고 있다. 바람직한 습관은 더욱 개발시켜 나아가야 하고, 그렇지 않는 습관은 고쳐야 할 것이다. 그렇다면 여러분은 어느 쪽 습관을 갖고 있는가? 좋은 습관, 나쁜 습관 7가지를 각각 적어보고 이 과정을 통하여 자신의 습관을 분석해 보고 내 삶을 변화시켜 보자. 아주 작은 습관의 차이가 인생과 조직의 운명을 결정한다.

자기의 습관 중에서 남에게 가장 자랑하고 싶은 습관이 있다면 7가지를 동료나 옆 사람과 친구에게 자랑해보라. 사실 10가지 정도는 지니고 있어야 하지만, 7가지만이라도 꼭 찾아서 자랑해보라(현재 진행형의 습관). 만일 7가지가 안 된다면 실망하지 말고, 계속 노력하라. 나쁜 습관 7가지는 OTL(좌절)하지 말고 즉시 Del키를 눌러 에 버려라.

기록을 마쳤으면 자신의 내용 중 3~4가지만 서로 소개한다. 그리고 프로그램을 통해서 느낀 점을 서로 토의하라.

	좋은 습관	습관을 갖게 된 동기	순위
1			
2			
3			
4			
5			
6			
7			
관련 의견			

	나쁜 습관	습관을 갖게 된 동기	순위
1			
2			
3			
4			
5			
6			
7			
관련 의견			

07 나의 파레토(Pareto) 법칙

파레토의 법칙(20/80의 법칙)을 리더십 입장에서 해석하면, '20%의 사원이 조직 혹은 팀 성과의 80%를 만들어낸다'는 뜻이다. 스티븐 코비 박사의 용어로 풀면 20%는 '영향력의 원'이고, 80%는 '관심의 원'이다. 영향력의 원에 집중하는 방법은 무엇일까. 핵심은 강점에 투자하는 것이다. 조직의 관점에서는 매출 기여도나 이익률이 큰 사업 분야가 강점이고, 이 부분에 80%의 시간과 에너지를 집중해야 한다.

리더십 관점에서 보면 80%의 매출(이익)을 담보하는 핵심인재 20%에게 80%의 노력을 집중해야 한다. 볼링을 잘하는 사람은 핀 전체를 맞히려 하기보다 1번, 2번 핀을 집중해 맞힌다. 마찬가지로 마케팅에서는 20%의 우수고객이 회사의 80% 수익에 영향을 끼친다는 파레토 법칙이 있다.

필자가 강의를 하여도 초반 20분에 어떻게 분위기를 압도하느냐 하는 것이 강의 성패를 좌우한다. 일 잘하는 사람은 이처럼 중요한 길목을 지키고 집중해야 할 때를 안다. 시간관리는 '양'보다 '질'이다. 양적으로 아껴 쓰는 것도 중요하지만 질적으로 중요한 때에 집중하는 것이 필요하다.

기록을 마쳤으면 자신의 내용 중 몇 가지만 서로 소개한다. 다음의 질문에 따라 과정을 마쳤으면 이 프로그램을 통해서 느낀 점을 서로 토의하라.

(1) 상위 20%가 결과의 80%를 차지한다는 '파레토 법칙'에 동의하는가? 본인의 의견을 밝히고, 그 이유를 말해보라.

(2) 당신은 어떤 것을 상위 20%로 선정할 것인가?

08 리더의 '타이밍의 법칙' 찾기

변화의 타이밍을 놓치지 않고, 조직환경의 변화에 맞는 변화관리를 시스템화하는 조직과 개인만이 살아남을 수 있다. 주식이나 부동산에서 중요한 것은 '살 때'와 '팔 때'를 정확히 아는 것이다. 보통사람들에게는 이러한 상황이 혼란스럽겠지만, '타이밍의 법칙'을 아는 사람은 남보다 한걸음 앞서 움직여야 할 때와 물러서서 기다려야 할 때를 안다. 건조하고 황량한 세상을 쉼 없이 살았다고 해서 누구나 혜안을 갖는 것은 아니다. 견고하고 치밀한 부조리를 복기하고 예언한다고 해서 모두가 지혜로운 것은 아니다.

진정 지혜로운 리더는 자신이 떠나야 할 때를 아는 사람이다. 그것은 책에 나오는 것도 아니고, 누가 가르쳐주는 것도 아니다. 본능과도 같은 것이다. 그 본능을 체득했다면 그는 주어진 자신의 삶을 미련 없이 제대로 살아낸 것이며, 리더의 아름다운 퇴장을 아는 것이다. 예수 이전에도 이후에도 세상은 언제나 말세였다. 세상은 늘 버릇없는 새로운 세대들 때문에 번민했고, 원로의 리더들은 그들의 싸가지 없음을 한탄했다. 하지만 자신의 세대가 이미 지나갔음을 깨닫고 후학, 후계자를 양성하고 조용히 떠나는 리더들은 흔치 않았다.

물 위를 흘러가는 배는 흔적을 남기지 않는다. 삶은 그런 것이다. 미련 없이 살다가 흔적 없이 사라지는 것, 악당이든 보안관이든 누구든 이 법칙을 벗어날 수는 없다. 그것을 깨달았다면, 그들은 지혜롭게 무대를 내려올 것이다. 지혜로운 자들은 담백하게 자신의 삶을 털고 일어난다. 물론 쓸쓸하다. 하지만 삶의 뒤안은 누구에게나 쓸쓸한 법이다. 그래서 타이밍이 중요하고, 동시에 '줄탁동시(啐啄同時)'를 외치는 것이다. 어드벤처, 애정영화, 살인영화, SF, 액션영화를 보면 주인공은 가장 적절하고 중요한 시간과 장소에 배치되고 영웅은 성공하기 위해 절묘한 시간에 기막힌 행동을 한다.

좋아하는 영화 한편을 보고, 성공과 실패에 리더의 '타이밍의 법칙'이 어떻게 작용하는지 메모를 하라. 그리고 다음의 시트지에 자신의 생각을 기록하라.

기록을 마쳤으면 자신의 내용 중 몇 가지만 서로 소개한다. 과정을 마쳤으면 이 프로그램을 통해서 느낀 점을 서로 토의하라.

(1) '타이밍의 법칙'이 적용되는 순간은 언제인가?

___

___

___

(2) 만일 주인공이 다른 시간에 그 행동을 하였다면 어떤 결과가 일어났을까?

___

___

___

(3) 지금까지 당신은 어떤 의사결정을 할 때 타이밍을 염두에 두었는가?

___

___

___

PART 3

태도 리더십

Attitude Leadership

태도가 성공과 실패를 좌우한다.

태도란 성공의 또 다른 이름이다.

태도가 사실보다 더 중요하다.

Attitude are more important than facts.

-Karl Menninger-

"신이 우리를 가르칠 때는 채찍을 쓰지 않는다.
신은 우리를 시간으로 가르친다."

– 발타자르 그라시안(Balthasar Gracian) –

Leadership Workbook

태도(Attitude)가 성공과 실패를 결정한다.

태도란 성공의 또 다른 이름이다. 특히 리더의 태도는 조직 전체로 전파되기 때문에 긍정적, 적극적 사고는 모든 리더의 필수조건이다. 현재의 삶은 지금까지 살아 온 태도의 합이다. 나의 태도가 다른 사람의 태도를 변화시킬 수 있다. 태도가 능력이다.

흔히 태도란 타고난 성품 정도로 여긴다. 하지만 인간 행동을 연구하는 학자들은 태도가 유전적인 산물이 아니라 적절한 훈련을 통해 얻어지는 특성이라고 한다. 태도란 우리가 하는 모든 일의 바탕이자 도구이다. "Attitude Is Everything. Change Your Attitude, And You Change Your Life!!!"이다.

태도는 돈으로 따질 수 없을 만큼 귀중한 자원이다. 하지만 다행스럽게도 태도는 많은 돈을 주고 사야 하는 것은 아니다. 우리는 모두 스스로의 기본 태도를 변화시킬 힘이 있다. 대부분의 사람들은 건강관리를 위해 1년에 1, 2차례 건강검진을 받는다. 자동차도 제대로 달리기 위해서는 정기검사를 받아야 한다. 하지만 어찌된 일인지 우리의 정신 건강과 밀접한 관련이 있는 태도에 대해서는 그만큼 관심을 쏟지 않는 것이 안타깝다.

태도는 삶을 살아가는 사람들에게 가장 중요한 생활방식을 말해주는 단어이다. 수많은 '자기계발서'와 '성공 지침서'가 있지만 이들의 공통점은 경청, 열정, 배려, 칭찬 등 가져야 할 마음가짐 혹은 내외적인 행동 양식을 가지고 있다. 이 모든 단어들은 결국 태도라는 단어로 규합된다. 태도를 바꾸어야 경청하려는 자세, 열정적인 활동력, 칭찬하기, 배려심 등이 생기기 때문이다. 따라서 올바른 태도는 이 시대를 살아가는 리더의 필수적인 요소이다. 여기 필자가 자주 강조하는 리더가 지녀야 할 태도를 'ㄲ'으로 살펴보았다. 즉, '꿈 · 깡 · 끼 · 꾀 · 꼴 · 끈 · 꾼 · 끝'의 태도이다. 독자들은 자신 안에 내재된 힘을 인식하고 목표를 향해 치밀하게 나아가는 강인함과 긍정성을 키워보라.

부하에게 꿈을 심어주는 태도

모든 사람들에게 꿈은 필요하다. 아무리 금융위기가 실물경제 위기로 다가오고 있지만 현실이 비참하면 비참할수록 더욱 더 필요하다. 미국 대통령선거에서 승리를 성취한 신출내기 흑인 정치인에게나, 벼랑 끝으로 내몰리는 세상을 살아가며 꿈에 목마른 사람들 모두에게 필요한 것은 꿈이다. 우리는 절망 대신 어떤 꿈을 꾸고 있는지, 국가나 사회 각계 지도층은 국민과 조직 구성원들에게 어떤 꿈을 심어 주고 있는지 묻고 싶다.

지난 10년간 우리사회에서 등장한 유행어를 나열하면 비전, 불황, 구조조정, 빈부의 격차, 글로벌 경쟁력, M&A, 중국시장, 내수불안, 브랜드 가치, 핵심인재, 핵심가치, 핵심역량, IMF, 대량감원, 삼팔육, 사오정, 오륙도, 육이오, 이태백, 퇴출, 와인세대, 저성장, 도전과 혁신, 디지털 혁명, 온라인, 홈페이지, 성과, 컨버전스, 유비쿼터스, 노사안정, 네트워킹, 리더십, 고령화 사회, 수익증대, 목표달성, 고객만족, 고객감동, 고객가치 창조, 단골 고객, 변화와 혁신, 올림픽, 차이나 쇼크, 한미FTA, 탄핵, 촛불시위, 자살, 금융대위기, 멜라닌 파동, 교육파행, 취업대란에 조기 퇴직, 낙하산 인사, 대화와 소통부재, 대통령 친인척비리, 신종플루 등의 단어들이다. 예시한 용어들을 들여다보면 우리는 점점 더 꿈조차 꿀 수 없는 사회로 달려가고 빠져드는 듯한 느낌이 든다. 그래서 필자가 요구하는 리더의 첫 번째 덕목은 부하들에게 꿈을 심어주는 태도이다.

자기만을 생각하는 사람은 꿈을 가질 수 없다

필자는 많은 사람들이 꿈이 별로 없다거나, 있다 하더라도 인생의 목표를 제대로 정하지 못했다는 말을 자주 듣는다. 청소년은 물론이고 한창 일할 나이인 30, 40대에서도 같은 하소연을 토로하는 이들을 흔히 접하게 된다. 실현해야 할 목표를 가지고 날마다 그것을 의식하며 적극적으로 살아가야 하는데도, 많은 사람들은 꿈도 목표도 상실한 채 흐르는 세월에 실려 자신도 알 수 없는 곳으로 그저 흘러가고 있다. 하지만 현실은 냉혹하다. 꿈을 가진 사람만이 이긴다. 그리고 조금이라도 빨리 프로의식에 눈뜬 사람만이 성공을 거머쥐고 세상의 변화를 주도한다.

많은 이들이 꿈 없이 살아가는 이유를 살펴보면 오직 자기 혼자만을 생각하기 때문이다. 자기만을 생각하는 사람은 절대로 꿈을 가질 수 없다. 이것은 '자기애'와는 다른 것이다. 멋진 꿈, 훌륭한 목표를 가지고 싶다면 다음의 원칙을 실행하면 효과적이다. 즉, 애인을 생각하면 두 사람의 꿈이 생긴다. 부인을 생각하면 부부의 꿈이 생긴다. 부모를 생각하면 부모를 행복하게 할 꿈이 생긴다. 가족을 생각하면 가족을 위한 꿈이 생긴다. 조직을 생각하면 조직을 기쁘게 할 꿈이 생긴다. 나라를 생각하면 국민의 행복이라는 꿈이 생긴다. 인간을 생각하면 더 나은 인간세상으로 만들려는 꿈이 생긴다.

이처럼 인간의 소유를 가장 큰 것으로 채워 줄 수 있는 것이 바로 꿈이다. 꿈은 과거와 미래를 왕복하는 '타임머신'이다. 꿈은 이루어도 혹은 이루지 못해도 인간의 가장 큰 만족을 채워 주고, 완성 시켜주는 삶의 도구이다. 아무것도 소유하지 못해도 꿈은 왕이 되어 세상을 다스리고, 그 꿈을 가졌던 자가 결국은 또 왕이 되게 하는 '성취의 메커니즘'을 가지고 있다. 신의 창조물인 인간은 꿈을 꿀 때가 더 아름답고 위대하다.

신은 꿈꾸는 인간에게만 내일을 열어 놓았다

위대한 인간의 가치는 꿈꾸는 자이다. 꿈꾸는 자에게서 세상을 빼앗지 못한다. 꿈을 꾸면 신명난다. 꿈속에서 둥실 둥실 춤을 춘다. 꿈을 꾸는 자에게는 지금의 아픔과 괴로움 따위는 적수가 될 수 없다. 꿈이 싱싱하면, 내일의 '황금사과'도 듬뿍 수확할 수 있다. 신은 꿈꾸는 인간에게만 내일을 열어 놓았다. 꿈속에서 살면 그 꿈이 사람을 화사하게 만든다. 설령 꿈속에서 죽어가도 그 꿈 때문에 자신은 죽은 것이 아니라 아스라이 사라져 갈 뿐이다. 꿈의 세계에서는 죽음도 삶도 차이가 없다. 꿈꾸는 사람은 현실의 삶이 아무리 어려워도 신명나게 살아간다.

오히려 인간의 슬픔은 꿈이 시들어 갈 때 나타난다. 꿈이 시들면 현재의 삶이 아무리 아름다워도 이미 시들고 잃어버린 꿈처럼, 물줄기를 잃어버린 강처럼 목말라 비참한 몰골의 탄식이 얼굴에 골짜기를 이루며 흐른다. 생생한 꿈으로 화려한 꿈으로 날마다 삶을 채워 가야 한다. 어느 누구도 꿈쟁이를 이겨낼 수는 없다. 우리의 이름은 이제 Dream Maker!(꿈을 만드는 꿈쟁이), Do Dream(두드림 ; 꿈을 가져라), Dream Drummer!(꿈을 두드리는 사람)이다.

CHAPTER 4

셀프 리더십

일본에 '코이'라는 잉어는 작은 수족관에 넣어두면 5~8cm 정도밖에 자라지 않지만 연못에 넣어두면 15~20cm까지 자란다고 한다. 하지만 코이를 커다란 강물에 풀어 주면 90cm~1.2m 이상 자란다. 스스로를 작은 세계에 가두어 버림으로써 자신들의 성장과 발전을 가로막고 있는 '코이'처럼 생활하는 사람이 있다. 이들에게 넓은 세상으로 나갈 수 있는 자신감과 글로벌 마인드를 심어 주기 위해서는 셀프 리더십이 절실히 요구된다. '코이'의 크기를 결정하는 것은 환경이지만 우리 스스로 어떠한 환경을 선택할 것인지, 즉 우리 스스로를 수족관으로 인도할 것인지 커다란 강으로 인도할 것인지를 결정하는 것은 바로 '우리 자신'이다.

세상을 바꾸려 하지 말고 자신을 바꿔라. 나를 구할 수 있는 힘도, 나를 해치는 가장 참혹한 칼도 다 내 안에 있다. 나는 나를 혁명할 수 있다. 끊임없는 자기 혁신을 통해 앞으로 나아가야 한다. 그리하여 자신의 '가짜 욕구'와 '진짜 욕구'를 구분하고, 자신의 위대한 목소리에 귀 기울여라. "스스로 깨면 병아리요 남이 깨면 계란찜이다."라는 말이 있듯이 자신의 개인적인 목적을 달성하기 위해서 스스로 동기 부여할 수 있도록 자신의 틀을 개발하는 것이 중요하다. 셀프 리더십은 우리가 정말로 하고 싶은 일을 하는 데에 자발적으로 스스로를 투입할 수 있도록 하는 것이다. 따라서 셀프 리더십은 우리 스스로 자신을 이끌어 참된 자신의 리더가 되는 것을 실현시키는 것이다. 자신을 진실로 이끌 수 있는 것은 자기 자신뿐이다. 자신에게 적용시키기 위한 아이디어 선택은 자신에게 달려 있다. 당신은 자신의 리더다.

자기진단
Dynamic self-Question

01 내 안의 리더십은?

"나도 리더가 될 수 있을까? 과연 내게도 리더십이 있을까? 내 리더십의 효율성은 얼마나 되는 걸까?" 만약 이런 질문을 품고 있다면, 아래에 주어진 리더십 점검테스트를 해보자. 테스트 결과는 내 안에 내재된 리더십의 정도와 더 강력한 리더가 되기 위해 노력해야 할 부분을 말해줄 것이다. 리더십 여부는 한 마디로 남들이 얼마나 자신을 따라주는가에 달려 있다. 자발적인 협조자를 구할 수 없다면, 진정한 리더가 될 수 없기 때문이다. 그러므로 다음의 테스트는 다른 사람들이 자신을 어떻게 평가할 것인가를 염두에 두고 임해야 한다.

각 질문마다 자신이 평소 어떻게 행동하는가, 타인의 눈에 어떻게 비춰지는가를 생각해 평가하면 된다. 테스트 결과를 객관화하기 위해 주위 사람에게 나에 대한 평가를 부탁해보는 것도 좋다.

1 현재 상태 : 나는 어디에 있는가?(Where)

1. 당신에게 특별한 능력이나 재능이 있다고 생각하는가?
   ① 없다. 나는 평범한 사람이다.
   ② 글쎄, 아직 잘 모르겠다.
   ③ 분명히 나에겐 특별한 무언가가 있다.

2. 자신의 능력을 충분히 발휘할 만한 일을 하고 있는가?

① 그렇지 않다.

② 그럭저럭 할만하다.

③ 이 일은 내 적성에 딱 맞는다.

3. 자신의 약점과 강점이 무엇인지 알고 있는가?

① 지금부터 생각해 보겠다.

② 다른 사람들에게 들어 어렴풋이 알고 있다.

③ 나의 약점과 강점을 최대한 활용하고 있다.

4. 현재 당신이 하고 있는 일은 당신에게 어떤 의미를 가지는가?

① 밥벌이 수단일 뿐이다.

② 내가 하고 싶은 일을 하기 위한 수단일 뿐이다.

③ 내가 하고 싶은 일, 바로 그것이다.

5. 주변에 당신과 똑같은 사람이 있다면 그와 친구가 되고 싶은가?

① 절대 사절이다.

② 어쩔 수 없는 상황이라면 거부하지는 않겠지만 달갑지 않다.

③ 꽤나 즐거운 상황일 것 같다.

6. 실수를 했을 때 당신은 어떻게 대처하는가?

① 변명거리부터 찾는다.

② 자책하지만, 시정하려고 노력하지는 않는다.

③ 내 잘못임을 인정하고, 해결방안을 모색한다.

7. 주변 동료들을 어떤 시선으로 보고 있는가?

① 나는 적들에게 둘러싸여 있다.

② 경쟁자도 있고, 협력자도 있다.

③ 최대한 그들과 협력하려고 노력한다.

8. 스스로에 대해 얼마나 만족하고 있는가?

① 기회가 되면 싹 다 뜯어고치고 싶다.

② 불만스러운 부분도 있지만, 마음에 드는 부분도 있다.

③ 나는 내가 좋다.

2 미래상태 : 나는 어디로 가려고 하는가?(Goal)

9. 살면서 반드시 이루고 싶은 일이 있는가?

① 없다.

② 있었으면 한다.

③ 분명히 있다.

10. 자신의 10년 뒤 모습이 어떠할 지 그려볼 수 있는가?

① 무슨 소리, 하루하루 살기도 바쁘다.

② 어렴풋하게 생각해 본 적은 있다.

③ 분명한 비전이 있다.

11. 얼마만큼의 시간을 미래를 위해 투자하고 있는가?

① 전혀

② 가끔 생각날 때마다

③ 꾸준히

12. 자신이 성공할 수 있을 거라고 생각하는가?

① 엄청난 운이 뒤따라 준다면 가능할 지도 모른다.

② 기회가 주어진다면 가능도 하다.

③ 나는 반드시 성공할 것이다.

13. 당신에게 성공은 어떤 의미를 가진 것인가?

① 실패하지 않는 것이다.

② 지금보다 나아지는 것이다.

③ 내 인생의 가치를 찾는 것이다.

14. 성공한 사람들을 보면 어떤 생각을 하게 되는가?

① 부러울 따름. 그들은 나와는 다른 인종이다.

② 자극을 받기는 하지만, 그 뿐이다.

③ 그들에게서 나의 미래를 본다.

3 방법론 : 나는 어떻게 거기에 도달할 수 있는가?(How)

15. 계획을 세우고 실천하는가?

① 계획 따윈 없다. 그냥 하루하루를 살고 있다.

② 있었으면 한다.

③ 구체적인 계획을 세워 80% 이상 지킨다.

16. 하루에 얼마만큼의 시간을 자신만을 위해 투자하는가?

① 없다.

② 1시간 정도

③ 2시간 이상

17. 새로운 아이디어를 보면 당신은 어떤 생각을 하는가?

① 아이디어가 먹히지 않을 이유부터 생각해 본다.

② 다른 사람들의 의견을 일단 들어보고 판단을 시작한다.

③ 이 아이디어가 어떻게 먹혀들어갈 수 있을지 생각한다.

18. 어려운 일이 주어졌을 때 당신은 어떤 생각을 하게 되는가?

① 한번 해 볼까. 하지만 이게 가능한 일일까?

② 해보자! 난 할 수 있다.

③ 구체적인 계획을 세워 80% 이상 지킨다.

19. 당신에게 적절한 스트레스 해소 방법이 있는가?

① 술과 담배로 버티고 있다.

② 때로는 있다.

③ 스트레스를 해소할 만한 나만의 노하우가 있다.

20. 해고 위기 앞에서 당신은 어떻게 대처하는가?

① 불안하다. 현실을 잊으려고 애쓴다.

② 해고 이후의 상황에 대해서도 생각해 본다.

③ 해고는 또 다른 기회라고 생각한다.

결과분석

총 문항 20문항 중에서 1, 2, 3 각 항목 당 ①은 0점, ②는 3점, ③은 5점으로 하여 나온 점수를 합계한다. 총 100점이다.

(1) 0~60점 : 닻에 매어 항구에 체류 중이다.

자기 자신에 대해 좀더 긍정적인 생각을 하기 바랍니다. 스스로에 대해 인정하는 것이 셀프 리더십의 출발입니다. 지금부터 자신의 가치를 찾도록 노력해보십시오. 우선 자신을 관찰하고, 관심을 기울여주는 것이 필요합니다. 그래야만 닻을 올리고 항구를 빠져나갈 수 있습니다. 거울을 닦고 자신을 바라보고, 하루에 한 번이라도 자신에게 긍정적인 멘트를 해주기 바랍니다.

(2) 61~79점 : 항해를 시작했으나 시계는 불안정하다.

상황이 나아질 때까지 기다리기만 해서는 안 됩니다. 좀더 분명한 비전을 가지고, 그것을 구체화시킬 수 있는 방안에 대해 고민할 시기입니다. 지금 현재 자신이 하고 있는 일이 미래의 자신을 만드는 데 어떤 기여를 할 수 있는지 생각해보시기 바랍니다. 꿈은 꾸는데 의미가 있는 것이 아니라, 이루어야만 비로소 의미를 가지게 됩니다.

(3) 80점 이상 : 목표 지점을 향해 순조로운 항해 중이다.

당신은 목표 지점을 향해 순조로운 항해를 하고 있습니다. 당신에게는 바람이 거세면 바람의 힘을 받고 나아가며 바람이 수그러들면 스스로의 힘으로 나아갈 수 있는 힘이 있습니다. 인생은 수많은 선택으로 이루어진다는 사실을 잊지 마시길 바랍니다. 당신의 선택이 좋은 결실을 맺게 해줄 것입니다. 당신의 '리더십' 항해에 축복이 있기를 기원합니다.

| 표 4-1 | 종합진단 비교표

구 분		각 요인별 점수		
		현재 상태	미래 상태	방법론
문항번호		1~8번	9~14번	15~20번
본인의 점수				
팀 평균점수				
타인 진단 점수	상사			
	동료			
	부하			
본인-타인진단 최대 차이 값				

- 본인과 타인 간의 점수 차이가 클수록 원인을 잘 점검하고 개선할 필요성이 있다.
- 보다 자세한 진단 결과의 내용은 제1장의 '해석 및 요령'을 참조하라.

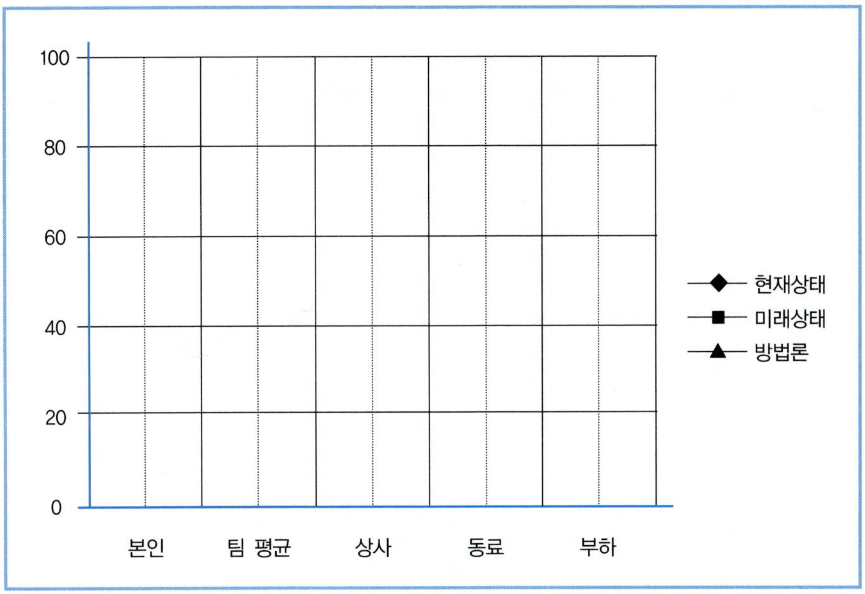

02 셀프 리더십(Self-Leadership) 자기 진단표

셀프 리더는 끊임없는 자기관찰(Self-observation)[1]과 목표 설정을 통해 철저하게 자기를 관리하고 단서에 의한 관리(Management of Cue)[2]로 문제점을 개선한다. 그리고 성공적인 셀프 리더들은 구체적인 자기목표(Self-set Goals)와 계획을 가지고 있다.[3]

그리고 중간에 포기하지 않고 끊임없이 연습(Rehearsal)[4]에 매진하는 근성도 셀프 리더의 빼 놓을 수 없는 구성 요소다. 아울러 셀프 리더는 목표 달성을 위해 적절한 자기보상(Self-reward)[5]과 처벌(Self-punishment)[6]을 활용한다. 그들은 자신과의 약속에 대해 그 누구보다 철저한 사람이다. 자기 자신을 다스리고 통제할 수 있는 능력은 바로 자신과의 규칙에 대한 엄격한 실천에서 비롯된다고 해도 과언이 아니다.

다음의 문항에 스스로 솔직히 자기 자신을 진단해보기 바란다.

1 자기관찰이란 자신이 바꾸고자 하는 행동에 대해서 정보를 수집하고 관찰하여 자신의 업무활동의 효율성을 스스로 평가하고 무엇을 어떻게 바꾸어야 할지에 대한 단서를 발견하는 것이다.

2 단서에 의한 관리란 바람직하지 못한 행동을 야기하는 단서를 제거하고 바람직한 행동을 야기하는 단서를 증가시킴으로 행동에 영향을 주는 환경 조건을 변화시키는 일련의 과정이다. 예를 들면, "당신은 시간을 효율적으로 관리하고 있습니까?"같은 글귀를 써 붙이는 것이나 유해한 환경을 제거하는 것이다.

3 자기목표설정이란 자신들이 처리해야 할 일들의 목표와 장기적으로 달성하고자 하는 목표를 설정한 후 이들의 우선순위를 정하고 자기 스스로에게 실행을 지시하는 행동이다.

4 연습이란 실제적인 활동을 수행하기 전에 미리 생각해보고 연습해보는 행위로써 고객을 방문하기 전에 무슨 말을 어떻게 할 것인가를 미리 연습해 보는 것이다.

5 자기보상이란 자신의 바람직한 행동에 대해 스스로 물질적, 정신적 긍정적인 보상을 함으로써 다음에 이어지는 행동에 영향을 주는 일련의 과정이다. 즉, 좋아하는 휴양지, 미래의 성공, 성공적인 작업 노력에서 오는 유익 등과 같이 사적이고 정신적으로 상상하는 것들도 자기보상이 될 수 있다.

6 자기처벌이란 자신의 부정적인 행동을 감소시키기 위해 스스로를 벌칙을 가하는 행위를 말하며 지나친 죄의식과 자기비판은 동기유발과 창조성을 손상시킨다. 즉, 실패에 대한 내성적인 자기검토와 실패로부터 배우려는 노력, 건설적인 자기교정. 피드백의 제공, 성취에 대한 좋은 감정에 집중하는 것은 더욱 중요하다.

	셀프 리더십(Self-Leadership) 자기진단	Check 전혀 아니다 – 그렇다
1	나는 작업 중 내가 하는 일의 방식을 지키고자 노력한다.	1 2 3 4 5
2	나는 가끔 필요할 때 찾아 볼 수 있도록 기억에 남길 만한 방법들을 사용하고 있다.	1 2 3 4 5
3	내 스스로 정한 구체적인 목표를 위해 일하고 싶다.	1 2 3 4 5
4	나는 일을 잘 끝내면 나 자신에게 호감이 생긴다.	1 2 3 4 5
5	나는 실제로 도전에 직면하기 전에 가끔 미리 연습을 해 본다.	1 2 3 4 5
6	나는 일을 위해 목표를 세우는 편이다.	1 2 3 4 5
7	내게 주어진 일을 할 때, 그 중에서 특히 스스로 내가 즐기는 것에 상을 주고 싶다.	1 2 3 4 5
8	나는 자신의 실패와 관련하여 가끔 자신을 비판한다.	1 2 3 4 5
9	나는 일을 성공리에 끝내면, 내가 좋아하는 무엇인가로 스스로 보상한다.	1 2 3 4 5
10	나는 내가 일하고 있는 프로젝트의 진도를 지킨다.	1 2 3 4 5
11	나는 중요한 행동을 실제로 하기 전에 반복해 보기를 좋아한다.	1 2 3 4 5
12	나는 일을 제대로 수행하지 못하면, 나 자신에게 가혹하게 구는 경향이 있다.	1 2 3 4 5
13	나는 바람직한 행동을 가져올 사물과 사람들을 내 주변에 가까이 두고자 노력한다.	1 2 3 4 5
14	나는 나 자신만의 개인적 목표가 있다.	1 2 3 4 5
15	나는 보통 어떻게 해야 하는지를 알고 있다.	1 2 3 4 5
16	나는 실제로 중요한 일을 하기 전에 가끔 연습을 한다.	1 2 3 4 5
17	나는 제대로 수행하지 못하면 스스로 위축이 된다.	1 2 3 4 5
18	나는 일에 집중할 수 있도록 주변을 정돈하고자 노력한다.	1 2 3 4 5
관련의견		

결과 분석

(1) 각 항목별로 3~4점=매우 낮은 수준, 5~7점=낮은 수준, 8~10점=중간 정도의 수준, 11~13점=높은 수준, 14~15점=매우 높은 수준으로 평가된다.

(2) 전체점수가 15~22점=전체적으로 매우 낮은 수준, 23~37점=전체적으로 낮은 수준, 38~52점=전체적으로 중간 정도의 수준, 53~67점=전체적으로 높은 수준, 68~75점=전체적으로 매우 높은 수준으로 평가한다.

| 그래프 4-1 | 셀프 리더십

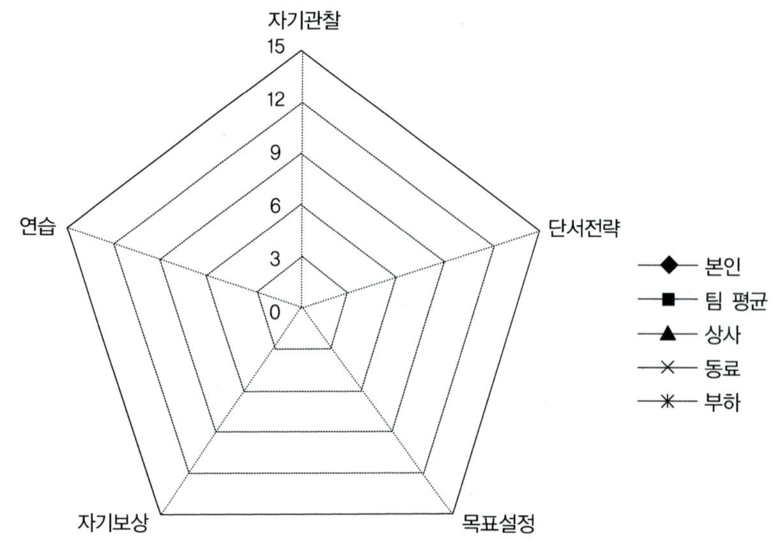

| 표 4-2 | 종합진단 비교표

구 분		각 요인별 점수					
		자기관찰	단서전략	목표설정	자기보상	연 습	자기벌칙
문항번호		1, 7, 13	2, 8, 14	3, 9, 15	4, 10, 16	5, 11, 17	6, 12, 18
본인의 점수							
팀 평균점수							
타인 진단 점수	상사						
	동료						
	부하						
본인-타인진단 최대 차이 값							

- 본인과 타인 간의 점수 차이가 클수록 원인을 잘 점검하고 개선할 필요성이 있다.
- 보다 자세한 진단 결과의 내용은 제1장의 '해석 및 요령'을 참조하라.
- 보다 신뢰성 있는 평가를 원한다면 진단표에 제시된 문답 중에서 자신이 더욱 개선되기 위해 노력해야 하는 항목을 조직(집, 학교, 공동체, 직장)에서 가장 신뢰하는 사람이나 정직한 피드백을 줄 것 같은 사람을 선정하여 경청한다.

Q3 프로는 누구인가, 그리고 나의 매력은?

누구나 일을 하면서 살고 있다. 그리고 어떤 일을 하느냐에 상관없이 사람들은 그 분야에서 최고가 되기를 꿈꾼다. 운동을 하는 사람들은 올림픽 같은 세계 대회에서 우승함으로써 최고로 인정받는 것을 꿈꾸고, 산업 현장에서 일하는 사람들은 기능올림픽에서 우승을 하거나 그 분야에서 최고 전문가로 인정받는 것을 목표로 한다. 나아가 어떤 사람들은 타인의 삶을 풍요롭게 하는 여러 가지 지식과 정보를 만들어 냄으로써 자신의 존재를 증명하기도 하고, 기업을 설립하여 새로운 제품을 만들어 내고 수많은 일자리를 만들어 냄으로써 탁월한 업적을 남기고 많은 사람으로부터 존경받으려 한다.

이처럼 자신의 분야에서 최선을 다하여 남과 차별화한 의미 있는 삶을 살고 그것을 통해 타인의 삶에 모델이 될 수 있는 사람을 우리는 프로(Professional)라고 한다.

사전적인 정의로는 pro는 전문가, 직업적인 등의 뜻으로 비슷한 의미로는 장인(匠人)이 있다. 따라서 '직업적인, 직업'의 뜻을 가지고 있지만 단지 직업을 가지고 있다고 그 사람을 프로라고 부르지 않다. 보통의 직장인, 직업을 가진 사람에서 한걸음 더 나아간, 다른 사람과 다른 그 어떤 특별함을 가진 사람을 프로라고 부른다. 바로 그 프로에 대한 이야기, 그리고 우리들에 대한 이야기를 하겠다.

이번 시간에는 누가 프로인지 생각하겠다. 조별로 토의를 통해 프로라고 생각하는 사람을 Big－Ⅳ(Big four)를 선정하여 아래의 빈칸에 그 특징과 함께 적어 본다.

기록을 마쳤으면 자신의 내용 중 1~2가지만 서로 소개한다. 과정을 마쳤으면 이 프로그램을 통해서 느낀 점을 서로 토의하라(팀의 규모에 따라 달라질 수 있다).

(1) 팀에서 선정한 Big－Ⅳ

① Big－Ⅰ ______________________________

② Big－Ⅱ ______________________________

③ Big－Ⅲ ______________________________

④ Big－Ⅳ ______________________________

(2) Big－Ⅳ의 매력

① ______________________________

____

② ______________________________

____

③ ______________________________

____

④ ______________________________

____

04 나는 프로인가? 포로인가?

프로에 대해서 학습하고자 한다. 예비 프로인 여러분 자신을 한번 돌아보는 시간을 갖겠다. 스스로 생각하는 자신과 남이 생각하는 자신 그리고 그 속에서 예비 프로로서의 '참' 나를 게임을 통해 발견하라.

1 게임 진행 요령

6~7명씩 한 조를 이루어 모여 앉는다.

(1) 각자 다음 쪽에서 자기와 어울린다고 생각하는 카드에 표시를 한다.

(2) 개인은 3장의 카드를 무작위로 각각 지급을 받는다.

(3) 받은 카드 중에서 자신에게 맞지 않은 카드를 골라 어울린다고 생각하는 다른 사람과 교환한다.

(4) 각자가 가지고 있어야 할 카드는 자신에게 맞는 무늬가 각각 다른 카드 3장이어야 한다.

(5) 의견이 일치하지 않은 경우에는 다른 조원들이 교환을 도와준다.

(6) 조원들끼리 문제 해결을 해도 각자에게 어울리는 것을 갖지 못했을 경우에는 다른 조와 교환해서 맞는 것을 확보한다.

(7) (5)번의 경우에는 먼저 조원 내에서 해결하고 안 될 경우에 한다.

(8) 다른 조와 교환할 경우 당사자가 아닌 대표가 나서서 교환을 한다.

(9) 자신의 조가 모두 어울리는 것을 가졌다고 해도 교환을 원하면 성실하게 교환에 응해야 한다(반드시 교환의 의무는 없음).

(10) 빨리 하는 것이 목적이 아니라 자신에 맞는 것을 찾는 것이 중요하다.

직업

가 수	변호사	경 찰	교 수	개그맨
경영자	영화인	발명가	군 인	외교관
공무원	의 사	프로게이머	농 업	수산업
관광업	건설업	운수업	해운업	탐험가
기업가	엔지니어	문학가	방송연예인	정치인
스포츠스타	교육자	디자이너	종교인	자영업자
식품업	금융업	유통업	회사원	프로그래머

능력

높은 신뢰	겸손한	목표의식	경청하는	글로벌한
미래지향	현명한	성숙한	동기부여	창조적인
방향제시	통솔적인	탐구적인	상상력	공사구분
정보수집	카리스마	야심찬	결단력	의사소통
정 의	자 비	유 머	위기관리	저항적
조직적인	선견지명	탁월한	분석적인	용기 있는
학습지향	심사숙고	추진력	자기절제	박학다식

성격

단호한	헌신적인	고요한	활기찬	무계획적
대범한	감성적인	타협적인	개방적인	감동적인
도전적인	끈기 있는	노력하는	배려하는	자율적인
말수가 적은	말이 많은	시간을 잘 지키는	사교적	내성적
사색적인	저돌적인	신중한	철저한	논리적인
솔직담백	참여적인	독립적인	철학적인	낙관적인
책임지는	성실한	변화지향	희생적인	감사하는
협력적인	적극적인	믿고 맡김	공정한	인간적인

2 게임 후 평가

게임을 하면서 무엇을 느꼈는가? 자신은 스스로를 잘 알고 있다고 생각하는가? 친구들은 여러분을 어떻게 생각하고 있는가? 내가 이러 이러한 사람이라는 것을 다른 사람에게 이해시키는 것은 쉬웠는가? 아마 무척 어려웠을 것이다. 하지만 이 게임을 하면서 진정으로 자신이 원하는 것이 무엇인지 내가 무엇을 하려고 하는지 많은 고민을 했을 것이다. 자신에 대한 진실한 성찰만이 앞으로 나아갈 수 있는 원동력이 된다. 진실로 되고자 하는 것을 위하여 포기하지 않고 전진할 때 여러분이 원하는 모습이 되어 있을 것이다. 다시 한 번 정리하겠다.

(1) 내가 선택한

직업 ______

능력 ______

성격 ______

(2) 최종 선택한

직업 ______

능력 ______

성격 ______

(3) 이런 점에 비추어 볼 때, 나는 직업과 능력에 대하여 10점 만점에 ______점을 주고 싶다.

(4) 이런 점에 비추어 볼 때, 나는 내 성격에 대하여 10점 만점에 ______점을 주고 싶다.

(5) 전체적으로 나 자신에게 10점 만점에 ______점을 매기고 싶다. 이렇게 볼 때 나는 (무척 자랑스럽다, 자랑스럽다, 그럭저럭 봐 줄만 하다, 못마땅하다, 짜증나게 싫다).

Q5 위대한 6인의 공통점은?

장애와 가난, 그리고 절망의 끝자락에서 포기하지 않고 자신을 일으켜 세운 아름다운 사람들이 있다. 희귀 질환과 중증 장애를 갖게 되었지만, 희망을 끈을 놓지 않고 이 땅에 우뚝 선 장애인들이다.

태어날 때부터 손가락이 4개인 이희아 양은 손에서 피가 나지 않는 날이 없을 정도로 건반을 두드린 끝에 피아니스트로 거듭났다. "손가락이 10개였다면 지금의 나는 없었을 것"이라며 불편한 손에 고마움을 표시하는 그녀는 "마음을 어루만지는 연주자가 되는 것"이 작은 꿈이다.

'오체불만족'의 작가인 오토다케 히로타다(乙武洋匡) 역시 선천적으로 장애를 가지고 태어났다. 산모가 아기를 낳았다. 낳고 보니 팔과 다리가 없는 기형아였다. 왜 이런 아이가 생겼는지는 23년 세월이 지난 지금도 모른다. 아기를 보는 순간 산모는 어땠을까. 당연히 대성통곡하다 정신을 잃고 까무러쳤을 것 같다. 그러나 그 아이의 어머니가 아이를 보는 첫 반응은 일반인의 상상 밖이었다. "어머, 귀여운 우리 아기…."

오토다케의 승리는 먼저 어머니의 승리였다. 하늘이 준 생명을 탄생 순간부터 감사하고 기뻐했다. 그리고 보통의 아이와 똑같이 키우려 했다. 오토타케의 부모는 그가 어렸을 때부터 집 안에 숨기려하지 않고 일부러 동네사람들에게 그의 존재를 알리기 위해 길거리를 함께 산책하고는 했다. 뺨과 어깨 사이에 연필을 끼워 글을 쓰게 하고, 지렛대 원리를 이용해 포크로 식사하게 하면서도 특별히 보호하진 않았다. 물론 주위에도 장애아라는 사실을 숨기지 않았다.

두 다리 없이 의족을 끼고 킬리만자로를 등정한 호주 장애인 워런 맥도널드

(Warren McDonald). 그는 두 다리 없이 약 2주에 걸친 사투 끝에 아프리카의 최고봉인 해발 5,895m의 킬리만자로 정상에 올랐다. 그는 호주 남부 항구도시 멜버른 출신으로 등반 훈련학교 교사로 일했던 1997년 호주 동부 퀸즐랜드 주에 있는 힌친브루크 산을 오르다 대형 사고를 당하고 말았다. 무게 1톤의 바위에 깔려 이틀 동안이나 짓눌려 있는 바람에 다리와 골반이 완전히 으깨지고 만 것이다. 몇 시간에 걸친 대수술 끝에 간신히 목숨은 건졌지만 두 다리 무릎 아래를 절단해야 했다. 그러나 절망적인 사고도 그의 산에 대한 열정을 꺾진 못했다. 그는 사고 후 10개월이 채 지나지 않아 개조된 휠체어를 타고 호주 남부 태즈메이니아 섬의 크래들 산을 오르는 불굴의 투지를 보였다. 그는 인간의 한계에 끝없이 도전하였다.

무지개를 잡을 수는 없다. 그러나 무지개를 마음에 품을 수는 있다. 장애가 있는가? 경제의 장애, 실력의 장애, 인격의 장애, 환경의 장애 그 무엇보다 무서운 것은 마음의 장애이다. 마음에 무지개를 품고 살고 싶지 않은가? 아무리 힘들어도 아직 막은 내리지 않았다. 무지개는 잡을 수 없지만 마음에 담을 수는 있다. 이들의 모습을 보고 당신은 무엇을 느꼈고, 앞으로 어떻게 행동할 것인가?

"초원이 다리는?" "백－만－불－짜－리" "초원이 몸매는?" "끝－내－줘－요!" 영화 「말아톤」의 실제 주인공 배형진씨는 발달장애를 가지고 있지만 부모님의 굽

히지 않는 의지와 사랑 덕택에 자신의 꿈을 이루기 위해 열심히 살아가고 있는 모습으로 사람들에게 큰 감동을 주었다.

인기가수였던 강원래는 어느 스타보다 힘든 시간을 보냈지만 삶의 희망을 놓지 않았다. 강원래는 2000년 교통사고로 하반신 마비가 되었지만 휠체어를 타고도 직접 운전을 하는 등 역경을 이겨내고 숱한 이들에게 힘이 되어 주고 있다. 그는 “사고 당시에도 죽음과 삶을 넘나들었지만 살아야 한다는 생각뿐이었어요. 2006년 12월 교통사고가 또 났을 때에도 ‘여기서 죽는구나’라고 생각했지만 제 목숨이 질기도록 살아난 사실에 감사했어요.”라고 말한 바 있다.

물론 강원래 역시 한번도 상상하지 못한 장애인이 된다는 사실을 받아들이기 힘들어 ‘죽고 싶다’는 생각도 여러 번 했다. 하지만 휠체어를 타고도 긍정적으로 삶의 의지를 굽히지 않는 장애인들을 보고 ‘살아야겠다’는 생각을 굳게 가졌다. 하지만 강원래는 최근 3년 만에 김송과 시험관 아기를 다시 시도하는 등 희망의 끈을 놓지 않고 있다.

한국의 ‘스티브 호킹’이라고 불리는 이상묵 서울대 교수. 그는 전신마비에 굴하지 않고 인간이 얼마만큼 강해질 수 있는지를 보여준다. 그는 교수로서, 학자로서, 장애인의 재활과 독립을 돕는 여러 사업에도 참여하면서 왕성한 활동을 하고 있다. 성공가도를 달리던 중 불의의 사고로 전신마비의 장애를 입었을 때, 그는 한 순간 운명을 원망했다. 하지만 몸이 마비되었다고 해서 자신의 오랜 꿈을 포기할 수는 없었다.

그는 여전히 살아 있었고, 그랬기에 아직 못다 이룬 꿈을 실현할 수 있으리라는 희망 또한 남아 있었다. 그는 영혼의 무게에도 못 미치는 실낱같은 희망을 조금씩 키워 나갔고, 마침내 그는 뺨을 움직이고, 입김을 불 수 있다는 것만으로도 큰 행운이라고 여길 정도로 긍정적이다.

기록을 마쳤으면 자신의 의견을 서로 소개한다. 과정을 마쳤으면 이 프로그램을 통해서 느낀 점을 서로 토의하라.

Great power always comes with Great responsibility.

강한 힘에는 그만큼의 책임이 따른다.

– 영화 스파이더맨 중 –

06 ○○○! 올해의 태도 변화수칙은?

존 맥스웰은 『태도(*The Power of Attitude*)』라는 책에서 태도에 대해 다음과 같이 밝히고 있다. 현재의 삶은 지금까지 보인 태도의 합이다. 태도는 자신을 가장 잘 드러내는 무엇이다. 태도의 뿌리는 마음속에 있지만, 그 열매는 겉으로 드러난다. 태도는 가장 좋은 친구가 될 수도 있고, 최악의 적이 될 수도 있다. 태도는 말보다 더 솔직하고 일관되게 자신을 보여준다. 태도는 과거 경험이 쌓여 만들어진 현재의 겉모습이다. 태도는 주변에 사람을 모이게 하기도 하고 흩어지게 하기도 한다. 태도는 반드시 겉으로 표현된다. 태도는 과거를 기록하는 사서이며, 현재를 보여주는 대변자이며, 미래를 알려주는 예언자이다.

마음의 변화를 통한 태도의 변화를 시도하라. 더 나아가서 습관화 될 때까지 시도하라. 그리고 "할 수 있다. 될 수 있다. 가능하다. 해냈다."라고 외쳐라. 자기 혁신을 통해 셀프 리더가 되고자 한다면 이러한 '성공비전 만들기'가 꼭 필요하다. 자신의 (　　　)년도 셀프 리더십을 위한 태도 변화수칙을 적어보고 약속을 지켜라.

기록을 마쳤으면 자신의 내용 중 3~4가지만 서로 소개한다. 과정을 마쳤으면 이 프로그램을 통해서 느낀 점을 서로 토의하라.

200□년 ○○○의 태도 변화 수칙

(1) 무조건 6시 25분에 기상한다(하루는 휴식).

(2) 한 달에 등산을 1회 이상을 한다.

(3) 감정컨트롤 능력향상(짜증 줄이기, 생각 깊이하고 행동하고 말하기)

(4) 음주는 1회/주 이하로 한다.

(5) 일 년에 10번 이상 외부강의를 듣는다.

(6) 물이 무서워서 못 배웠던 수영을 배우도록 한다.

07 내가 닮고 싶은 위인의 청소년 시절은?

위인전을 읽으며 위인들의 어린 시절과 내 모습을 비교해보라. 위인전이 바로 리더의 리더십 이야기이다. 나누고 베푸는 삶을 살았던 위인들, 역사의 위기 앞에서 백성을 구한 위인들의 청소년 시절을 살펴보자. 동시에 내가 그 일화 속 주인공이라면 어떻게 했을지도 생각해보라. 여러분은 이미 타임머신을 타고 위인의 청소년 시절로 왔다. 자, 이제 어떻게 할지 생각한 것이 있다면 적어보라. 그리하여 내 꿈에 날개를 달아 줄 나만의 성공 인물을 찾아라! 나의 키맨(Key Man)을 찾아라. 그리고 그들의 노하우도 찾아보자.

내가 닮고 싶은 위인 중에는 김구, 이순신, 을지문덕, 서희, 권율, 김유신 등 정치·외교·국방과 관련한 위인과 문화 예술분야의 세종대왕과 한석봉, 김정희, 신채효, 주시경, 손기정, 백남준 이외에도 경제의 도덕성을 강조한 경주 만석꾼 최부자나 신분을 초월해 구휼 활동을 벌인 제주 기녀 김만덕 같은 인물도 가능하다.

기록을 마쳤으면 자신의 내용을 서로 소개한다. 과정을 마쳤으면 이 프로그램을 통해서 느낀 점을 서로 토의하라.

____

____

____

____

____

____

08 나의 적응 능력(Adaptation)은?

리더라면 여러 가지 방면에서 다양한 능력을 갖추고 있어야 완전한 인격과 성숙된 인간이 된다. 특히 여러 가지 위기상황에 대처하는 능력은 생존에 꼭 필요한 것이다. 아래 표에는 '나의 숨겨진 능력에 대한 19가지 능력'을 나열하였다. 이에 대한 자기 점검훈련을 통해서 자신에게 필요한 능력이 무엇이며, 어떤 능력이 부족한지 분석해 보자. 나열된 능력 유형에 대해 1점에서 5점으로 자신을 평가해보라(매우 약함 1점, 약함 2점, 보통이다 3점, 대체로 그렇다 4점, 매우 강함 5점). 같은 점수라도 그 중에서 가장 강하다고 생각되는 순서로 순위를 매겨서 1~19위까지 차례로 적어보라. 그리고 자신의 경험담도 함께 작성하라.

기록을 마쳤으면 자신의 내용 중 3~4가지만 서로 소개한다. 과정을 마쳤으면 이 프로그램을 통해서 느낀 점을 서로 토의하라.

작성 사례

	적응능력 리스트	자신의 경험담(작성 예)	수준	순위
1	고독을 극복하는 능력	항상 사람을 그리워하는 것 같다. 혼자서 가만히 있는 것을 참지 못한다.		
2	극한의 슬픔을 참는 능력	항상 최악의 상황을 고려하는 사고방식을 지녔기에 남들보다 비교적 담담하게 받아들이는 편이다.		
3	낯선 환경에 적응하는 능력	지금까지 어느 집단에서도 소외되지 않고 항상 잘 적응해 왔다.		
4	다른 사람을 대할 때 선입관을 배제할 수 있는 능력	어려서부터 다양한 환경에 접해봄으로써 다른 것과 틀린 것에 대해서 예전부터 생각을 해왔다.		

5	다른 사람의 허물을 가려 주는 능력	남의 허물을 보거나, 들어도 남에게 말하지 않는다.		
6	다른 사람이 내 욕을 할 때 참아 내는 능력	자존심이 강해, 잘 참아내지 못한다. 특히 뒤에서 욕하는 것을 알게 되었을 때 거의 폭발한다.		
7	더위와 추위를 극복하는 능력	추위는 잘 견디지만 더위를 참지 못한다. 땀이 많은 체질이다.		
8	몇 끼의 음식을 먹지 않고 견디는 능력	한 끼 굶는 것이 힘들어서 그렇지 조금 지나고 나면 공복에 대해 무관심하게 된다. 이미 충분한 에너지가 배와 허리에 축적되어 있다.		
9	불안과 염려를 극복하는 능력	천성이 낙천적이라 항상 모든 일이 잘될 거라는 굳은 믿음이 있고, '새옹지마'를 믿는다.		
10	성적인 자극으로부터 성욕을 참아 내는 능력	항상 자신을 시험하게 된다.		
11	원수를 사랑하는 능력	아직 원수라고 생각하는 사람은 없지만 이해하려고 노력할 것 같다.		
12	육체적 극한 상황을 극복하는 능력	군 생활을 통해 육체적으로 힘든 상황에 대해서는 어느 정도 자신이 있다.		
13	자신보다 부족한 사람으로부터 무시당함을 극복하는 능력	고등학교 때 이러한 일로 말다툼을 벌인 적이 있다.		
14	자신의 실패를 실패로 받아들이는 능력	환경적 요인을 찾으려는 경향이 강한 것 같다.		
15	자신의 한계성을 인정하고 고백하는 능력	실패를 잘 인정 못하고, 무모하게 도전하는 경우가 있다.		
16	죽음의 공포를 극복할 수 있는 능력	아직 죽음을 생각해본 적이 없어서 잘 모르겠다. 하지만 성격상 죽는다는 사실을 인정 못할 것 같다.		
17	질투를 극복할 수 있는 능력	질투가 내 발전의 원동력이었을 때가 있었다.		
18	책임을 회피하지 않고 감당하는 능력	책임을 지기로 한 일은 끝까지 책임을 진다. 어려서부터 임원을 하면서 길러진 태도이다.		
19	흥분을 억제하는 능력	평소 온순한 편이지만 흥분하게 되면 딴사람이 된다.		

보다 신뢰성 있는 평가를 원한다면 진단표에 제시된 문답 중에서 자신이 더욱 개선되기 위해 노력해야 하는 항목을 조직(집, 학교, 공동체, 직장)에서 가장 신뢰하는 사람이나 정직한 피드백을 줄 것 같은 사람을 선정하여 경청한다.

09 당신의 좌우명(座右銘)은?

우리는 한번쯤 가슴속으로 위인들의 말을 좌우명 삼아 암송해 본 경험이 있다. 사람들은 위인들의 짧은 문장 하나에서 자신들의 삶의 방향과 통찰을 얻는다. 좌우명이란 자리 오른쪽에 붙여놓고 반성의 자료로 삼는 격언(格言)이나 경구(警句)를 말하는데 중국 후한의 학자 최원이 그의 책상(座)의 우(右)에 좋은 글귀를 바로 새긴 쇠붙이(銘)를 놓고 그것을 매일 바라보면서 마음의 거울로 삼고 행동의 길잡이와 반성의 자료로 삼았다. 따라서 좌우명은 그 사람의 인생 자체이며, 그 사람의 성격까지도 나타내 준다. 이 때문에 성공한 이들의 성공 비결을 알기 위해서는 먼저 좌우명을 살펴봐야 한다.

좌우명은 사람들의 일생을 축약해서 말해주는 가장 적합한 문장이기 때문에 성공하는 사람들의 좌우명에는 성공비결이 고스란히 담겨 있다. 좌우명은 이미 개인적인 수양과 다짐의 준칙을 뛰어 넘어 타인에게 자신을 알리는 일종의 '헤드라인'으로 사용될 정도로 중요성이 높아지고 있다. 이제 나의 좌우명은 무엇인지, 한번 곰곰이 생각해 보고 새롭게 작성하기 바란다.

기록을 마쳤으면 자신의 좌우명을 서로 소개한다. 과정을 마쳤으면 서로의 좌우명을 통해서 느낀 점을 서로 나누어라.

한국인의 좌우명

강영중 대교그룹 창업주－가르치면서 배우고 배우면서 가르친다.

김수환 추기경－너희와 모든 이를 위하여

김연아 선수－No pain, No gain.

김재득－머리로 하는 것은 머리로 전해지고, 가슴으로 하는 것은 가슴으로 전해진다.

김제동－남자는 술을 마시되 취하지 아니하고, 취하되 비틀거리지 아니하고, 쓰러지되 무릎을 꿇지 않는다.

대우일렉트로닉스 김충훈 대표－생행습결(生行習結)

만도 오상수 대표－나의 발자국이 뒷사람의 이정표가 되리라.

미래에셋그룹 박현주 회장－독수리는 조는 듯이 앉아 있고 호랑이는 앓는 듯이 걷는다.

박찬호－모든 일 중에서 가장 어려운 것은 꾸준할 수 있다는 것이다.

배종렬 삼성물산 대표－깊은 강은 소리를 내지 않는다.

비－끝없이 노력하고 끝없이 인내하고 끝없이 겸손하자.

빅뱅 승리－한 번 실수, 두 번하지 말자

손봉호 총장－매화는 추워도 향기를 팔지 않는다.

아티포트 김이현 회장－사슴은 먹이를 발견하면 무리를 불러 모은다.

엄홍길 대장－내가 산이고, 산이 나다.

윤석금 웅진그룹 회장－나를 아는 모든 사람들을 사랑한다.

이소룡－나는 천하제일이라고 생각하지 않는다. 그러나 나는 제2인자라고도 생각하지 않는다.

이승엽－혼신의 노력은 결코 배반당하지 않는다. 평범한 노력은 노력이 아니다.

이주현 탤런트－될 놈은 된다! 될 놈이 되자.

장사익 음악가－희망 한 단 사가지고 돌아가다.

조수미－두려워하지 말고 자신을 믿으라.

최일도 목사－한 그릇의 밥이 세상의 꽃이 되다.

퇴계 이황－얼굴모양은 반드시 단정하게 해야 한다.

파이언소프트 이상성 대표－남을 대할 때는 봄바람처럼 따뜻하게 하라.

한화그룹 김승연 회장－살아있는 물고기는 물을 거슬러 헤엄친다.

외국인의 좌우명

나폴레옹 힐-때로는 한순간의 결정이 인생을 바꾼다.
지그 지글러-누군가를 위해서 일할 때는 진심으로 하라.
도널드 트럼프-학벌이나 경력이 아닌 '태도'를 먼저 봐라.
말콤 S. 포브스-돈의 힘을 제대로 이해해라.
버락 오바마-Yes, We can do.
짐 콜린스-즐기려면 먼저 관심을 가져라.
힐러리 클린턴-큰 야망을 품었을 때 커다란 결실을 얻을 수 있다.
데일 카네기-모든 어려움 뒤에는 인간관계에 따른 문제가 있다.
존 그레이-남들이 나와 같지 않다는 점을 인정하라.
스티븐 코비-다른 사람을 이해하라.
앨런 더쇼비츠-'돈'이 아니라 '사람'을 위해 일하라.
스티븐 스필버그-먼저 행동으로 옮기고 나서 말하라.
워렌 버핏-내일 아침 신문 1면에 나올 만한 일에 전념하라.
스티븐 잡스-배고픔과 함께, 미련함과 함께
앤드류 카네기-시련을 당하면 가능한 웃어 넘겨라.
앨런 더쇼비츠-'돈'이 아니라 '사람'을 위하여 일하라.
앨빈 토플러-사는 데 더 나은 방법을 찾아라.
제프리 이멜트-일 잘한 직원에게 머리 · 가슴 · 지갑을 채워줘라.
존 데이비슨 록펠러-성공하려면 귀는 열고 입은 닫아라.

나 ○○○의 좌우명은?

____

____

____

____

10 나만의 스트레스(Stress) 해소법은?

리더는 자기 자신의 감정이나 기분을 효과적으로 통제할 수 있는 자기관리(Self-regulation) 능력도 필요하다. 만일 리더가 부하 사원들의 사소한 실수에도 쉽게 흥분하고 자신의 감정을 통제하지 못해 부하 사원을 모욕하는 언사를 자주 한다면, 그러한 리더는 구성원들의 사기뿐만 아니라 창의성을 저해하는 결과를 초래할 수밖에 없다.

이와 반대로 자기 자신을 효과적으로 관리할 수 있는 능력을 갖춘 리더는 자제력이나 참을성이 강하고, 성실성과 정직성을 일관되게 보여 준다는 특징이 있다. 따라서 업무에서 오는 스트레스나 갑작스러운 변화에 대한 적응력 또한 뛰어나야 한다. 이러한 리더는 쉽게 평정을 잃지 않으며, 냉철한 판단력을 가질 수 있으므로 변화의 와중에 구성원들이 리더를 믿고 따를 수 있게 하는 힘이 있다.

하지만 오늘날처럼 갈등과 경쟁이 치열한 현대 사회에서 이에 적응해야 하는 리더들은 많은 신체적 · 심리적 부담감을 느끼고 있으며 이런 부담감을 일명 '스트레스(Stress)'라 한다. 문제는 스트레스를 어떻게 물리치느냐 하는 것이다. 어떤 리더는 운동을 해서 퇴치하고, 또 다른 리더는 음식을 먹어서 해소한다고 한다. 술을 마셔 날려버린다는 사람도 있다. 그러나 필자가 파악한 가장 좋은 방법을 소개한다. "스트레스는 스트레스(STRESS)로 풀라."는 처방이다.

즉, 운동(Sports)을 하고, 여행(Travel) 다니고, 오락(Recreation)도 즐기고, 잘 먹고(Eating), 잘 자고(Sleeping), 많이 웃고(Smile) 살라는 얘기다. 마지막 S 두 글자로는 노래도 흥얼거리고(Singing), 대화를 많이 나누는(Speaking) 것도 좋고, 자신이 좋아하는 공부를 하거나(Study), 봉사(Serve)를 통해 즐거움을 배가하는 것이 최고의 스트레스 해소법이다.

이제 나만의 스트레스 해결방법을 찾아서 적어보라.

기록을 마쳤으면 자신의 스트레스 해소법 중 1~2가지만 서로 소개한다.

Vision

n. eyesight, sight, view, Foresight, prescience, discernment, divination, intuition, apocalypse, dream, prophecy, revelation, fantasy, imagination, insight, concept, idea, image

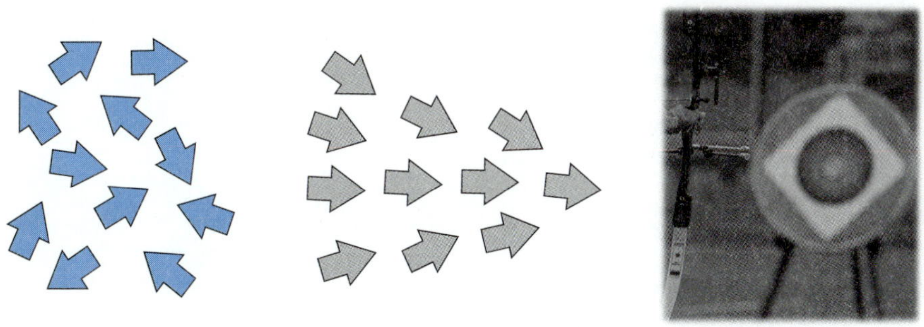

훌륭한 리더십을 갖춘 리더는 먼저 생각과 목적을 분명히 한다.
방향 설정은 꼭 얻고 싶어 하는 것과 반드시 주고 싶어 하는 것을
이어주는 비전을 만드는 것이다.
한 방향 정렬(Pathfinding)!
그래서 중요하다.

CHAPTER 5

성취와 피그말리온 리더십

조직은 성과를 내지 못하면 발전하지 못하거나 시들고 만다. 치열한 경쟁 속에서도 성과를 창출하는 데 익숙한 리더들은 어떤 어려움 속에서도 부하들의 성공을 통해 자신과 조직이 발전한다는 원칙을 가지고 움직인다. 리더가 모든 정보를 독차지하고 혼자 결정을 내리는 권위주의적 시대는 분명히 지나갔다. 그러므로 조직에서 리더가 고성과를 창출하기 위한 가장 중요한 전략은 부하들의 전문적 지식과 능력을 인정해 주고 의사 결정에 적극 참여시키는 것이다. 이처럼 성과 창출은 모든 조직의 숙제이면서 그 조직에 근무하는 모든 조직원들의 과제다. 리더십을 설명할 때도 성과 창출을 빼놓고서는 더 이상 말을 할 수가 없다. 성과가 낮으면서도 훌륭한 리더로 인정받는 사람은 거의 없다.

제조업이 중심 이었던 시대에는 '카리스마 리더십'이 힘을 발휘했고, 정보 사회에 가장 맞는 리더십은 '참여형 리더십'이었다. 그런데 지금과 같은 '창조의 시대', '지혜의 시대'에는 어떤 리더십이 가장 요구될까? 창조사회에서는 개인의 창의력과 창조적인 발상이 가장 근본이 된다. 따라서 개인의 성취를 가장 적극적으로 도와주는 리더십이야말로 조직과 개인에게 절실하게 필요한 것이다. 변화 스트레스에 치여 의욕이 떨어지고 자신감을 상실한 조직과 개인에게 용기를 일으키고 자신감을 다시 북돋워 주는 리더십, 그것이 바로 피그말리온 리더십(Pygmalion Leadership)이다.

질문과 답변
Q & A

01 내가 이루고자 하는 꿈은?

꿈이 없었던 사람은 드물다. 어린 시절일수록 자신의 꿈은 높고 위대하지만 점차 성장하면서 우리의 꿈은 작고 적어진다. 그 이유는 우리 주변에는 부정적이고 패배적인데다가 부정적인 정보만 전하는 사람들이 있기 때문이다. 꿈을 훔치는 '꿈도둑'들이 존재하는 것이다. 그리고 적극적이고 긍정적인 마음을 갖고 싶어 하면서도 자신의 마음이 그렇지 못한 것을 개탄하는 사람들이 많다. 답은 간단하다. 배가 고프면 영양 섭취를 해야 하듯이 마음에도 영양 섭취가 필요하다. 죽은 물고기는 강물에 떠내려간다. 실패를 겪을 때마다 발전의 기회로 생각하라. 힘차게 강물을 거슬러 올라가는 연어가 되어야 한다.

시도하지 않으면 아무것도 할 수 없다. 지금 그 자리에서 시작하라! 지그 지글러(Zig Zigler)는 사람들이 주당 60달러의 가치밖에 안 되는 우리의 위장을 위해서는 날마다 끊임없이 음식을 먹으면서도 그 가치가 무한한, 그리고 엄청난 잠재력을 지닌 우리의 마음에는 아무런 먹이를 주지 않는다고 아쉬워한다. 당신의 꿈을 훔치는 '꿈 도둑'을 조심하라. 나의 꿈이 바뀐 이유를 생각해보고, 지금 현재 내가 이루고자하는 꿈은 무엇인가? 지난 과거의 모습부터 점검하고 일생의 꿈을 적어보라.

1 내 꿈이 바뀐 이유

자신의 어린 시절 무엇이 되고 싶었는지 품었던 그 꿈을 생각해보라. 그리고 왜 그런 꿈을 키웠는지를 기록하고, 그 꿈은 어떻게 변했는지, 변했다면 왜 변했는지를 생각해보라.

기록을 마쳤으면 자신의 내용 중 1~2가지만 서로 소개한다. 과정을 마쳤으면 이 프로그램을 통해서 느낀 점을 서로 토의하라(현재 나이에 따라 다를 수 있다).

번호	꿈을 가진 시기	꿈을 가진 이유	꿈이 바뀐 이유
1	초등학교 시절		
2	중 · 고등학교 시절		
3	대학교 시절		
4	사회생활		

2 과거-현재-5년-일생의 모습 그리기

(1) 과거의 모습

____

____

____

(2) 현재의 모습

____

____

____

(3) 5년의 꿈

(4) 일생의 꿈

02 '위대한 리더' 성취감 미리 맛보기

사람들은 '시작'이란 단어를 좋아한다. 뭔가 새로운 것을 시작한다는 것에 대한 설렘과 호기심 그리고 그 속에 숨겨져 있는 결과에 대한 성취감을 맛본다는 것, 평소에 원하던 일이 이루어졌다고 생각하는 '성취의 메커니즘'을 소유하기 바란다. 이때 중요한 것은 성취감과 훌륭한 리더로서 성공의 기쁨을 '현재형'으로 표현하여야 한다는 점이다. 자신감 있고 기쁨에 넘치는 표현으로 대중에게 정확한 성공의 맛을 전달할 수 있어야 한다.

나는 내 인생의 주인공이라는 느낌으로 '성취의 결의문'을 작성해보라. 이제 당당한 자기선언을 하기 바란다. 자기선언이란 '창조의 목소리'로써, 인생의 목적을 표현하는 가장 강력한 방법이다. 자신을 어떻게 선언할지 결정을 하고, 산의 정상에서, 높은 빌딩의 옥상에서 몇 번이고 큰 소리로 읽어 보라. "나는 할 수 있다!" "나는 위대한 사람이다!" "나는 열정이 넘치는 사람이다!" 진심을 담아 성실한 태도로 끊임없이 스스로에게 선언하라! 여러분의 선언은 파장이 되어 온 우주에 그 에너지가 전달될 것이다. 그리고 곧 진실이 되어 여러분 앞에 창조될 것이다!

(1) 발표원칙 : 현재형으로 / 기쁨에 넘쳐서 / 감동을 줄 수 있게 한다.

(2) 발표내용 : 성공의 기쁨을 미리 그려보고, 「나는」을 강조하며 말한다.

(3) 실제발표 사례

| 보기 | 나의 키는 162cm의 57kg의 몸매를 지닌 소유자다. 나의 살들은 고루 분산되어 있지 않고 한곳에 집중적으로 몰려있는 타입이다. 이른바 '하-체-비-만' 팔뚝과 허벅지, 그리고 엉덩이 살이 장난 아니다. 건강을 위해서도 운동은 필요하고 자신감 회복을 위해서도 좋을 것 같아 난 식사조절과 운동을 하고 있다. 운동을 본격적으로 시작한건 두 달이 지났건만, 나의 몸무게가 꿈쩍도 안하고 있지만 여기서 나는 좌절하지 않는다.

나는 확실한 비전과 꿈이 있다(혹은 없다) 그 이유는? 바로 이것이다.

____

____

____

____

____

____

03 자신의 성과창출 공식 만들기

"Life is B. C. D!"라는 말이 있다. 여기서 B는 탄생(Birth)을, D는 죽음(Death)을 뜻한다. 그렇다면 그 사이에 들어 있는 'C'는 무엇을 의미할까? 선택(Choice)이다. 즉, 인생은 선택(Life=Choice)인 셈이다. 사람들의 행동은 상황에 따라 결정되는 것이 아니라 그들이 내린 선택에 의해 결정된다. 결국 우리를 통제할 수 있는 것은 우리 자신뿐이다. 제2의 인생을 설계하고 준비하라. 준비 안 된 상태에서 오는 '기회'는 '재앙'이다. 권투선수 홍수환의 '4전 5기 신화'는 신화(神話)가 아니라 철저한 준비에서 나온 사실(事實)이었다.

기록을 마쳤으면 자신의 내용 중 3~4가지만 서로 소개한다. 과정을 마쳤으면 이 프로그램을 통해서 느낀 점을 서로 토의하라.

제1단계 원하는 성과가 무엇인가를 구체적으로 적는다.

____

____

____

____

제2단계 원하는 성과를 달성하는 데 결정적 기여를 한 세 가지 요인을 정한다.

요인 1. ________________________________

요인 2. ________________________________

요인 3. ________________________________

제3단계 요인 1, 2, 3을 아래의 성공 공식에 적어 넣는다.

[나의 성공 공식] = [ ] × [ ] × [ ]

| 표 4-4 | 나의 성공 공식 실천 계획표

요 인	실천 행동	기 한	비 고
요인 1			
요인 2			
요인 3			

출처 : 백기복(2006). 성취형 리더의 일곱 가지 행동 법칙. 서울 : 이지북.

제4단계 각 요인들을 어떻게 강화시켜 나갈 것인지를 위 표에 따라 계획한다.

04 비전의 명문화: 사명 선언서

비전은 과거에도 없었고, 현재에도 없는 미래 상태를 말한다. 조직의 비전을 갖고 있는 리더는 현재에서 미래까지 길을 내는 사람이다. 사명 선언서는 문서로 작성될 수도 있고 그렇지 않을 수도 있으나 대체로 문서로 작성될 때 더욱 효과적이다. 훌륭한 사명서는 다음의 요건을 갖추어야 한다. 시공을 초월한 의미가 있어야 한다. 목표와 수단을 포함해야 한다. 모든 고객들에게 호소력을 지녀야 한다. 사명서가 4가지 기본 욕구를 충족시킬수록 고객들 입장에서의 결의는 더욱 더 커진다. 4가지 욕구란 신체적(살기 : to Live), 감정적(사랑하기 : to Love), 지적(배우기 : to Learn), 영적(유산 남기기 : to Leave a Legacy) 등이다. 따라서 사명 선언서는 조직의 모든 차원에서 참여되고 공유되어야 한다.

기록을 마쳤으면 자신의 내용 중 3~4가지만 서로 소개한다. 과정을 마쳤으면 이 프로그램을 통해서 느낀 점을 서로 토의하라.

1 자기사명 선언서(Personal Mission Statement)의 작성

인생 목표를 확립하고 행동하는 가장 좋은 방법은 자기사명 선언서(Personal Mission Statement)로써 자기 자신의 '인생철학'과 '신조'를 작성하는 것이다. 사람은 누구나 나름대로 다른 특성을 지니고 있기 때문에 자기사명 선언서의 형태나 내용 역시 각자의 독특성을 반영하게 된다. 따라서 이것은 '개인 헌법'이라 할 수 있다. 사명 선언서는 그 이름 때문에 간혹 서양문화의 유산으로 오해받기도 하지만 우리 조상들도 비록 이름과 형식은 다를지라도 일찍이 이런 사명 선언서의 문화를 가지고 있었다. 한 집안의 '가훈'이나 개인의 '좌우명'이 바로 '한국형 사명 선언서'다. 예컨대 율곡 선생은 그의 나이 20세 되던 해에 외가인 오죽헌에 돌아가 공부를 시작하기에 앞서 자경문(自警文) 11조를 만들었다. 공부의 목적과 방법, 그리고 공부하는 사람이 지켜야 할 자세 등을 기록한 자경문을 읽어 보면 한 가지 분명한 생각이 떠오른다. 자경문을 만든 이는 율곡이지만 율곡을 만든 것은 바로 이 자경문인 것이다.[1]

당신은 개인 또는 조직생활에서 여러 가지 역할을 수행하고 있다. 예를 들면, 당신은 팀장, (영적)지도자, 선생님 등과 같은 여러 가지 역할을 수행하고 있을 것이다. 개인 생활에서도 또한 여러 역할을 수행하고 있을 것이다. 당신은 형제, 자매, 남편 혹은 아내, 부모, 손자로서의 역할을 할 것이다. 당신은 자원봉사자 또는 사회단체의 리더 역할을 할 것이다. 이러한 역할들은 당신이 어떤 사람이 되고 싶어 하는지를 확인하고자 할 때 사명 선언서는 도움이 되는 '분석의 틀'을 제공해 준다.

개인 사명서를 작성하는 과정은 우선 다음과 같은 4가지의 질문에 답할 수 있어야 한다. 내가 중요하다고 생각하는 것으로 갖고 싶은 것이 무엇인가? 나의 목적과 가치관에 따라 공헌하거나 성취하고 싶은 것은 무엇인가? 내가 갖추고 싶어 하는 품성은 어떤 것들인가? 내가 사회에 남기려고 하는 유산은 무엇인가?

1) 갖고 싶은 것 : 당신이 얻고자 하는 결과

1단계 : 당신이 중요하다고 생각하여 갖고 싶은 것들의 목록을 아래에 작성

1 "제1조, 성인의 위치에 이르기까지 끊임없이 노력한다. 제2조, 마음을 결정하는 데는 먼저 말을 적게 한다. 제3조, 놓아버린 마음을 거두어들인다. 제4조, 공손하고, 삼가고, 조심한다. 제5조, 일보다 생각이 앞서야 한다. 제6조, 재산과 명예에 마음을 두지 않는다. 제7조, 할 만한 일이면 정성을 다해야 한다. 제8조, 온 천하를 얻기 위해 죄 없는 사람을 한 명이라도 희생시켜서는 안 된다. 제9조, 아무리 포악한 사람이라도 감화시킨다. 제10조, 때 아닌 잠을 경계한다. 제11조, 수양과 공부는 서두르지 않고 꾸준히 계속한다."(이율곡, 자경문).

하라. 당신이 "갖고 싶은 것"은 유형적인 것(예 : 주택)일 수도 있고 무형적인 것(예 : 행복한 가족)일 수도 있다.

- 2단계 : 가장 중요하게 생각하는 것 5가지를 선택하라.

____

____

____

____

2) 하고 싶은 것 : 공헌과 성취

"하고 싶은 것"은 당신의 목적과 가치관에 따라 공헌하거나 성취하고 싶은 것들을 말해 준다. 이는 "나는 왜 존재하는가?"라는 질문의 답이 된다. 다음의 질문에 대해 생각해 보고 답하라.

(1) 당신이 공상을 할 때면 무엇을 하고 있는 자신을 상상해 보는가?

____

____

(2) 만일 당신이 무한대의 시간과 돈을 가지고 있다면 어떤 일을 하고 싶은가?

____

____

(3) 당신의 조직에서 어떤 일들이 가장 가치 있는 것이었는가?

____

____

(4) 당신의 개인 생활에서는 어떤 일들이 가장 가치 있는 것이었는가?

(5) 당신이 장차 사회를 위하여 할 수 있는 가장 중요한 헌신은 무엇이라고 생각하는가?

(6) 당신은 어떤 재능들(계발과 미계발된 것)을 가지고 있는가?

(7) 당신이 여러 가지 이유로 해내지는 못했지만 자신이 반드시 해야 된다고 생각하고 여러 번 시도했던 일들이 있는가? 그것들은 무엇인가?

3) 되고 싶은 것 : 가장 큰 영향을 준 사람을 살펴보라.

사람들은 그들의 행동, 감정, 생활방식을 통해서 다른 사람들에게 영향을 끼친다. 당신 주위의 여러 사람들도 당신에게 모범을 보여주고 귀감이 되었음은 틀림없는 사실이다. 다음의 연습은 당신이 가장 가치 있게 여기는 성품들을 발견할 수 있게 도와줄 것이다.

(1) 누가 나의 인생에서 긍정적인 모델이 되었으며, 나에게 커다란 영향을 끼쳤는가? 왜, 그 사람이 나에게 그와 같은 영향을 끼쳤는가?

(2) 내가 갖추고 싶어 하는 품성들 중에서 그 사람은 어떤 성품들을 갖추고 있는가?

(3) 그 외에 다른 사람들의 훌륭한 품성 중에서 내가 꼭 갖추고 싶은 것들은 무엇인가?

2 팀과 조직의 사명 선언서의 작성

현재 자신이 속해있는 조직의 목표가 달성되었을 때 자신의 미래 모습에 초점을 맞추어 조직의 비전과 자신의 비전을 적어보라. 다음의 질문은 사명을 명확히 하는데 도움을 주려는 것이다. 자신의 현재 조직이나 팀을 생각하면서 다음 질문들을 자신과 접목하여 고려해보라.

1) 사명

(1) 자신의 조직은 왜 존재하는가? 자신이 속한 조직의 역할과 목적은 무엇인가(조직의 존재 이유)?

2) 고객

(1) 자신의 주요한 고객들은 누구인가? 그들의 가장 큰 욕구는 어떤 것들인가?

주 고객	욕 구

3) 비전

(1) 만약에 자신의 조직이 세계인류에 헌신할 수 있는 것이 있다면 그것은 무엇일까?

(2) 조직 속에서 어떤 식으로 같이 일하고 싶은가? 이에 대한 비전은 무엇인가?

(3) 다른 고객들과는 어떤 식으로 함께 일하고자 하는가? 이에 대한 비전은 무엇인가?

4) 핵심 가치

(1) 당신의 행동을 좌우하는 근본적인 가치는 무엇인가?

(2) 당신이 하지 않기로 마음먹은 것은 무엇인가?

5) 패러다임

(1) 조직을 위대하게 이끌어줄 팀 패러다임은 무엇일까?

(2) 당신의 조직을 위대하게 만들어줄 고객들의 패러다임은 무엇일까?

(3) 나의 비전과 조직의 비전을 비교해보라.

나의 비전	조직의 비전
1.	1.
2.	2.
3.	3.
4.	4.
5.	5.
6.	6.
7.	7.

05 자성예언(自成豫言) 30題 작성하기

필자의 리더십 훈련에서 빼놓을 수 없는 것이 자성예언 30제(題)이다. 자성 예언이란 스스로 자(自), 이룰 성(成), 미리 예(豫), 말씀 언(言)!, 즉 스스로 이루고자 하는 바를 미리 마음속에 반복해서 심으면 언젠가는 그것이 이루어진다는 뜻이다.

이것은 자기달성예언(Self-Fulfilling Prophecy)의 약자로, 한마디로 "말이 씨가 된다!" "간절히 기대하라, 그러면 이루어질 것이다!"라는 것이다. 애국가를 작곡한 안익태 선생은 "나는 반드시 런던 교향악단을 지휘하겠다."고 마음먹었다. 당시의 우리나라 여건으로 세계적인 교향악단을 지휘한다는 것은 불가능한 일이었다. 그러나 단돈 100달러를 들고 미국 땅에 발을 디딘 선생은 온갖 어려움을 이겨내고 마침내는 세계적으로 유명한 교향악단을 무려 230여회나 지휘했다. 어릴 때부터 꿈꾸었던 자성예언을 마침내 이루어내고 만 것이다. 사람은 마음 깊숙이 심어진 잠재의식을 향해 노력하게 된다. 여러분은 오늘 어떤 자성예언을 통해 꿈을 키우겠는가?

자성예언을 하면 꼭 이루어진다는 것보다 더 중요한 것이 있다. 작성 과정 속에서 내 인생의 '과녁'을 넓히고 '북극성'으로 삼을 만한 목표를 정하는 과정과 그것을 스스로 기억하며 노력할 것이 생겼다는 것이 무엇보다 중요하다. 자신의 SWOT를 통해서 3,650일(10년) 이후의 나를 생각하면서 지금 내가 할 일을 하고 있는지? 변화를 두려워하지 않고 비전을 실현시키려는 모든 사람들에게 이 과제를 직접 손으로 작성해 보길 권한다. 지금 바로! 자신이 꼭 이루고 싶은 것 30가지를 적어보라.

기록을 마쳤으면 자신의 자성예언 중 5~7가지만 서로 소개한다. 과정을 마쳤으면 이 프로그램을 통해서 느낀 점을 서로 토의하라.

(1) 30가지 중에서도 가장 되고 싶고, 가지고 싶고, 하고 싶은 것 3가지만 고른다면 무엇인가?

(2) 3가지 중에서도 이것만은 꼭 이루어졌으면 하는 한 가지만을 선택해보라.

(3) 마지막 이 한 가지를 이루고자 한다면 지금 내가 해야 할 일과 필요한 것은 무엇인지 적어보라.

06 '꿈의 명함' 제작

개인의 꿈을 담은 명함을 만들어 보자. 명함 앞면에는 이름, 연락처 이외에 내 꿈을 가장 잘 표현하는 꿈의 명함을 작성한다. 세상에 내놓고 싶은 나만의 꿈의 명함을 만들어 보자. 예를 들어 미래의 코칭 리더, 유머 달인, 잡무 처리 귀신, 지독한 실천가, 섬세한 기획가, 달의 심장을 가진 리더, 배짱 대장, 북 리뷰의 황제, 라이프 코치, 미래의 여성 CEO, 대박 방송작가, Happy Maker, 비전 설계자 등을 적는다. 명함 뒷면에는 나만이 아주 훌륭하게 잘 해낼 수 있는 것들 세 가지, 회사가 내게 돈을 많이 주고라도 사고 싶어 하는 것 두 가지, 나의 핵심 역량이라고 할 수 있는 자신의 전문 분야를 두 가지를 적는다. 공짜는 없다. 아는 만큼만 보이게 마련이다. 준비하고 공부하라.

기록을 마쳤으면 자신의 명함을 서로 교환한다. 과정을 마쳤으면 이 프로그램을 통해서 느낀 점을 서로 토의하라.

> 인간은 실현 가능한 일만
> 상상할 수 있다!
>
> 공상 도우미 **이 항 봉**
>
> (현) (주)Open Personality 대표
> (현) (주)어수 대표이사
> (현) 개인 평가 위원회 자문위원
> (현) 소설가
>
> • H.P. : 010-2943-0000
> • e-mail : unplugged00@naver.com

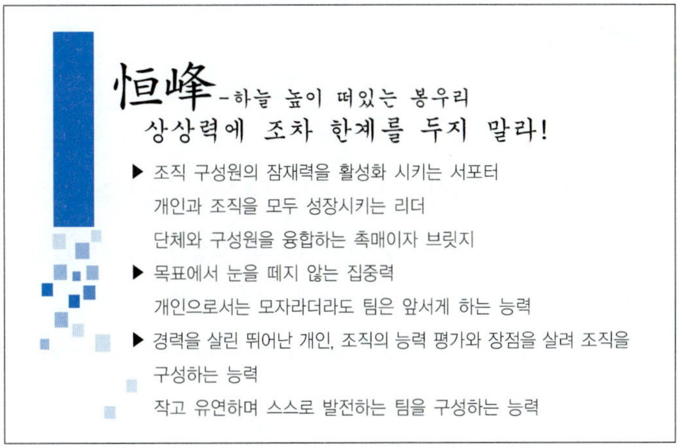

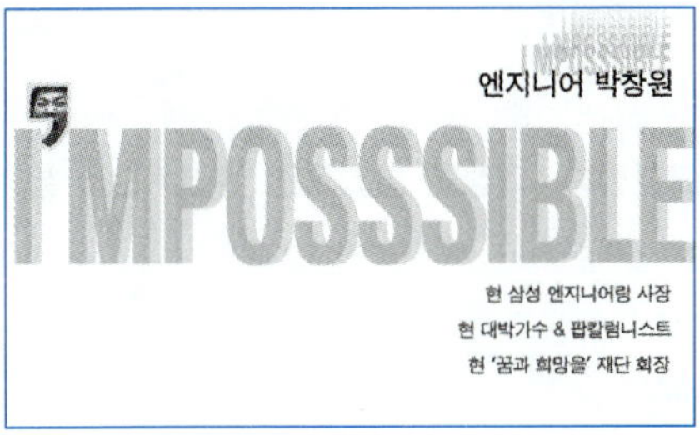

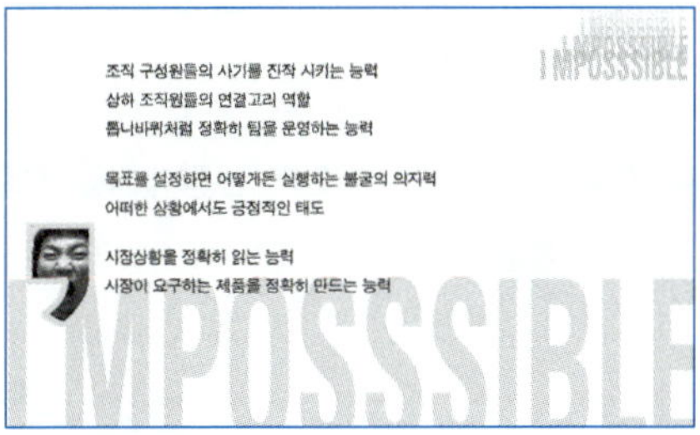

| 그림 5-1 | 나만의 꿈의 명함

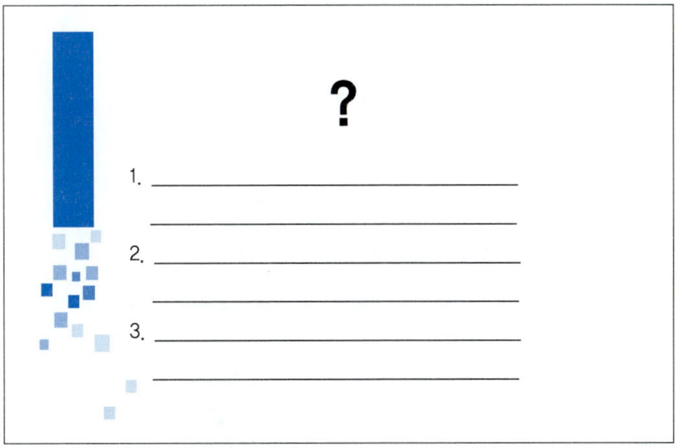

07 운명예찬

운명은 미리 정해져 있는 것이지만 결국은 운명도 노력하는 자의 편을 들어준다. 기어가는 것이 내 운명이라면 기꺼이 기어갈 것이고, 날아가는 것이 내 운명이라면 재빨리 날아갈 것이다. 그러나 그것을 피할 수 있는 한 그 누구도 결코 불행하지 않을 것이다. 넘어진 것은 나의 잘못이 아닐 수 있다. 그러나 일어서지 않는 것은 나의 잘못이다. 운명은 정해져 있으나 바꿀 수 있다! 이제, 자신의 운명예찬을 만들어서 매일 매일 외치고, 읽고, 노래하라!

기록을 마쳤으면 자신의 운명예찬을 서로 교환한다. 과정을 마쳤으면 운명예찬을 통해서 느낀 점을 서로 토의하고, 예찬하라.

운명예찬

운명아! 길을 비켜라. 내가 간다.
'배려'의 사나이(여성) ○○○가 나가신다.
나는 자신 있다. 정말로 나는 자신 있다.
할 수 있다고 생각하면 지금도 할 수 있다.
아! 참으로 따뜻하다. 아! 참으로 따뜻하다.
'배려'의 ○○○는(은) 정말로 따뜻하구나!
이제 나는 과거의 내가 아니다.
이제 나는 완전히 다른 사람 되었다.
이제 나는 완전히 다른 사람이다.
으하하하 (3회 호탕하게 웃는다)

나의 운명예찬

08 '성취의 제단'에서 상황극하기

5년 후 성공한 나의 모습으로 다시 만나서 인사하는 상황극을 연출해보라. 비록 지금은 어렵고 힘들지만 이 모든 역경을 이겨내고 위대한 리더의 모습을 상상하면서 그때 만날 자신에게 어떤 이야기를 해 줄 것인지 상황극을 실시해보라. 미래의 어느 아름다운 날을 작성해보면 자신이 성취하고자 하는 목표에 대해 뚜렷이 알 수 있을 것이다. 지금 현재로써는 비현실적이라고 하여도 상관없다. 이것을 작성하면서 느껴지는 벅찬 감동과 희열을 만끽하면 된다.

미래의 자신에게 부끄럽지 않으려면 현재의 자신이 어떻게 해야 할 것인지 느낄 수 있을 것이다. "나는 지금 내가 해야 할 일을 하고 있는가?", "나는 미래의 나에게 떳떳한가?" 한번쯤 깊이 반성해보아야 할 것이다. 위대한 리더가 되어서 향후 '복지재단에 10억 원을 기증하는 수표 만들기', 어느 유명잡지에 실린 자신의 기사를 미리 작성해 보는 것도 좋은 깨달음을 얻을 수 있는 리더십 훈련이다.

기록을 마쳤으면 자신의 상황극을 서로 소개한다. 상황극을 마쳤으면 이 프로그램을 통해서 느낀 점을 서로 토의하라.

09 'B·D·H 기법' 실천하기

내가 되고 싶은 것(Be), 내가하고 싶은 것(Do), 내가 가지고 싶은 것(Have)을 각각 5개 정도 적고, 가장 소중한 것으로 사진을 붙이고 책상위에 올려놓으라. 그리고 Be－Do－Have List를 책상에 올려놓고 'B · D · H 기법'을 실천하기 바란다. 이 방법은 DID(Do It, Done ; 시도하라, 그러면 된다)와 가수 김흥국의 유행어 "들이대(DID)"와 유사한 형태로써 자기계발과 리더십 분야에 꽤 유명한 유행어이다.

기록을 마쳤으면 자신의 그림을 서로 교환한다. 과정을 마쳤으면 이 프로그램을 통해서 느낀 점을 서로 토의하라.

Be!

소설가
통기타 연주가
나만의 아이디어 회사 CEO
여행가
세계가 주목하는 위대한 과학자

Do!

터키로 여행가기
미친 듯이 공부해보기
길거리 통기타 연주
목적지도 없고 기한도 없는 긴 열차 여행
나만의 소설 쓰기

Have!

멋진 서재
녹음실
세계 각 지역에 있는 집
나만의 극장
꿈의 몸무게 45kg

Be!

① ____________________

② ____________________

③ ____________________

④ ____________________

⑤ ____________________

Do!

① ____________________

② ____________________

③ ____________________

④ ____________________

⑤ ____________________

Have!

① ____________________

② ____________________

③ ____________________

④ ____________________

⑤ ____________________

Be-Do-Have 5개 중
가장 소중한 것으로
사진 붙이기

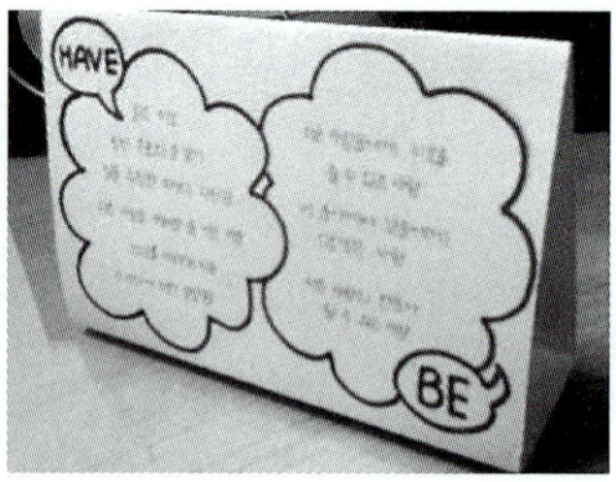

10 자기경영(Self-Management) 프로그램 입력하기

자기경영은 성공한 다른 사람들의 이야기가 아닌 성공을 꿈꾸는 우리 모두의 화두다. 국민 성공시대를 열어갈 필수 덕목으로 꼽히는 자기경영이 왜 중요하고 어떻게 효과적으로 할 수 있는지 알아보자.[2] 만일 "당신이 시설장 혹은 경영주주(CEO)라면, 당신을 고용하겠습니까?" 이런 노골적인 질문에 과연 얼마나 많은 사람들이 자신 있게 '그렇다'라고 답할 수 있을까. 자기경영은 이런 원초적인 질문에서 시작한다. 자기경영은 이 질문에 자신 있게 '그렇다'라고 대답할 수 있는 사람으로 변화해 가는 모든 과정이다. 자신의 분신 '아바타'를 그려 넣고, 그 아바타에 프로로서의 자기경영 프로그램을 작성해 보아라.

한편, 아바타란 말은 산스크리트어로 지상에서 내려온 신의 모습을 일컫는 말이지만 지금은 인터넷상의 이미지를 일컫는 용어로 더 많이 쓰인다. 가상공간이지만 '또 다른 나', '원하는 모습의 나'로 바꿀 수 있다는 환상은 무척 매력적이다. 그러므로 이제 독자 여러분은 내가 소망하는 꿈을 이룬 미래의 내 모습을 마음껏 펼쳐 보라. 내가 활동할 공간, 내가 사용하는 언어, 주로 하는 일, 만나는 친구와 인사들, 성공한 리더인가? 소박하지만 보람 있는 일을 하고 있는가? 어떤 고난을 잘 극복하여 멋지게 된 '영광의 과정'을 리더십과 연관하여 차근차근 적어 보자.

기록을 마쳤으면 자신의 자기경영 프로그램 중 1~2가지만 서로 소개한다. 과정을 마쳤으면 이 프로그램을 통해서 느낀 점을 서로 토의하라.

2 '자기경영'과 '자기계발'의 차이점은 자기계발이 '유지'에 초점을 맞추고 있다면 자기경영은 '발전'에 초점을 맞추고 있다. 주어진 틀 안에서의 능력 개발이라는 수동적인 의미가 자기계발이라면, 자기경영은 목표와 방법부터 모두 새롭게 시작하는 적극적인 의미의 자기계발이다. '자기경영'은 자기계발 · 자기관리 · 자아실현에, 그동안 기업 경영을 통해 검증돼 왔던 경영의 모든 도구들을 접목한 개념이라고 볼 수 있다.

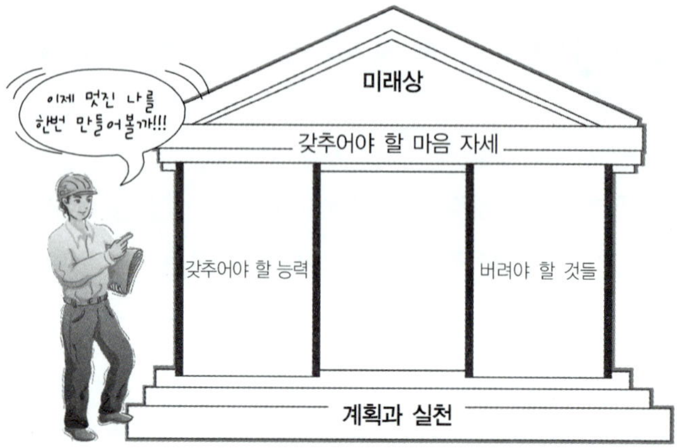

 〈나의 아바타〉	목표
	갖추어야 할 마음자세
	갖추어야 할 능력
	버려야 할 것
실천항목(영광의 과정) 적기	

"비전이란 만드는 것이 아니라 모으고, 조합하고,

선택하고, 다듬는 것이다."

– 윌리엄 파이퍼(William F. Pfeiffer) –

PART **4**

정도 리더십

Rightous Leadership

'정도'의 리더가 바로 '속도'의 리더다.

리더는 황야의 무법자가 되어서는 안 된다.

Leadership Workbook

리더가 지녀야 할 최고의 덕목은 바로 '법과 원칙'을 지키는 도덕적이며 원칙중심의 리더십이다. 리더라면 순간의 인기 영합적으로 행동해서는 안 되고, 개발이나 발전에 큰 밑그림을 그려놓고 먼 앞을 내다보며 일을 추진해야 한다. 눈속임 같은 얇음이 아니라, 먼 미래를 보고 두는, '바둑의 포석'과 같아야 한다는 뜻이다. 포석이 그 바둑의 승패를 좌우하듯이 법과 원칙을 준수하는 리더십이 바로 정도(正度) 리더십이다.

개인의 실력보다는 인연이라는 끈끈한 관계가 더 우선시되는 리더십 문화, 지도자의 자질이나 역할보다는 '우리'라는 감정으로 이어진 왜곡된 연대의식은 원칙이 없는 리더십 문화를 만연시킨 원인이 되었다. 돈을 다루는 자리에서는 '피가 섞인 한 형제'라는 말을 거리낌 없이 쓴다. 고향사람이나 선후배 관계를 통해 남들에게 주지 않는 특별한 총애를 베푸는 것을 너무나도 당연시 하고 있다.

정도(正道)와 원칙(原則)을 구분하여 정도에서 한 걸음 더 나아가야 한다. 이제까지 정도(正道 : 올바른 길, 정당한 도리)를 표방했다면 이제부터는 정도(正度 : 바른 규칙)를 표방하여야 한다. 그러므로 원칙과 현실 여건을 고려하여 연기하거나 충족시키거나 단념시키는 자아(自我)의 활동원칙, 즉 현실원칙(現實原則)으로 바꾸기를 갈망한다. 법과 원칙은 조직의 기본이요 약속이다. 법질서 확립 없이는 진정한 조직이 될 수 없다. 불법과 폭력이 난무하는 사회는 사상누각(沙上樓閣)이다. 법치가 살아야 나라가 산다. 그래야 법과 질서를 바로 세울 수 있다.

정도를 갖춘 리더의 발견

원칙중심의 리더십이 필요하다. 정도를 갖춘 리더의 발견이 간절하다. 세계 경제가 어려울수록 여러 가지 이슈들이 난무하고 다양한 해결책이 제시되고 있지만 이러한 문제의 해답은 결국 리더십의 관문을 통과해야 한다. 정도의 리더십은 위기의 순간에 더욱 빛을 발하며, 이때 발휘되는 리더십은 어느 한 사람의 노력만으로는 성공하기 어렵다. 결과만을 중시하는 변칙이 난무한 사회에서는 원칙과 분명한 목표의식을 바탕으로 조직원들의 잠재력을 이끌어내는 정도의 리더가 근본적인 해결책을 제시할 수 있다. 필자의 과거 경험으로 볼 때 항상 선택의 순간에 유혹이 있었다. 조금 편하게 갈 수 있는 유혹이 있었고 그런 선택을 한 적도 있다. 하지만 대부분 실패했던 것 같다. 지금 되돌아보면 가장 정상적이고 정도를 따르는 선택이 최선이었다.

'첩경(捷徑)의 낭비'라는 말이 있다. 이런저런 편법이나 요령으로 지름길만 찾아다니면서 그때그때 목표를 빨리 이루는 사람은 시간이 지나도 요령만 늘 뿐 결국 제대로 된 가치 경쟁력이 축적되지 않아서 목표에 이르지 못한다는 뜻이다. 조직도 마찬가지다. 쉽게 얻을 수 있는 눈앞의 이익에 집착하면 결국에는 조직의 생존력을 잃어버리게 된다. 요즘 같은 글로벌 경쟁 시대에는 더욱 그렇다. 본질적 핵심 역량이 없는 조직이 살아남을 수 없는 것은 자명한 일이다. 마치 우연한 재수나 변칙에 의한 횡재가 결국 그 사람을 패망의 길로 이끄는 것과 같은 논리이다. 늦은 듯하지만 장기적인 안목에서 보면 정도의 리더십이 바로 '속도 리더십'이었다. 규범과 원칙을 지키고 정도로 일하면서도 빠르게 해야 그것이 진정한 속도인 것이다.

리더는 황야의 무법자가 되어서는 안 된다

몇 해 전 외신을 장식한 사진 하나가 있다. 아프가니스탄에서 10개월 복무를 하고 있는 영국의 해리 왕자(Prince Harry)가 평범한 군 생활을 하고 있는 모습이었다. 일국의 왕자가 해외 격전지에서 일반 병사로 근무하면서 지도층의 솔선수범을 실천하는 모습이었다. 이러한 것이 진정한 솔선수범의 모습이며, 노블레스 오블리주(Noblesse Oblige)의 정신이다. 영국 왕족의 이러한 솔선수범의 모습을 보면서 영국 국민들이 느끼는 자부심은 이루 말할 수 없을 것이다.

'노블레스 오블리주'란 고귀한 신분에 따르는 도덕적 의무와 책임을 뜻한다. 정당하게 대접받기 위해서는 '명예(노블레스)'만큼 의무(오블리주)를 다해야 한다는 것이다. 즉, 지도층의 솔선수범을 말하며, 특권에는 반드시 책임이 따르고 고귀한 신분일수록 의무에 충실해야 한다. 영국 지도층의 사례를 보면서 우리 사회의 리더는 어떠한 덕목을 지녀야 하며, 진정한 리더십은 어떤 것인지를 다시 생각할 계기가 되고 있다.

리더로 명예를 갖기 위해서는 의무를 다해야 하며 또한 도덕적 청렴성이 그만큼 높아야 한다. 한 시대를 이끌어 갈 역사적 임무를 가진 사람들이 부끄러움이 있어서는 그 사회의 리더가 될 수 없다. 어떤 조직에서든 리더의 자질을 갖추었는지에 대한 '검증 시스템'의 확립에 수고를 아끼지 말아야 한다. 이것이 바로 조직 구성원으로서 자부심을 높이는 길이며 우리 사회가 천박해지지 않게 하는 길일 것이다. 땅 투기로 치부하고 논문 표절로 안위하고 이중 국적으로 국민을 실망시키는 일이 더 이상 없어야 한다. '리더의 탈락'과 '낙마의 법칙'에 반드시 도덕성이 포함되어야 한다.

정도 리더십은 사리사욕을 채우기 위해 자신에게 부여된 특권을 남용하지 않는 리더로서, 자리를 자신이 획득한 것이 아니라 그 자리에 자신이 '부름 받았다'는 소명 의식(Calling)을 가지고 있는 사람이다. 우리가 정도의 리더십을 강조하는 것은 수학 공식처럼 100－1＝99가 아니기 때문이다. 리더의 자질 중에서 법과 원칙이 빠지면 그것은 99가 아니고 제로 또는 마이너스가 될 수 있기 때문이다. 그래서 리더는 '황야의 무법자'가 되어서는 안 된다.

쉽고 편안한 환경에선 강한 인간이 만들어지지 않는다.
시련과 고통의 경험을 통해서만 강한 영혼이 탄생하고,
통찰력이 생기고, 일에 대한 영감이 떠오르며 마침내 성공할 수 있다.

– 헬렌 켈러(Helen Keller) –

CHAPTER 6

신뢰와 도덕적 리더십

'신뢰'란 단지 상사와 부하 사이의 신뢰만 뜻하는 것이 아니라, 부서 대 부서, 동료 대 동료, 주민과 공무원 등 세상을 살아가면서 형성되는 모든 관계에서의 신뢰를 의미한다. 신뢰는 문화(文化)처럼 손으로 만질 수 없는 것이지만 가시적인 프로세스에서 나오는 하나의 '결과'로 생각하면 된다. 신뢰는 칫솔과 같다. 남이 쓰던 것을 쓸 수가 없고, 한번 잃은 신뢰는 그만큼 제자리로 가져다 놓기가 힘들다. 신뢰는 리더십의 기초이며, 참 리더는 인격과 신뢰 그리고 지도력을 갖춘 사람을 일컫는다. 신뢰를 상실하면 리더로서의 지도력은 급격하게 상실된다.

도덕성 우선의 리더십(Ethical Leadership)은 새로운 개념의 리더십은 아니다. 그러나 가장 강력한 리더십 유형이다. 간디의 비폭력 무저항 운동, 넬슨 만델라(Nelson R. Mandela)가 청춘을 감옥에서 보내면서도 외친 인종 차별 철폐, 마틴 루터 킹 목사의 인권운동, 테레사(Mother Teresa) 수녀의 빈민 구제 활동 등 도덕적 리더십의 사례는 끝이 없을 정도다. 이러한 도덕적 리더십은 가치에 기초한(value-based) 높은 수준의 리더십 형태다. 필자는 도덕적 리더십을 '인간을 위한 리더십'이라고 부르고 싶다. 그러나 각종 기업 스캔들과 정치인 등 유명인들의 부정행위들로 신문지상이 채워지고 있는 시대에 사람들이 바라는 것은 도덕적 리더십을 원하지만 실제 생활에서는 그것을 무시하고 거부한다. 도덕적 리더십은 사리사욕을 채우기 위해 자신에게 부여된 특권을 남용하지 않는 리더로서, 자리를 자신이 획득한 것이 아니라 그 자리에 자신이 '부름 받았다'는 소명 의식(Calling)을 가지고 있는 사람이다. 우리가 도덕적 리더십을 강조하는 것은 수학 공식처럼 100-1=99가 아니기 때문이다. 리더의 자질 중에서 도덕과 신뢰가 빠지면 그것은 99가 아니고 제로 혹은 마이너스가 될 수 있기 때문이다.

성공하고 싶다면 봉사하라.

그것이야말로 우리 인생에 있어 불변의 법칙이다.

위대한 봉사자, 베푸는 자가 되어라.

그것이 바로 당신을 성공으로 이끄는 왕도이다.

– 헨리 밀러(Henry Miller) –

자기진단
Dynamic self-Question

01 자기 신뢰도 테스트

외적으로 아무리 성공한 삶처럼 보인다 해도 그가 정작 자신과의 연애에 실패한다면 결국 외적 성공은 큰 의미가 없다. 스스로 그 성공을 누리지 못하기 때문이다. 이처럼 자기 사랑, 자기 신뢰는 우리 삶의 근본적인 행복 요소이다. 같은 능력을 가지고 일에 대처하더라도 자신을 갖고 있는 사람과 그렇지 못한 사람과의 결과는 크게 차이가 날 것이다. 불가능한 것을 가능하게 하는 것도 자신의 힘인 것이다. 자신만큼 마음 든든한 자기편은 없다. 더구나 그것은 후천적으로 개선할 수 있는 성격 요소인 것이다. 자신을 신뢰하고 있음으로써 리더십 성공에의 길은 개척할 수 있게 된다.

나를 사랑하지 못하면 아무도 사랑할 수 없으며 나를 사랑하지 못하면 아무것도 아니다. 자신을 믿지 못하는 병을 치유하고 리더의 길을 찾아가자.

진단 항목에 대하여 다음과 같이 4단계 평점을 매겨라. 전혀 아니다 0점, 부분적으로 맞음 1점, 대체적으로 맞음 2점, 완전히 맞음 3점이다. 다음의 문항에 스스로 솔직히 자신을 진단해보기 바란다.

	자기 신뢰도 체크리스트 ('나의 상사는~' or '나의 동료는~')	Check 완전히 맞음-맞지 않음
1	남과 나를 비교하는 일이 잦다.	3 2 1 0
2	남들로 인해 쉽게 기분이 상한다.	3 2 1 0
3	남들의 인정을 받는 것이 나에게 매우 중요하다.	3 2 1 0
4	남들이 나를 공격한다고 느낀 적이 많다.	3 2 1 0

5	실패할까 겁나서 아예 아무 일도 시작을 안 하는 편이다.	3 2 1 0
6	모든 일을 110% 해내야 직성이 풀린다.	3 2 1 0
7	남들이 나를 어떻게 생각하는지를 매우 중요하게 생각한다.	3 2 1 0
8	남들에게 진짜 내 모습을 보이기가 겁난다.	3 2 1 0
9	항상 남들을 만족시키고 싶다.	3 2 1 0
10	다른 사람의 부탁을 거절하는 게 매우 어렵다.	3 2 1 0
11	성공한 사람을 보면 샘이 난다.	3 2 1 0
12	스스로 사랑받지 못한다는 느낌이 자주 든다.	3 2 1 0
13	나 자신과 남들에게 끊임없이 무언가를 증명해보여야 마음이 편하다.	3 2 1 0
14	실수 때문에 자책을 많이 하는 편이다.	3 2 1 0
15	칭찬을 받으면 흔쾌히 받아들이기가 힘들다.	3 2 1 0
16	스스로 실패자라는 느낌을 자주 갖는다.	3 2 1 0
17	죄책감을 자주 느낀다.	3 2 1 0
18	우울하고 기가 꺾여 있을 때가 많다.	3 2 1 0
19	나에 대한 평판이 혹시 나쁘지 않을까 걱정을 많이 하는 편이다.	3 2 1 0
20	약하다는 것 자체가 싫다.	3 2 1 0
21	약점을 보이는 것은 끔찍한 일이다.	3 2 1 0
22	내가 잘 지내지 못하는 것은 어떻게 보면 당연한 일이다.	3 2 1 0
23	누군가가 나에 대해 이야기를 하는 것을 보면 즉시 '나쁜 말을 하고 있구나' 하는 생각이 든다.	3 2 1 0
24	거울을 보기 싫어하는 편이다.	3 2 1 0
25	남들 앞에서 나의 약점과 실수를 숨기려고 한다.	3 2 1 0
26	나와 남을 비교할 경우 불리한 쪽은 항상 나다.	3 2 1 0
27	나 자신에 대해 화가 날 때가 많다.	3 2 1 0
28	항상 자신에게 모든 일을 똑바로 처리하라고 요구한다.	3 2 1 0
29	나 자신과 내 능력을 의심할 때가 많다.	3 2 1 0
30	외모 때문에 걱정을 많이 한다.	3 2 1 0
관련 의견		

출처 : Rolf Merkle(2004). 자기를 알지 못하는 병. pp. 49-55.

결과 분석

(1) 0~10점이라면 축하합니다. 결과가 매우 좋군요. 당신의 자기 가치지향은 아주 든든합니다. 균형이 잘 잡힌 인성이라 할 수 있다.

(2) 11~30점이라면, 당신은 인생의 두서너 개 국면에서 활짝 꽃피우지 못했군요. 자기 가치감이 적어서 그런 것이다. 자기 가치관 강화훈련에서 소개하는 대로 연습해 보시기 바랍니다. 틀림없이 큰 도움이 될 테니까요.

(3) 31~60점이라면, 절망할 건 없어요. 당신의 경우 자기신뢰도라든가 자기 가치감이 아직 신통한 단계는 아니지만 말이에요. 상태가 좀 심각한 건 사실이다. 하지만 희망이 없는 건 아니에요. 최소한의 자기존중은 아직도 잃지 않은 상태니까요. 자신을 변화시키는 작업을 열심히 해야 합니다. 그러면 당신의 인생에도 좋게 살려낼 점이 많다는 걸 알 수 있을 겁니다. 여러 달 동안 집중적으로 자기 자신과 씨름할 각오를 하세요. 진전이 있을 때까지!

(4) 61~90점이라면, 자기 가치감이 떨어질 대로 떨어져 있다. 하지만 절대로 희망을 버리면 안 됩니다. 설령 인생이 완전히 엉망진창이 되어 말도 못하게 불행하다고 해도 말이다. 그래도 당신의 경우가 아주 절망적인 건 아니니까 우선 마음을 편안하게 먹기 바랍니다. 다만 자기 가치감을 강화하고 싶다면 시간을 무척 많이 들여야 한다는 것은 미리 알아 두어야겠군요. 자기 자신을 변화시키려면 고생 좀 하게 될 거예요. 심리치료사의 도움을 받으면 훨씬 효과가 있을 겁니다. 적이 아니라 친구로서 자기 자신을 대하는 법을 일러줄 테니까요. 혼자서 해결할 수 없는 경우에는 전문가를 찾아가는 용기를 가져야 합니다. 언제 어디서든 도움을 받을 수 있다. 당신도 예외는 아니랍니다.

| 표 6-1 | 종합진단 비교표

진단내용	본인 진단점수	팀 진단점수	타인진단 점수			본인-타인 최대 차이
			상사	동료	부하	
자기신뢰도						

- 본인과 타인 간의 점수 차이가 클수록 원인을 잘 점검하고 개선할 필요성이 있다.
- 보다 자세한 진단 결과의 내용은 제1장의 '해석 및 요령'을 참조하라.
- 보다 신뢰성 있는 평가를 원한다면 진단표에 제시된 문답 중에서 자신이 더욱 개선되기 위해 노력해야 하는 항목을 조직(집, 학교, 공동체, 직장)에서 가장 신뢰하는 사람이나 정직한 피드백을 줄 것 같은 사람을 선정하여 경청한다.

02 조직의 비밀

조직에서 개인의 능력은 물론 중요하다. 하지만 능력이 뛰어나고 열심히 일한다고 해서 안전할 거라고 믿는 것은 잘못이다. 임원들이나 인력개발팀은 해고사유를 사실대로 말하기 보다는 '능력'을 들먹이도록 교육받는다. 그 편이 훨씬 안전하기 때문이다. 능력은 매우 주관적인 기준이므로, 해당 직원의 능력이 회사가 요구하는 것과 '차이가 있다'는 이유를 대면 법적인 소송에 휘말릴 확률이 줄어든다. 이것이 능력의 중요성에 대한 과장된 인식으로 이어지면서 마치 능력이 직장생활에 가장 중요한 요소인양 착각하게 만들고, 능력만 뛰어나면 자신의 일자리가 안전할 것이라고 잘못 이해하는 결과를 낳았다. 아무리 능력이 뛰어나더라도 결정권자들의 신임을 얻지 못하면, 그 어떤 기회의 문도 열리지 않는다.

대학을 갓 졸업하고 청운의 꿈을 품고 직업 전선에 뛰어든 새내기 신입 사원들과 산전수전 다 겪은 경험 많은 경력자와는 조직에 대해 서로 느끼는 바가 다를 것이다. 조직에는 비밀이 있다고 주장하는 신시아 샤피로(Cynthia Shapiro)의 『회사가 당신에게 알려 주지 않는 50가지 비밀(*Corporate Confidential*)』에 나온 14개의 질문에 답하고 당신의 의견을 서로 토론해보라. 저자는 아래의 질문에서 1개라도 "그렇다"라고 응답했다면 "당신은 위험하다"라고 경고하고 있다. 모든 조직에는 제거하려는 조직원들의 블랙리스트가 있다. 또한 무슨 일이 있어도 보호하려는 조직원들의 명단도 있다.

- **당신의 이름은 어디에 올라 있는가? 다음 리스트 중에서 당신의 생각과 일치하는 항목에 체크하라.**
- **기록을 마쳤으면 서로 느낀 점을 토의해보라.**

	조직의 비밀 ('나의 상사는~' or '나의 동료는~')	Check		응답이유
		Yes	No	
1	내가 옳다면 조직은 상사보다 내 편을 들어줄 것이다.			
2	내 업무 공간은 최대한 나의 개성을 발휘해 꾸며야 한다.			
3	내가 맡은 업무는 책임지고 알아서 처리하는 게 좋다.			
4	노동법은 부당해고로부터 직원을 보호해 준다.			
5	능력이나 실적이 뛰어나면 승진이나 연봉은 자연스럽게 따라온다.			
6	실적이 좋으면 당연히 높은 인사고과를 받을 수 있다.			
7	어려운 문제가 생기면 동료나 인력개발팀 담당자와 상의한다.			
8	조직과 상사는 똑똑하고 유능한 인재를 원한다.			
9	직장에서 말하지 못했던 불만 사항은 회식 때 자연스럽게 꺼내는 게 좋다.			
10	조직은 재정적 어려움 때문에 어쩔 수 없이 정리해고를 단행한다.			
11	조직은 직원들을 신뢰해야 한다.			
12	직장 사람들은 가족이나 마찬가지다.			
13	직접 하기 어려운 말은 이메일로 전달하는 게 편하다.			
14	휴가는 재충전의 시간이므로 한꺼번에 몰아서 장기간 다녀오는 것이 좋다.			
관련의견				

| 표 6-2 | 종합진단 비교표

진단내용	본인 진단점수	팀 진단점수	타인진단 점수			본인-타인 최대 차이
			상사	동료	부하	
조직의 비밀						

- 본인과 타인 간의 점수 차이가 클수록 원인을 잘 점검하고 개선할 필요성이 있다.
- 보다 자세한 진단 결과의 내용은 제1장의 '해석 및 요령'을 참조하라.

질문과 답변
Q & A

Q3 신뢰의 리더

'신(信)'이란 단어를 뜻글자인 한문으로 풀어보면 사람 인(人) 변에 말씀 언(言)이 믿을 신(信)자다. 조직 내에서의 신뢰 문제는 매우 중요한 문제다. 오늘날 고객의 요구와 경쟁 압력, 새로운 형태의 고용 계약은 신뢰받는 리더십이 그 어느 때보다 중요해졌다는 점을 시사한다. 동료 간, 부서 간, 지역 간, 국가 간에 강하고 깊은 신뢰와 연대감으로 운영되는 조직을 만드는 것이 리더의 성공에 이르는 '보물상자'이다.

신뢰는 문화처럼 손으로 만질 수 없는 것이지만 가시적인 프로세스에서 나오는 하나의 '결과'로 생각하면 된다. 신뢰는 리더십의 기초이며, '참' 리더는 인격과 신뢰 그리고 지도력을 갖춘 사람을 일컫는다. 신뢰를 상실하면 리더로서의 지도력은 급격하게 상실된다.

기록을 마쳤으면 자신의 내용 중 1~2가지만 서로 소개한다. 과정을 마쳤으면 이 프로그램을 통해서 느낀 점을 서로 토의하라.

(1) 사람들의 신뢰를 잃는 가장 빠른 방법은 무엇이라 생각하는가?

____

____

(2) 당신은 사람들의 신뢰를 얻기 위해 어떻게 하고 있으며, 또 어떻게 유지관리하고 있는가?

____

____

04 모르는 사람 길 인도하기

리더십 훈련 게임 중에는 '모르는 사람 길 인도하기'란 프로그램이 있다. 먼저 리더십 지도자가 교육생 중 세 명을 앞으로 불러낸 다음 그들의 눈을 안대로 가리게 한다. 그리고 그들이 전혀 모르는 세 명을 불러내 각각 짝을 맞추도록 한다. 그런 다음, 눈을 가린 세 명을 데리고 정해진 목표 지점을 돌아오도록 한다. 세 명 모두가 최선을 다하겠지만 생각 외로 시간이 걸린다.

그다음 이제 눈을 가린 사람들이 직접 같은 교육생들 중 가장 친한 사람을 골라 그 사람이 자신을 인도하도록 한다. 두 번째 게임의 결과는 첫 번째와 비교하여 시간이 얼마나 걸릴까? 똑같은 거리를 걸었지만 첫 번째 게임보다 훨씬 빨리 돌아오는 것을 우리는 확인할 수 있을 것이다. 위와 같은 게임이 의미하는 것은 무엇일까? 리더에게 어떤 덕목이 있어야 팔로워들이 안심하고 따라갈까?

기록을 마쳤으면 자신의 경험을 서로 교환해보라. 과정을 마쳤으면 이 프로그램을 통해서 느낀 점을 서로 토의하라.

05 해병대 리더십

낙엽은 떨어져도 소리가 없고
새는 울어도 눈물이 없고
해병은 죽어도 말이 없다.

누군가 해야 할 일이라면 내가 하고
언젠가 해야 할 일이라면 지금 하고
피할 수 없는 일이라면 차라리 즐겨라.

해병은 전쟁터에서 결코 외롭지 않다.
왜냐하면 해병은 절대 전우를 버리지 않기 때문이다.

위 문구를 읽고 해병대가 던지는 리더십의 의미를 파악하고, 여전히 해병대에 지원하는 지원자가 많은 이유를 이야기하라.

06 영향력 있는 리더

당신의 조직을 움직이는 업계 '파워 스타'는 과연 누구인가? 리더십의 핵심이 영향력에 있다는 것은 이제는 거의 상식처럼 공유되어 있다. 그런데 막상 영향력 있는 리더로 자신을 만들어 간다는 것이 그리 쉽지가 않다. 공동체이든 조직이든 어떤 리더십을 가진 지도자를 만나느냐에 따라서 그 모습이 크게 달라진다는 것을 우리는 잘 알고 있다. 자신이 속해 있는 조직의 스타와 당신에게 강력하게 영향력을 준 '파워 리더'에 대해 서술하라.

기록을 마쳤으면 자신의 내용 중 2~3가지만 서로 소개한다. 과정을 마쳤으면 이 프로그램을 통해서 느낀 점을 서로 토의하라.

(1) 파워 리더 그는 누구이며 당신과는 어떤 관계였는가?

____

____

____

(2) 파워 리더 그 사람은 당신을 어떻게 대하였는가?

____

____

____

(3) 그 사람은 당신 자신에 대하여 어떻게 생각하였는가?

(4) 지금 당신은 그 사람의 리더십에 대해 어떻게 생각하는가?

(5) 그 사람이 그렇게 행동한 이유는 무엇인가?

07 신뢰성 자기평가(Self-Assessment)

21세기 현대인들은 수많은 인간관계에 노출되어 있음에도 불구하고 오히려 외로움과 고립감을 느끼고 있다. 우리 시대가 요구하는 것은 리더십에 대한 새로운 개념도 중요하지만 기존의 개념에서도 충분히 찾을 수 있다. 즉, 세련된 '신세대' 리더가 아니라 성실하고, 선하고, 겸손하고, 믿을 수 있는 리더, 진실하고, 이타적인 리더가 필요하다. 그러나 오늘날 명성(名聲)은 과대평가되고 신뢰(信賴)는 과소평가되었다. 위대한 리더의 인간관계도 그 시작은 사소한 것이었다.

시중에는 다른 사람을 끌어들이는 화법이나 매너, 인맥을 만드는 기술이나 인간관계에 관한 수많은 서적들이 나와 있다. 그러나 자신이 다른 사람과 마음을 열고 신뢰를 쌓았던 경험을 떠올려 본다면 단지 빼어난 외모나 세련된 매너, 뛰어난 커뮤니케이션 능력을 보인다고 해서 마음이 열리지 않는다는 사실을 알게 될 것이다.

사람의 마음을 얻는 데는 특별한 법칙이 있는 것이 아니다. 다른 사람들의 사소한 이야기를 기억해주고, 공유할 수 있는 추억을 만들고, 다른 사람들의 꿈을 응원하고, 누구나 알고 있지만 평소에 잊고 지내거나, 너무 사소하다고 생각해서 간과해버린 디테일한 말과 행동의 차이에서 사람들은 마음의 빗장을 풀게 되고 바로 이것이 신뢰를 구축하고 마음과 마음을 연결시켜 줄 것이다.

기록을 마쳤으면 서로 자신의 내용을 발표하고 분석해본다. 과정을 마쳤으면 이 프로그램을 통해서 느낀 점을 서로 토의하라.

(1) 만약에 당신의 부하들이 스스로 리더를 선출할 수 있다면, 그들이 원하는 리더의 자질은 어떤 것이겠는가?

(2) 그들이 당신을 리더로 선출할 것인가?

(3) 누가 당신을 따르기로 선택한다면 그 이유는 무엇인가?

08 열십(+)자로 본 나의 품성과 능력

용비어천가에 '뿌리 깊은 나무는 바람에 아니 뮐새'라는 구절이 나온다. 뿌리가 깊은 나무는 세상의 온갖 풍파에도 쉽게 흔들리지 않는다는 의미다. 아무리 작은 나무라도, 뿌리, 줄기, 잎으로 구성되어 있으며, 세월을 이겨낸 깊게 뻗은 나무는 쉽게 흔들리거나 뽑히지 않으며, 알찬 열매를 맺을 수 있다. 이때 줄기, 잎, 열매가 인간으로 비유하면 능력, 육체, 외모이고, 뿌리가 품성, 정신, 인격이라 할 수 있다.

리더의 인격, 즉 인간적 품성은 매우 중요하다. "자기 자신의 위치에 만족하는 사람, 가치관이 뚜렷한 사람, 자신의 가치관에 따라 사는 사람, 자기 수양이 된 사람만이 다른 사람을 이끌 수 있기 때문이다." 그리고 리더라면 조직원이 들고 온 문제를 해결해 줄 수 있는 전문 지식과 통찰력이 있어야 한다. 업무능력은 '주머니 속의 송곳'과 같아서 언젠가는 드러난다. 그러므로 깊이 있는 실력을 키워야 한다. 나의 품성과 능력을 아래 열십자표에 의거하여 나는 어느 위치는 어디에 속하는지 자기 진단을 해보라.

기록을 마치고, 자신의 위치를 서로 소개한다. 과정을 마쳤으면 이 프로그램을 통해서 느낀 점을 서로 토의하라.

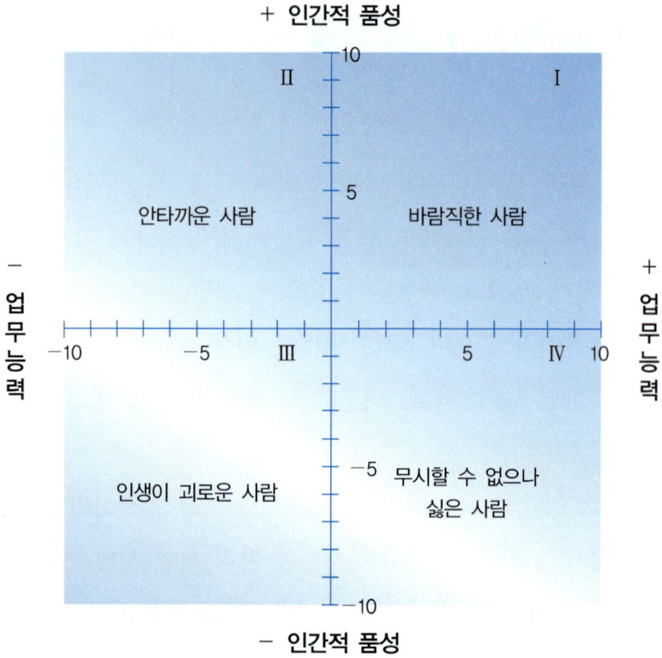

- 보다 신뢰성 있는 평가를 원한다면 진단표에 제시된 문답 중에서 자신이 더욱 개선되기 위해 노력해야 하는 항목을 조직(집, 학교, 공동체, 직장)에서 가장 신뢰하는 사람이나 정직한 피드백을 줄 것 같은 사람을 선정하여 경청한다.

나는 힘이 센 강자도 아니고, 그렇다고 두뇌가 뛰어난 천재도 아니다.

날마다 새롭게 변했을 뿐이다. 그것이 나의 성공 비결이다.

'Change(변화)'의 g를 c로 바꿔보시오.

'Chance(기회)'가 되지 않는가?

변화 속에 반드시 기회가 숨어있다.

– 빌 게이츠(Bill Gates) –

CHAPTER 7

이미지와 감성 리더십

이미지(Image)란 말의 원래 뜻은 '마음의 모양'이다. 안의 생각이 밖으로 드러난다는 의미다. 얼굴이란 말도 '얼이 담긴 꼴'(얼꼴)에서 유래한 것이다. 그만큼 이미지란 그 사람의 생각과 밀접한 관계가 있다. 그렇다면 이미지는 왜 그렇게 중요할까? 리더가 딱딱한 모습을 하고 있으면 아무도 그 사람에게 다가가려 하지 않고, 가더라도 말문을 닫는다. 그래서 "인상을 쓰고 있는 상사는 직원 앞에서 파업을 하는 것과 같다."는 서양 격언이 나온 것이다. "웃으면 웃을 일이 생긴다. 좋은 이미지는 성공 뒤에 오는 것이 아니라 성공보다 앞서는 것이다." 따라서 많은 사람을 만나고, 새롭게 시작될 성공적인 인간관계를 위해서 나의 좋은 면을 보여 주기 위해서 끊임없이 노력하는 것을 우리는 페이스 워크(Facework : 이미지 관리)라고 한다.

인재를 육성하지 못하고 오히려 망치고 마는 인재 킬러형 관리자들의 근본적인 문제점은 감성지능의 결핍에서 비롯된다. 감성지능이 리더가 갖추어야 할 기본 자질로 자리매김하고 있는 이유는 조직환경이 변화하는 속도만큼이나 조직 구성원들의 가치관 또한 너무나 빠르고 다양하게 변화하고 있기 때문이다. 리더는 구성원들의 다양한 가치관과 시각을 제대로 이해하고 수용할 수 있어야 하며, 구성원들과 밀접한 상호 관계를 형성해야 한다. 즉, 풍부한 감성지능을 바탕으로 한 감성적 리더십을 발휘할 수 있어야 한다. 그래야만 조직 구성원들의 니즈(needs)를 충족시킬 수 있고 만족감을 느끼게 할 수 있다. 이를 통해 구성원들이 최선을 다해 일에 몰입하게 함으로써 높은 성과 창출이 가능한 것이다.

01 이미지 메이킹 자가진단

예로부터 지도자를 논할 때 흔히 신언서판(身言書判)[1]을 이야기한다. 풍채와 얼굴 모습, 말하는 태도와 조리가 있게 말하기, 필체와 문장력, 그리고 판단력이다. 여기서 제일 먼저 보는 부분이 '신'(身)에 해당하는 부분이다. 얼굴 생김새와 체구가 어떤가를 제일 먼저 보는 것이다. 왜 신(身)을 먼저 보는가? 외형이 가장 잘 드러나고 보기 쉽기 때문이다. '언서판'으로 갈수록 판단하기가 약간 미묘한 부분이 있다. 지도자라면 모두 갖춰야 하는데 현대 비주얼(Visual) 사회에선 신(身)이 특별히 중요하다.

신(身)은 외모와 옷차림이 합쳐진 것이다. 외모의 잘 생기고 못 생김이 아니라 외부로 나타나는 기(氣)가 좋아야 한다는 뜻이다. 특히 눈에 기가 살아 있어야 된다는 것이다. 얼굴의 착색이 맑아야 하고 건강한 신체를 의미한다. 건강한 육체에서 건전한 정신이 나온다. 아무리 사람의 인물이 출중하더라도 심신의 건강을 상실할 때 그 사람의 재능은 무용지물이 되고 만다.

영국의 존 로크(John Locke, 1632~1704)는 "건강한 신체에 건강한 정신은 인생 최대의 행복"이라고 했으며, 베이컨(Francis Bacon, 1561~1626)도 "건강한 육체는 정신의 사랑방이며, 병든 육체는 그 감옥이다."라고 했다. 따라서 우리는 행복의 가장

1 칸트의 순수이성비판을 보면 무엇을 잘 안다고 할 때, 그 무엇을 범주 또는 카테고리라고 한다. 즉, 수량, 성질, 양태, 관계이다. 우리가 어떤 인물을 알 때 사람의 수량부터 파악한다. 나이는 몇 살이고, 키와 몸무게 등은 어떠하며, 성질에서는 악한 사람인가 선한 사람인가를 따져본다. 관계에서는 그 사람이 무엇에 관계된 사람인가를 계산해보며, 양태에서는 그 사람의 모양이나 태도 등을 알아본다. 이런 방법보다 좀더 깊이 있게 인물을 평가하는 법이 신언서판이다. 즉, 관상, 목소리, 문장력, 판단을 말한다.

중요한 조건인 심신의 건강을 유지하기 위해서 평상시 건강관리를 잘 해서 병들고 후회하는 일이 없도록 해야 한다. 아무리 사람의 인물이 출중하더라도 심신의 건강을 상실할 때 그 사람의 재능은 무용지물이 되고 만다는 것이다.

21세기는 이미지가 경쟁이다. 나를 좀더 나답게 만드는 '재미있는 놀이'가 바로 이미지 메이킹이다. 시간과 장소와 상황에 맞게 나의 이미지를 연출한다면 반드시 어디서나 호감 이미지로 다시 한 번 만나고 싶은 사람이 되어 대인 관계에서 성공의 지름길이 될 것이며 성공하는 리더의 길이 열린다.

21세기는 이미지 리더십을 갖춘 사람이 성공하는 시대다. 성공하는 리더는 주어진 아름다움보다 자신에 대한 관심으로 스스로 아름다움을 창조해 가는 적극성을 갖춘 사람이다. 말과 행동, 걸음걸이와 표정, 대인 관계에서 교양이 높은 사람이야말로 21세기 성공하는 리더들의 이미지 연출 상(像)이다. 이제 이미지 리더십이라면 이상하게 웃는 법이나 가르치고, 본래 모습과는 동떨어진 연출된 이미지를 강요하는 것으로 연상하면 안 되고, 그 사람이 살아온 삶의 대차대조표임을 명심해야 한다.

다음의 항목별로 긍정은 1점, 부정은 0점으로 합산하여 이미지에 대한 자가 테스트를 해보라.

이미지 메이킹 자가진단 ('나의 상사는~' or '나의 동료는~')		Check	
		Yes	No
1	나는 내가 말하는 것보다 상대의 말을 많이 듣는 편이다.		
2	나는 미래의 목표를 위해 하루 한 시간 이상 투자한다.		
3	나는 상대의 마음을 잘 파악하고 배려하려고 노력한다.		
4	나는 유머감각이 있다.		
5	나는 이야기 소재가 풍부해 어느 장소에서든 적합한 대화를 할 수 있다.		
6	나는 좋은 이미지를 위해 과감한 변신도 두렵지 않다.		

7	나는 항상 허리를 쭉 펴고 바른 자세를 유지한다.		
8	나를 돋보이게 하는 색을 확실히 알고 있다.		
9	나만의 스타일이 있다.		
10	나에게 어울리는 이미지를 잘 알고 있다.		
11	나의 내면의 성향을 정확히 분석하고 있다.		
12	나의 매력을 30초 안에 5가지 이상 쓸 수 있다.		
13	나의 신체치수를 정확히 알고 있다.		
14	내 체형을 보완하는 패션 스타일을 알고 있다.		
15	내게 어울리는 헤어스타일을 잘 알고 있다.		
16	때와 장소, 상황에 따라 옷을 입을 수 있다.		
17	매너 있고 예의바르다는 이야기를 자주 듣는다.		
18	옷을 계획 구매한다.		
19	탈모 예방을 위해 노력하고 있다.		
20	표정이 환하다는 이야기를 자주 듣는다.		
관련의견			

결과분석

(1) 18~20점은 최상의 이미지이다.
(2) 14~17점은 좋은 이미지이나 조금만 노력하면 최상의 이미지를 가질 수 있다.
(3) 10~13점은 부족한 부분을 찾아 노력이 필요하다.
(4) 9점 이하는 전문가의 도움이 필요하다.

| 표 7-1 | 종합진단 비교표

진단내용	본인 진단점수	팀 진단점수	타인진단 점수			본인-타인 최대 차이
			상사	동료	부하	
이미지 메이킹						

- 본인과 타인 간의 점수 차이가 클수록 원인을 잘 점검하고 개선할 필요성이 있다.
- 보다 자세한 진단 결과의 내용은 제1장의 '해석 및 요령'을 참조하라.
- 보다 신뢰성 있는 평가를 원한다면 진단표에 제시된 문답 중에서 자신이 더욱 개선되기 위해 노력해야 하는 항목을 조직(집, 학교, 공동체, 직장)에서 가장 신뢰하는 사람이나 정직한 피드백을 줄 것 같은 사람을 선정하여 경청한다.

02 나의 감성지능(Emotional Intelligence)은?

감성지능의 비판자나 옹호자를 막론하고 아직은 많은 사람들이 감성지능을 수치를 통해 적절하게 나타낼 수 있다는 가능성에 대해서 의심을 품고 있다. 그것은 아마도 감성적 능력이 워낙 다양하고 개인마다 상이해서 똑같은 기준으로 평가하고 측정하기 어렵다고 믿기 때문인 것 같다. 그런 한편, 오랜 연구의 결과 낙천주의나 침착성과 같은 감성지능의 특정한 측면들은 거의 완벽하게 수치로 표시될 수 있다는 것이 확인되었다. 다음은 대니얼 골먼(Daniel Goleman)이 인터넷을 통해 비공식적으로 실시한 설문조사에서 사용한 질문들이다. 이를 통해 당신의 감성지능이 어떠한지 적어도 대략적으로는 알 수 있을 것이다.

당신의 행동에 가장 근접하는 항목을 고르시오.

1. 당신은 지금 극심하게 흔들리는 비행기 안에 앉아 있다. 어떻게 행동할 것인가?

① 대수롭게 생각하지 않고 조용히 읽던 책을 계속해서 읽는다.

② 스튜어디스의 태도를 통해 상황의 심각성을 확인해보는 한편, 신중을 기하기 위해 구명조끼를 한번 만져본다.

③ ①와 ②의 중간쯤

④ 모르겠다. 생각해 보지 않았다.

2. 당신은 딸을 데리고 몇몇 이웃 아이들과 함께 놀이터에 갔다. 갑자기 한 아이가 울기 시작하였는데, 다른 아이들이 그 아이와 같이 놀려고 하지 않기 때문이다. 당신은 어떻게 행동할 것인가?

① 간섭하지 않는다. 아이들끼리 해결해야 한다.

② 어떻게 하면 다른 아이들이 그 아이와 같이 놀아줄까 하고, 우는 아이와 골똘히 생각한다.

③ 그 아이에게 울지 말라고 친절하게 이야기한다.

④ 장난감을 가지고 우는 아이의 마음을 다른 곳으로 돌린다.

3. 당신은 좋은 성적을 기대했던 중간시험을 망쳤다. 어떤 반응을 보이게 될 것인가?

① 다음 번 시험에서 성적을 올리기 위해 학습계획을 세우고, 이 계획을 철저하게 지키려고 결심한다.

② 앞으로 더 열심히 노력하려고 결심한다.

③ 스스로에게 그 과목의 성적은 그렇게 중요하지 않다고 말하며, 그 대신 성적이 더 잘 나온 과목에 집중한다.

④ 교수와 면담하고 성적을 다시 한 번 생각해 달라고 부탁한다.

4. 당신은 전화로 어떤 물건을 판매하는 일을 하고 있다. 그런데 당신이 접촉했던 15명의 고객이 당신의 전화에 퇴짜를 놓았다. 어떻게 행동할 것인가?

① 오늘은 그만두고, 내일은 운이 좋아질 것이라고 생각한다.

② 성공하지 못한 원인이 무엇인가 골똘하게 생각한다.

③ 다음번에 전화할 때에는 다른 방식으로 시도하고, 그렇게 빨리 포기해서는 안 된다고 자신을 타이른다.

④ 이것이 당신에게 옳은 직업인지 스스로 물어본다.

5. 자동차를 운전하던 당신의 여자 친구는 위험스럽게도 바로 앞으로 끼어드는 다른 자동차 운전자 때문에 몹시 흥분해 있다. 그녀를 달래기 위해 당신은 어떻게 행동할 것인가?

① "잊어버려, 아무 일도 생기지 않았잖아"라고 말한다.

② 그녀의 마음을 돌리기 위해 그녀가 좋아하는 음악 CD를 꽂는다.

③ 그녀와의 연대감을 나타내기 위해 그녀의 욕설에 동조한다.

④ 당신도 최근 비슷한 경험을 한 일이 있는데, 알고 보니 그 차가 구급차였다고 이야기해 준다.

6. 당신과 당신 파트너 사이에 시비가 고조되었다. 둘은 매우 흥분한 상태이고 사실이 아닌 비난으로 서로를 공격한다. 어떻게 행동할 것인가?

① 20분간의 휴식을 제의하고, 그 뒤에 토론을 계속한다.

② 싸움을 중지하고 더 이상 아무 말도 하지 않는다.

③ 유감스럽다고 말하고, 상대방에게 용서를 청한다.

④ 정신을 차리고 잠시 숙고한 후, 당신이 할 수 있는 범위에서 당신의 관점을 설명한다.

7. 당신의 세 살 된 아들은 태어나면서부터 낯선 사람과 환경에 소심한 반응을 보이며 수줍음을 매우 많이 탄다. 어떻게 대처할 것인가?

① 그 아이가 선천적으로 수줍어한다는 사실을 인정하고, 그를 자극하는 상황으로부터 어떻게 하면 보호할 수 있을까 숙고한다.

② 아동심리학자와 상담한다.

③ 아이를 의도적으로 새로운 사람과 상황에 가능한 한 많이 직면하게 하여 불안을 떨치게 한다.

④ 아이에게 다른 사람과 많이 어울릴 수 있도록 용기를 주는 경험들을 하게 한다.

8. 당신은 어렸을 때 피아노를 배웠으나 오랫동안 치지 않았다. 이제 당신은 피아노를 다시 치려고 한다. 어떻게 하면 가장 빨리 배울 수 있을까?

① 일정한 시간에 매일 연습한다.

② 어렵지만 습득할 수 있는 곡을 선택하여 연습한다.

③ 실제로 피아노를 치고 싶은 기분이 들 때 연습한다.

④ 상당한 노력을 들여야만 칠 수 있는 매우 어려운 곡을 선택하여 연습한다.

결과 분석

질문 1 : ①=5 ②=20 ③=20 ④=0

답변 ④는 당신은 스트레스 반응을 의식하고 있지 않다는 것을 보여준다.

질문 2 : ①=0 ②=20 ③=0 ④=0

②가 최상이다. 감성지능이 있는 부모는 아이들의 부정적 감정을 감성훈련의 기회로 삼는다. 부모는 아이들에게 흥분하는 원인을 이해하게 하고, 자신들의 감정을 인지하고 다른 방법의 행동 가능성들을 찾도록 도와준다.

질문 3 : ①=20 ②=0 ③=0 ④=0

최상의 답변은 ①이다. 스스로의 동기부여는 무엇보다도 행동계획을 세우고 관철시킬 수 있는 능력 속에서 나타난다.

질문 4 : ①=0 ②=0 ③=20 ④=0

최상의 답변은 ③이다. 낙관주의는 감성지능의 한 표시이다. 낙관주의자는 어려운 상황을 배울 기회가 있는 도전으로 간주한다. 자기 자신에게 책임을 돌리거나 절망하지 않고 끝까지 견디며 항상 새로운 것을 시도한다.

질문 5 : ①=0 ②=5 ③=5 ④=20

최상의 답변은 ④이다. 몹시 화가 난 사람에게는 그 분노에 대해 설명을 해주면 빨리 진정된다. 분노의 원인으로부터 그 사람의 마음을 돌려놓거나 왜 화를 내는지 충분히 이해가 간다고 말해 주는 것도 도움이 된다.

질문 6 : ①=20 ②=0 ③=0 ④=0

최상의 답변은 ①이다. 흥분한 육체가 다시 진정될 때까지의 시간으로써 20분 혹은 그 이상의 시간 동안 싸움을 중단 하는 것은 적절하다. 둘 중 하나 혹은 둘 다 맥박이 180일 때에는 상대방의 감정과 논증을 받아들일 자세가 차단되어 있다.

질문 7 : ①=0 ②=5 ③=0 ④=20

④가 최상의 답변이다. 선천적으로 수줍어하는 아이들은 불안을 야기하는 상황에 점차적으로 직면한다면, 자신이 갖고 있는 억제감을 쉽게 떨칠 수 있다.

질문 8 : ①=0 ②=20 ③=0 ④=0

성취 가능한 도전의 경우에 잠재되어 있던 성취능력이 가장 잘 발휘될 수 있다.

(1) 60점 이하 : 당신은 무조건 EQ를 개발해야 한다. 지능지수와는 달리 감성지수는 상대적으로 쉽게 향상될 수 있다.
(2) 60~120점 : 당신의 감성지수는 평균이다.
(3) 121점 이상 : 당신은 상당한 감성지능을 소유하고 있다. 당신은 자신과의 문제가 없으며, 자신의 감정을 잘 다루고 다른 사람을 잘 이해할 뿐 아니라 다른 사람들과 다감하게 교제하는 편이다.

| 표 7-2 | 종합진단 비교표

진단내용	본인 진단점수	팀 진단점수	타인진단 점수			본인-타인 최대 차이
			상사	동료	부하	
감성지능						

- 본인과 타인 간의 점수 차이가 클수록 원인을 잘 점검하고 개선할 필요성이 있다.
- 보다 자세한 진단 결과의 내용은 제1장의 '해석 및 요령'을 참조하라.
- 보다 신뢰성 있는 평가를 원한다면 진단표에 제시된 문답 중에서 자신이 더욱 개선되기 위해 노력해야 하는 항목을 조직(집, 학교, 공동체, 직장)에서 가장 신뢰하는 사람이나 정직한 피드백을 줄 것 같은 사람을 선정하여 경청한다.

03 타인의 욕구파악 정도는?

생활의 달인은 '신체지능', 조각가나 건축가는 '공간지능', 동식물 연구가들은 다양한 생물체와 교감할 수 있는 '자연지능'이 뛰어나다면 종교나 정치지도자는 타인의 욕구를 파악하는 '대인지능'이 뛰어나다. 마거릿 대처 전 영국 총리는 단순하면서도 강력한 이야기와 그 이야기에 일치하는 삶의 궤적을 통해 많은 이들의 마음을 바꾸는 데 성공했고, 빌 클린턴 전 미국 대통령은 타인의 마음을 알아채는 대인지능이 뛰어났으며 넬슨 만델라 전 남아공 대통령, 간디 등은 언어 및 비언어적 표현(행동)에 능했다.

'타인의 마음'을 변화시키는 것은 '진심'과 '열린 사고'라는 것을 명심하고 당신의 고객들은 누구이며 그들의 욕구는 무엇인지 생각해보라. 1은 '부족함', 5는 '잘하고 있음'을 나타내는 1부터 5까지의 척도를 가지고, 당신이 고객들을 얼마나 잘 이해하고 있으며 또 그들을 더욱 잘 이해하기 위해 무엇을 할 수 있는지 스스로를 평가해본다.

당신은 고객들의 욕구를 얼마나 효과적으로 알아내는가?

1 타인 욕구파악 리스트

	타인 욕구파악 리스트 ('나의 상사는~' or '나의 동료는~')	Check 부족함-잘하고 있음
1	고객이나 다른 사람이 정보를 입수할 때까지 기다리기 보다는 스스로 솔선수범하여 고객의 욕구를 파악한다.	1 2 3 4 5
2	당장의 문제해결 보다는 장기적인 욕구를 다루는데 일차적인 초점을 맞춘다.	1 2 3 4 5

3	고객의 욕구를 알아내기 위해 시간을 계획하고 조정한다.	1 2 3 4 5
4	프로젝트나 일을 기획할 때 관련된 모든 사람들의 욕구를 고려한다.	1 2 3 4 5
5	고객들이 나를 이해해 줄 것을 요구하기 전에 먼저 고객의 욕구를 이해하기 위해 노력한다.	1 2 3 4 5
6	고객의 욕구를 파악하기 위해 다른 사람들의 지식이나 기술을 활용한다.	1 2 3 4 5
7	고객의 욕구에 관한 최신의 정보를 지속적으로 보완하고, 변화가 일어나면 이를 인식한다.	1 2 3 4 5
관련의견		

| 표 7-3 | 종합진단 비교표

진단내용	본인 진단점수	팀 진단점수	타인진단 점수			본인-타인 최대 차이
			상사	동료	부하	
타인 욕구파악						

- 본인과 타인 간의 점수 차이가 클수록 원인을 잘 점검하고 개선할 필요성이 있다.
- 보다 자세한 진단 결과의 내용은 제1장의 '해석 및 요령'을 참조하라.
- 보다 신뢰성 있는 평가를 원한다면 진단표에 제시된 문답 중에서 자신이 더욱 개선되기 위해 노력해야 하는 항목을 조직(집, 학교, 공동체, 직장)에서 가장 신뢰하는 사람이나 정직한 피드백을 줄 것 같은 사람을 선정하여 경청한다.

2 고객 평가시스템

(1) 당신과 함께 일하는 2~3명의 중요한 고객은 누구인가?

(2) 당신은 그들의 기대를 얼마나 잘 충족시키고 있는가? 대답할 수 있는가?

(3) 당신의 조직에는 고객들의 기대를 얼마나 잘 충족시키고 있는지를 항상 알 수 있도록 하기 위한 시스템과 과정들이 있는가?

04 첫인상 혁신 프로젝트

비슷한 기능의 상품을 살 때 기왕이면 디자인이 좋은 것을 선택하듯이 사람 역시 첫인상(First Impression)에서 호감을 주는 사람에게 마음을 여는 것은 당연한 이치다. 사실 처음에는 겉모습으로 평가받을 수밖에 없다. 그리고 첫인상은 사진처럼 한번 찍히면 바꾸기 어렵다. 깔끔하고 세련된 외모(Appearance)를 가졌다고 속 빈 강정으로 치부하는 것은 비시대적 발상이다. 조심하라, 첫인상은 영원하다. 활을 멀리 정확하게 쏘려면 시위를 강하게 당겨야 하듯이 첫인상에 대해 충격적인 이야기를 많이 들을 필요가 있다. 주위사람(가족, 친구, 직장동료)을 통해 설문조사를 해보고 철저하게 각성하는 계기를 가져라.

기록을 마쳤으면 자신의 첫인상 내용 중 3~4가지만 서로 소개한다. 과정을 마쳤으면 이 프로그램을 통해서 느낀 점을 서로 토의하라.

(1) 저를 처음 보았을 때 어떤 느낌을 받았습니까?
- 긍정적인 느낌 : ______________________________
- 부정적인 느낌 : ______________________________

(2) 저의 첫인상에 점수를 준다면 10점 만점에 몇 점을 주시겠습니까? 그 이유를 설명해 주십시오.
- 신뢰감 : __________점 / 그 이유는? ______________________________
- 자신감 : __________점 / 그 이유는? ______________________________
- 친근감 : __________점 / 그 이유는? ______________________________
- 교양수준 : ________점 / 그 이유는? ______________________________

(3) 말투에는 문제가 없습니까?(사투리, 반말을 쓰는지, 말을 더듬는 정도, 속도와 크기, 전체적으로 거슬리는 부분 등)

___

___

___

(4) 저와 대화를 하다보면 어떤 느낌을 받습니까?(교양정도, 자신감, 솔직함 등)

___

___

___

(5) 저의 외모에 대해 평가해 주십시오. 혹시 혐오감이나 거슬리는 부분이 있다면 말씀해 주십시오(여드름, 치아, 피부, 헤어스타일).

___

___

___

(6) 저의 표정에 대해 이야기해 주십시오(밝은 편인지 어두운 편인지 미소를 짓는지 아닌지 차가운 편인지 따뜻한 편인지 등).

___

___

___

(7) 저의 옷차림에 대해 지적해 주십시오.

- 가장 어울리는 복장 : ___
- 가장 어울리지 않는 복장 : ___

(8) 저의 몸동작이나 신체 행동 중에서 고쳐야 할 습관이 있다면 어떤 것입니까(다리 떨기, 안경 만지기, 손톱 뜯기, 물건 만지작거리기, 팔짱 끼고 듣기 등)?

____

____

____

(9) 저의 성격 중에서 당신의 마음에 쏘옥 드는 부분이 있다면?

____

____

____

(10) 전체적으로 저의 첫인상 개선을 위해 충고를 해주신다면?

____

____

____

(11) 지금까지 오면서 혹 내게서 배운 점이 있다면 한 가지만 말해 주겠어요?

____

____

____

(12) 주위에 첫인상이 참 좋다고 생각하는 분이 있다면 추천해 주십시오.

____

____

____

사진 속 인물에 대한 당신의 인상은 어떠한가?
이들의 신뢰감, 자신감, 친근감, 교양수준은 어떻게 느껴지는가?

5 첫인상(First Impression) 자가진단

실험을 위하여 두 집단에서 어떤 인물에 대한 16가지 특성을 똑같이 설명했다. 다만 순서는 정반대였다. 집단A : 똑똑하다→근면하다→즉흥적이다→비판적이다→고집이 세다→시기심이 많다. 집단B : 시기심이 많다→고집이 세다→비판적이다→즉흥적이다→근면하다→똑똑하다. 인물에 대한 인상 평가 결과는? 완전히 달랐다. 집단A가 집단B에 비해 소개받은 인물을 훨씬 더 긍정적으로 평가했다. 이는 1946년 사회심리학자 솔로몬 애시(Solomon Ash)가 행한 실험이다. 이른바 '초두 효과(Primacy Effect)'다. 첫인상이 그만큼 중요하다는 의미다. 첫인상(First Impression)이 중요한 이유는 자칫 한번 잘못 주게 되면 좀처럼 바꾸기 어렵기 때문이다. 이 테스트는 심리적 측면과 보편성을 토대로 한국인의 정서와 느낌을 고려해 만들어진 첫인상 분석 자료이다.

다음의 문항들을 솔직한 마음으로 선택하라.

1. 누군가를 기다릴 때

① 입구 쪽을 바라본다. ② 다른 생각에 잠긴다.
③ 읽을거리를 보고 있다. ④ 다른 사람과 통화를 한다.

2. 외출할 때 주로 귀하의 옷차림은?

① 주로 정장을 한다. ② 별로 신경 쓰지 않는다.
③ 내가 편하게 입는다. ④ 상황에 맞게 입는다.

3. 처음 만나는 모임에서 귀하의 행동은?

① 소개해 주는 사람이 있으면 인사를 나눈다.

② 먼저 찾아다니면서 인사한다.

③ 다른 사람이 찾아와서 인사할 때까지 기다린다.

④ 조용히 앉아 있는다.

4. 약속 시간은?

① 먼저 가서 기다리는 편이다.
② 정시에 칼같이 나타난다.
③ 조금씩 늦는 편이다.
④ 잘 못 지키는 편이다.

5. 귀하의 웃는 눈을 자세히 보면?

① 다정하게 웃고 있다.
② 멍하니 보고 있다.
③ 노려보는 듯하다.
④ 약간 웃는 듯하다.

6. 귀하의 웃는 입을 자세히 보면?

① 입꼬리(口角)가 위로 올라가 있다.

② 입이 일자(一)형이다.

③ 아래로 처져 있다.

④ 한쪽은 올라가고 한쪽은 내려가 있다.

7. 악수를 할 때 상대방의 손을 어떻게 잡는가?

① 힘 있게 잡는다.
② 부드럽게 잡는다.
③ 상대방이 잡도록 내밀고 있다.
④ 가볍게 댄다.

8. 처음 만나는 사람에게 주로 쓰는 인사말은 무엇인가?

① 안녕하십니까? ② 말은 거의 하지 않는다.

③ 반갑습니다. ④ 처음 뵙겠습니다.

9. 대화를 나눌 때 주로 상대방의 어디를 보는가?

① 눈을 본다. ② 얼굴 전체를 본다.

③ 입과 목 부위를 본다. ④ 얼굴을 보기가 민망하다.

10. 귀하가 어린 아기를 보고 웃으면 그 아기의 반응은?

① 고개를 돌린다. ② 방긋방긋 웃는다.

③ 눈을 피한다. ④ 삐쭉거리다가 울어 버린다.

| 그림 7-1 | 메라비언(Albert Mehrabian)의 법칙

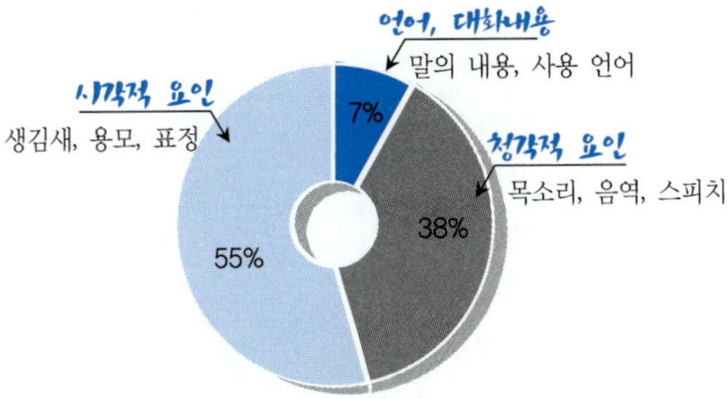

몸짓(Visual) : 말하는 톤(Vocal) : 단어(Verbal)

= 55% : 38% : 7%라는 법칙이다.

일명 BMW(Body language, Mood, Word) 기법이다.

〈추천 답〉 1. ① 2. ④ 3. ② 4. ① 5. ① 6. ① 7. ① 8. ③ 9. ① 10. ②

06 '말'로 그림 그리기

우리는 상대방에게 내 의사를 전달하기 위해 '말'을 사용하지만, 사실 그 모든 말들을 그림으로 떠올리고 있다는 사실을 알고 있는가? 한마디의 말, 그것이 모든 것을 변화시킨다. '혀'와 '펜'은 강하다.

부정적인 단어와 긍정적인 단어가 주는 느낌을 서로 말을 주고, 받으면서 느낌을 그림으로 그려보라. 과정을 마쳤으면 이 프로그램을 통해서 느낀 점을 서로 토의하라.

1 부정적인 단어가 주는 느낌은?

질식시키다	비 극	질 병	파 멸
침을 뱉다	비열하다	복수하다	고통을 받다
긴 장	위 협	고발하다	금지하다
깨뜨리다	거짓말	죽 음	폭발하다
비난하다	부랑자	고 뇌	유치장
경 고	고통스럽다	스트레스	상처를 주다
경멸하다	속이다	비 판	죽이다
마 약	짱난다	폭 동	파괴하다
당황하다	불 지르다	훔치다	바 보
전 쟁	자 해	우울하다	어리석다
살 인	미워하다	찌르다	실직하다
독 약	강 간	감 옥	손해를 입히다

(1) 위의 단어 중에서 나에게 가장 부정적인 느낌을 주는 단어 3개는?

① ______________________________

② ______________________________

③ ______________________________

2 긍정적인 단어가 주는 느낌은?

깨달음	평 화	기 도	사 랑
이 해	포 용	자 유	중 용
용 서	미 소	칭 찬	이 익
좋 다	포 옹	축하하다	웃 다
주 말	보 상	공 평	편안함
친 절	키 스	즐거움	초 대
강아지	고 요	희 망	긍 정
휴 가	승리	엄 마	안전하다
친 구	신 뢰	성 공	열 정
파 티	믿 음	평 화	살아 있다
따뜻함	동 의	놀 다	멋지다
배 려	용 기	개선하다	천 국

(1) 위의 단어 중에서 나에게 가장 긍정적인 느낌을 주는 단어 3개는?

① ______________________________

② ______________________________

③ ______________________________

07 리더십 시조(時調) 혹은 노래 만들기

시조(時調)는 고려 중엽에 발생한 한국 전통 시 양식의 하나이다. 조선 시대에 유행한 시조는 형태적 특성에 따라 몇 갈래로 나뉘는데 이중 평시조는 초장, 중장, 종장으로 구성되는 3장과 하나의 장에 2개의 구로 구성되는 6구와 45자로 한국어의 특징인 끊어 읽기 단위인 12번의 음보로 구성되는 틀을 지닌 정형시이다. 잠시 동안 리더와 리더십에 대한 시상을 떠올리고 시조 한편을 창작해보라. 그리고 더 나아가 역량이 된다면 작사가가 되어 리더십을 잘 표현하는 노래를 작사해보고, 영화 시나리오도 작성해보라.

기록을 마쳤으면 자신의 시조나 노래를 서로 소개한다.

꿈☆은 이루어진다.

08 자기 이미지 연출 스킬

우리는 가끔 "저 사람보다 왜 능력이 없는 걸까?"하고 스스로를 탓해본 적이 있을 것이다. 그리고 "저 사람은 어쩜 저렇게 탁월한 능력을 지녔을까?"하고 부러워했었던 적도 있을 것이다. 어디 그뿐인가? "성실하면 뭐든지 할 수 있다."는 신념으로 항상 열심히 일하는데, 사람들이 자신을 능력 있는 사람으로 인정해 주지 않아 고민했던 적도 있을 것이다. 그러나 실제로 얼마나 많은 능력을 가지고 있느냐는 그리 중요하지 않다. 문제는 자기 자신을 능력자로 보이도록 만드는 '연출력'이다. 한 사람의 능력은 머리가 명석하고 그렇지 않음에 따라 결정되는 것이 아니라 얼마나 명석해 보이고, 우수해 보이는지에 따라 결정되는 것이다. 물론 성실하게 열심히 일하는 것도 좋겠지만 그 위에 기술까지 더 할 수 있다면 금상첨화가 되는 것이다.

자신을 포장하는 기술(자기 연출법)은 이제 더 이상 남에게 잘 보이기 위한 가식적인 행위가 아니다. 이것은 현대 사회를 살아가는 사람이라면 반드시 갖추어야 할 요건이며 미덕이 되었다. 다양한 상황에서 자신의 능력을 충분히 내보일 수 있는 연출력이 절실하게 요구되는 시대인 것이다. 집에서는 단정치 못한 차림으로 잠만 자는 아버지라 할지라도 막상 고객과 상담해야 한다면 최고의 자신을 연출하기 위해서 수단과 방법을 가리지 않고 작전을 짜듯이, 최고의 자기 연출을 위하여 피나는 노력을 해야 하는 것이다. 이것은 남을 움직이고 남에게 호감을 살 수 있는 유일한 방법이기 때문이다. 그렇다면 어떤 방법을 동원해야 멋지고 능력 있어 보일까?

항상 구석 자리만을 선호하는 사람이라면 내일부터는 많은 사람들을 접할 수 있는 출입구 쪽 자리에 앉고, 자주 불안에 떠는 사람이라면 눈을 자주 깜빡이지 말며, 자기주장에 자신감이 없는 사람이라면 명확한 강조어를 활용하여 자신의 주장에 힘을 싣고, 쉽게 활력을 잃는 사람이라면 아침 햇살을 받으며 하루를 시작하며, 체형에 콤플렉스가 있는 사람이라면 '복장술'로 커버하거나 소품을 적극 활용하고, 자신감이 없는 사람이라면 준비와 리허설로 '근심의 싹'을 없애야 한다. 상대를 주시하는 눈빛과, 상황에 따라 강약을 조절하면서 말하는 화술 기법, 자신의 주장을 펼칠 때의 적절한 액션, 자신의 긴장감을 감추기 위한 위장술, 상대의 호감을 끄는 옷차림 등 하나하나 열거하면 할수록 늘어만 가는 것이 바로 자기 이미지 연출법이다. 이들 중 어느 하나의 요소라도 제대로 조화를 이루지 못하면 어색해 보이기 마련이다. 그럼 이제 자신의 가정에서 자기연출 스킬과 조직에서의 자기연출 스킬에 대한 자기만의 노하우를 서로 교환해 본다.

기록을 마쳤으면 자신의 이미지 연출 스킬 중 1~2가지만 서로 소개한다. 과정을 마쳤으면 이 프로그램을 통해서 느낀 점을 서로 토의하라.

(1) 가정에서 자기연출 스킬

___

___

___

(2) 조직에서 자기연출 스킬

___

___

___

09 대통령의 이미지

최근 이슈가 되고 있는 PI(President Identity), CI(Corporate Identity)와 UI(University Identity)는 관련분야의 리더가 되기 위한 자기관리 기술이다. 21세기는 이미지가 경쟁이다. 나를 좀더 나답게 만드는 재미있는 놀이가 바로 '이미지 메이킹'이다.

이미지 리더십으로 성공한 대표적인 정치인은 케네디 대통령이다. 미국의 유명한 정치 컨설턴트 딕 모리스(Dick Morris)는 그의 책 『파워 게임의 법칙(*Power Plays*)』에서 "닉슨은 정말 얼굴이 못생겨서 케네디에게 졌을까?"라며 미국 정치사상 최초로 이루어진 닉슨과 케네디의 TV토론회에 얽힌 일을 재미있게 표현하고 있다. "케네디는 마치 미인 선발대회 참가자인 양, 매력적으로 비치도록 꾸미고 또 연기하는 데 집중적인 노력을 기울였다. 그는 다른 학자들이 지적한 것처럼 '기꺼이 미디어 상품이 되고자 했던' 최초의 정치인이었다. 그러나 케네디의 매력적인 이미지는 타고난 것이 아니었다. 평생에 걸친 오랜 연구와 노력, 근면의 산물이었다."

반면에 닉슨은 대통령으로서 어떻게 비쳐지는가에 대해서는 전혀 의식하지 않았다. 외모를 갖추면 실제적인 내면이 떨어져 보인다는 비시대적인 발상이 그를 실패로 이끌었던 것이다. 이때 마키아벨리(Niccolo Machiavelli)의 말이 의미심장하다. 그는 "사람들은 당신이 어떤 사람인 것처럼 보이는가는 알지만 실제로 당신이 어떤 사람인지를 아는 사람은 없다."고 했다. 이겨야 할 때 이겨야 꿈을 이룰 수 있는 것이다. 그럼 당대 최고의 리더가 할 수 있는 대통령의 이미지를 살펴보도록 합니다.

이승만 대통령하면 유아독존(唯我獨尊)적 이미지라면, 윤보선 대통령은 귀족(貴

族)형 이미지이다. 이승만 대통령의 신체적 특징이라면 흰머리와 독특한 목소리, 박정희 대통령은 단구(短軀)의 야무짐, 최규하 대통령은 거구(巨軀), 전두환 대통령은 대머리, 노태우 대통령은 부처 귀, 김영삼 대통령은 큰 입 등이다. 그럼 한국의 전 현직 대통령에 대한 이미지(성격, 신체적 특징, 애칭 등)를 서로 논의해보자.

이승만→윤보선→박정희→최규하→전두환→노태우→김영삼→김대중→노무현→이명박 대통령에 이르기까지 10명의 대통령에 대한 이미지를 미국의 링컨→케네디→클린턴→부시→오바마 대통령과 비교하면서 그들의 이미지 리더십이 국격(國格)과 대외 신뢰도와 국가에 어떠한 영향을 미치고 있는지 연구해 보라.

기록을 마쳤으면 자신의 내용 중 3~4가지만 서로 소개한다. 과정을 마쳤으면 이 프로그램을 통해서 느낀 점을 서로 토의하라.

10 기업 이미지

최근 “최고 경영자가 살아야 회사가 산다.”라는 전략으로 각 그룹들은 재벌총수의 이미지 관리(PI : President Identity)에 ‘올인’하고 있다. 그룹의 얼굴, 움직이는 기업 간판으로서 재벌총수들은 손짓 하나, 말 한 마디가 어떤 광고보다 큰 영향력을 갖는다. 재벌총수의 이미지가 기업의 생사를 좌지우지할 수 있다. 따라서 재벌총수의 이미지와 기업 이미지의 일체화 작업을 실시하고 있다. 재벌총수가 공식석상에서 하는 말부터, 옷차림까지 치밀한 계산이 밑바탕에 깔려 있는 것이다.

4대 그룹 임직원들의 이미지를 성별 · 체형 · 나이 · 키 · 얼굴형 등에 관한 조사 결과에 의하면 ‘삼성맨’하면 큰 키에 롱다리 체형의 30대 초반 남성을 떠올리면서 세련된 사무직 느낌, 지적이며 유행에 민감한 정장 스타일의 옷차림을 떠올렸다.

현대 · 기아자동차 그룹은 사각형 얼굴의 40대 초반의 씩씩한 모습인 남성적 강인함을 그려냈다. 그리고 유행을 타지 않는 정장 스타일의 옷차림을 연상했다. SK는 20대 중반의 젊은 피인 남성을 꼽아 가장 젊은 인상을 지닌 그룹으로 평가됐다. 그리고 유행에 민감한 영파워의 캐주얼한 옷차림을 연상했다. LG는 4대 그룹 중 여성 이미지를 떠올리는 대학생이 가장 많았다. 친근하고 편한 느낌을 주며 SK와 같은 유행에 민감한 캐주얼 차림이 어울린다고 답했다. 이러한 현상은 삼성전자가 주력이라 전문직 이미지가 강한 것이고, 자동차가 핵심인 현대 · 기아차는 과거 현대그룹 모태인 건설 · 중공업 등 생산 직종의 이미지가 강인함을 떠올리게 했을 것이다. LG는 유명 여배우의 오랜 기간 광고와 화장품 때문이 아닌가 하는 해석이 가능하다(중앙일보, 2008. 5. 8.).

이미지가 경쟁력이다. 기업의 대외 이미지는 호감도와 신뢰도로써 21세기 국제 사회에서 매우 중시되는 소프트 파워의 결정적 요소이다. 좋은 인상을 고객에게 심어준다는 것은 무엇일까? 중요한 고객이 인식하고 있는 기업이나 제품의 총체적인 인상을 간과한 채 '많은 노출 = 좋은 인상'이라는 방정식이 성립하는 것은 아닐까? 겉과 속이 같은 토마토처럼 그룹 이미지와 사실과의 일체화가 중요하다. 그럼 이제 내가 생각하는 기업 이미지를 이야기하고 개선해야 할 점을 토론하라.

11 감성적 '자연 탐색법'을 통한 리더십 의미 찾기

자연은 우리에게 다양한 아이디어를 제공해 주고, 자연은 우리가 직면하는 문제를 해결할 수 있는 해결 방안을 제시한다. 그래서 우리는 자연 탐색을 통해서 '리더와 리더십'의 의미를 추구할 수 있다. 따라서 "나는 어떻게 하면 내 인생의 의미와 결부한 리더십을 창조하고 이를 행동으로 옮길 수 있을까?"라는 주제로 자연, 동식물에 비유하여 나의 리더십을 말하고 자연이 주는 의미를 찾아보자.

자연 탐색 방법은 먼저 앞의 주제에 대해 강의실에서 5분 동안 개인별로 숙고하고, 긴장을 풀고 떠오르는 생각을 메모하면서 숙고한다. 그런 다음 개인별로 강의실을 떠나 자연으로 나간다. 단, 산책은 반드시 혼자서 해야 한다. 사전에 정하지 않은 코스를 따라 어떤 특정한 목표 없이 산책을 한다. 서로 말을 해서는 안 되며 무엇보다 침묵이 중요하다.

정해진 시간이 지나면 모두 강의실로 돌아온 후 자연 탐색 과정에서 발견한 아이디어와 느낀 감정을 적은 '기록 시트'를 서로 보여 주거나 발표를 통해 피드백하라.

12 리더의 러브레터

'노블레스 오블리주'란 고귀한 신분에 따르는 도덕적 의무와 책임을 뜻한다. 정당하게 대접받기 위해서는 명예만큼 의무를 다해야 한다는 것이다. 즉, 지도층의 솔선수범을 말하며, 특권에는 반드시 책임이 따르고 고귀한 신분일수록 의무에 충실해야 한다.

리더십이란 "캄캄한 밤에 방향을 알 수 없을 때 무리를 이끌고 어둠을 건너는 것이다." 리더는 제 방향을 가리켜 주는 사람이다. 리더십이란 어떤 상황에서도 길을 잃지 않는 것이다. 그리고 리더는 마지막까지 책임진다. 당신이 리더가 된다면 이 땅에서 가장 사랑하고 책임져야 할 사람은 누구인가? 그 사람에게 지금 '사랑편지'를 한번 써보시오.

기록을 마쳤으면 자신의 아이디어와 느낀 감정을 적은 '기록 시트'를 서로 보여 주거나 발표하고, 과정을 마쳤으면 이 프로그램을 통해서 느낀 점을 피드백하라.

성공을 위해 성장(盛裝, 잘 차려입음)하라.
이미지가 중요하다. 사람들은 밖으로 드러나는
방식에 따라 당신을 판단한다.

– 브라이언 트레이시(Brian Tracy) –

PART 5

온도 리더십

Human Leadership

휴먼 네트워크시대의 휴먼 리더

세상을 이끌어 온 것은 '힘'이 아니라 '섬김'이다.

Leadership Workbook

물은 100도에 끓고, 얼음은 0도에 언다. 맛있는 맥주의 적정 온도는 4~5도로 보고 있다. 와인의 적정 온도는 화이트 와인의 경우 7~10도 사이가 가장 적당하다. 집에서 페인트칠하기 적정한 온도는 25도, 직장에서 생산성 높이기 적정한 온도는 22~25도, 목욕하기 적정한 온도는 35~40도이다. 너무 뜨거운 물로 목욕을 할 경우 피부 보호막이 손상되어 오염물질, 세균, 박테리아에 취약할 수 있기 때문이다.

머리는 냉철하지만, 인간의 마음은 따뜻한 온정이 있어야 하고, 꿈에 대한 열정은 끓어올라야 한다. 이러한 리더는 인간에 대한 배려와 예의로 부하들을 지원하는 '간디형 리더십'을 가진 최고경영자(CEO)를 선호하는 것과 같은 맥락이다.[1] 이처럼 온도(溫度)의 리더십은 사물에 대한 적정한 온도를 의미하는 것으로 '인간미', 상황에 따른 '냉정', '온정', '열정'을 지닌 리더를 말한다.

일본은 흔히 가깝고도 먼 이웃으로 표현된다. 머리와 가슴도 그런 사이이다. 머리에서 가슴까지 거리는 30cm에 불과하다. "사랑이 머리에서 가슴으로 내려오는 데 칠십 년 걸렸다."라고 강남성모병원에서 투병 중일 때 김수환 추기경은 이 짧은 거리를 이렇게 솔직하게 표현한 적이 있다. 그렇다. 머리에서 가슴까지의 마(魔)의 30cm를 극복해야 한다. 인간미와 도덕성으로 충만한 마음을 지닌 사람만이 자신의 능력을 맹신하지 않고 겸손할 수 있고 남에게도 베풀 수 있는 것이다. 이러한 마음이 부하사랑으로 이어지는 것이다. 이것이 바로 필자가 원하는 '온도의

1 분석적이고 강한 책임감이 있으며 업무의 시스템화를 중시하는 '포드형'(28.8%)도 인기 있는 CEO 유형에 들었다. 이와 함께 도전과 경쟁을 즐기며 미래지향적이고 성과를 중시하는 '빌게이츠형'(17.3%)과 낙천적이고 사교적이며 남에게 인정받는 것을 중요시하고 발로 뛰는 활동가인 '처칠형'(11.1%) 등이 뒤를 이었다(동아일보, 2006. 5. 3).

리더십'이며 휴먼 리더십(Human Leadership)이다.

휴먼 네트워크 시대의 휴먼 리더

아날로그 시대는 잘 먹혀들던 리더십이라도 디지털 시대에는 아무리 클릭(Click)해도 부팅(Booting)되지 않는 일들이 비일비재하다. 신입 부하일 때는 일을 곧잘 했건만, 윗자리로 승진하면 무능해져 버린 상사를 자주 본다. 리더의 리더십 덕목은 변한다. 초년 때는 예절, 실무자 때는 업무처리 능력, 상사 때는 리더십이 능력의 핵심이 된다. 개성이 강하고 주장이 뚜렷한 사원들과 함께 일하면서 사기도 올려주고, 부하가 영혼까지도 바칠 수 있게 하는 탁월한 리더는 어떤 사람일까? 아마도 인격을 갖춘 휴먼 리더일 것이다.

온도의 리더십을 지닌 휴먼 리더는 클라이언트를 사람으로 보고 인격체로 대한다. 조직의 동반자, 삶의 동반자로서 존중한다. 신하를 지배하는 왕의 권위적 자세가 아니라, 동등한 인격체로서 존중하고 부하의 역할을 존중한다. 대화를 할 때에도 경어를 사용하고 이름을 불러준다. 클라이언트를 클라이언트로만 보지 않고 사람으로 보는 리더가 휴먼 리더이다.

휴먼 리더는 부하 동료의 감정과 생각을 존중한다. 부하도 사람이기 때문에 생리적인 작용도 있고, 심리적인 작용도 있다는 것을 인정한다. 부하는 힘들어하는데, 제3자가 보기에는 대수롭지 않은 일인 경우도 있다. 이때 휴먼 리더는 힘들어하는 마음을 함께 나누고 회복시켜준다. 부하가 기쁜 일이 있을 때나 슬픈 일이 있을 때, '기쁨지수'와 '슬픔지수'를 함께 하는 것이다. 그러면 모든 열정을 다해 상사를 따르게 될 것이다. 부하의 감정을 인정하는 상사가 휴먼 리더이다.

휴먼 리더는 부하사랑에 기쁨이 있다. 부하 사랑의 눈높이만큼 조직 장악력이 강화된다. 좋은 상사는 부하에게 친절해야 한다는 말을 실행한다. 그리고 부하의 사생활에 관심을 가져준다. 사생활의 대화를 전혀 하지 않으면서 업무적인 대화를 하면 잘 먹혀들지 않는다. 휴먼 리더는 때로는 상사이기도 하고 때로는 형님 같기도 한 상사로서 업무뿐만 아니라 인생을 논의할 수도 있다. 부모님의 건강은 어떠신지, 친구들과는 어떻게 지내는지, 개인적으로 해결해야 할 문제나 고민거리를 함께 풀어준다.

책임은 내가 지고 공은 부하에게 돌리는 리더

휴먼 리더는 신입사원에게는 지도해 주고, 능력자에게는 위임해 주는 리더이다. 부하직원들은 배울 것이 있고, 가르쳐 주고, 키워주는 상사를 좋아한다. 맡기지도 않고 가르쳐 주지도 못하는 리더는 실무자의 때를 벗지 못한 것이다. 부하의 품질 수준이 리더의 품질이다. 부하의 능력이 리더의 능력이다. 리더는 새로운 개선의 방법을 고안해 내고 그것을 가르쳐서 숙달시키고 위임하는 부하 육성의 사이클을 따라 관리해 나가야 한다. 가르치고 위임하는 양 날개를 사용하여 부하가 맹활약할 수 있도록 하는 리더가 휴먼리더이다.

책임은 내가 지고 공은 부하에게 돌리는 리더가 휴먼 리더이다. 리더는 부하를 통해 자기를 실현하는 사람이다. 부하가 상을 받고 조직 목표가 달성되면 리더에게 그것이 바로 포상인 것이다. 부하가 과업을 성취했다고 칭찬을 받으면, 그것으로 리더도 만족해야지, "내가 그렇게 하라고 시켰다."라는 식으로 공을 가로채려고 하면, 부하들의 협동을 받아 내는 일은 끝장이다.

솔선수범하여 부하들이 도전할 행동을 보여주는 상사가 휴먼 리더이다. 가르쳐서 배우는 것보다 보면서 배우고, 시켜서 하는 것보다 본 대로 하는 것이다. 현장형 리더는 항상 현장에 있으면서 친절의 시범도 보이고, 솔선수범으로 진열도 할 때, 리더십이 확보되는 것이다. 프로야구의 감독처럼 현장에 있으면서 작전 사인을 주고받으면서 함께 뛰어야 한다. 등만 잘 두들겨준다고 따르던 시대는 지나갔고, 상사 스스로가 실력으로 무장되어 솔선수범할 때, 추종하고 협력한다.

세종은 자신을 낮추는 자세와 겸양의 처세,

생명을 우선으로 생각하는 정신, 사람을 위한 세상 경영,

약자를 위한 경영, 의사결정의 핵심, 마음과 행동의 경영, 인재경영을 하였다.

특히 국정 철학의 정립과 소통, 자신과의 소통,

백성들과의 소통, 2인자 시스템을 통한 소통을 실천하였다.

– 김헌식, 『세종, 소통의 리더십 중에서』 –

CHAPTER 8

서번트와 겸손의 리더십

예수는 열두 제자들의 발을 씻어 주던 세족식(洗足式)이라는 극적인 장면을 통해 '비전 제시'의 리더십을 '비전 수행' 쪽으로 옮겼다. 현실에서 많은 리더와 조직들이 어려움을 겪는 부분이 바로 '비전에 맞춰 행하기'이다. 예수님은 제자들의 발을 씻어 주면서 비전을 몸소 행하셨다. 섬기는 리더십은 비전에서 시작되고 사람들이 그 비전에 맞추어 실천하도록 돕겠다는 섬기는 마음으로 끝난다. 제자들의 발을 씻어 주면서 "내가 너희에게 본보기를 보였으니 내가 너희에게 한 것처럼 너희도 다른 사람에게 하라."는 가르침을 전한 것이다.

예수의 리더십은 강력했지만 이는 뜻밖에도 자신을 낮추어 모든 사람을 섬기는 '종의 리더십'이었다. 이러한 예수님의 서번트 리더십은 기독교인 리더뿐만 아니라 모든 리더가 함께 연구하고 실행해야 할 리더십이다. 그리고 오늘날 남을 죽이지 않으면 살 수 없는 살벌한 무한경쟁의 시대에 가장 절실히 요구되는 삶의 방식이며 어떠한 조직에도 적용될 수 있고 또 적용되어야 할 리더십이다. 조직 내에서 팀 리더십이 발휘되려면 리더가 결정적인 손해를 보면 된다. 예수는 자기가 죽었기 때문에 영원히 산 것이다. "Somebody has to die." 그렇다! 팀에서 가장 잘난 사람이 죽으면 된다. 그래서 예수의 섬김 리더십은 '만기가 없는 저축'과도 같은 것이다.

자기진단
Dynamic self-Question

01 '수도회' 성인의 서번트 리더십 생각해보기

필자가 인지하고 있는 가톨릭 수도회는 많지만 정확한 정신과 성인의 리더십에 대해서는 여전히 미완성인 채 연구가 진행 중이다. 우선 대표적인 수도회의 성인을 소개하면, 첫째 살레시오회의 창립자인 돈보스코(Don Bosco, 1815~1888년) 성인이다. 돈보스코는 가난한 청소년들을 위해 학교, 기술학교, 야간학교, 일요학교, 기숙사 등 다양한 교육기회를 교회 안에 심은 대영성가이며 2천 권이 넘는 책을 집필한 놀랄만한 작가이기도 하다.

돈보스코회의 교육정신은 '예방교육(Preventive System)'이라 하여 권위적 태도, 강요와 억압, 겉꾸밈을 허용하지 않는다. 그리하여 돈보스코는 '귓속말'이라는 독특한 방법으로 효율적인 권고와 훈계를 하였다. 그는 가능하면 처벌보다는 칭찬을 통해 그들이 올바른 행동을 계속 실천하도록 하였고, 젊은이들에게 열심히 일하도록 가르치고 독려했을 뿐 아니라 언제나 몸소 '근면'의 모범을 보였다. 그는 노년에 이르러서도 일을 줄이거나 중단하지 않았다.

이러한 돈보스코의 교육원리와 방법을 요약하면, 첫째 이성(대화와 합리적 설득),[1] 둘째, 종교(복음적 신앙 교육),[2] 그리고 사랑(자애로움)[3]이라는 세 단어로 축약된다. 청

1 젊은이들은 강열한 감정과 감각, 쾌락에 따라 살아가고자하는 부추김을 많이 받고 있다. 하지만 교육자들의 임무는 젊은이들로 하여금 숙고하고 자신의 삶을 돌아보며 검토하도록 도와주는 것이다. 따라서 이성은 고귀한 인간 존엄성의 기초가 된다. 개인에 잠재해 있는 가장 좋은 에너지를 발전시키고자 하는 교육은 소년, 소녀들로 하여금 올바르게 생각하고 판단하여 평가하며, 비판적인 사람이 되도록 인도하는 기술이기도 하다.

2 돈보스코는 예방교육에서 종교 없이는 참된 교육이 불가능하다고 확신하였다. 다만, 종교를 단순한 신심행위나 철학적 개념으로 본 것이 아니라, 교육 활동에 근본적인 영감을 주는 준거의 틀로 생각하였다. 즉, 종교를 평화, 선, 기쁨 그리고 그리스도 안에서의 구원을 체험하는 가장 높은 경지의 행복 체험으로 보았다.

3 요한 보스코의 예방 교육은 이 시대에 더욱 더 중요해진 사랑(자애)에 기초한 것이다. 젊은이들과 함께 생

소년들의 내면에 숨겨져 있는 무궁한 잠재력과 재능을 발굴해 내는 탁월한 기술자였던 돈보스코는 그의 비결에 대해 “청소년들을 사랑하는 것만으로는 부족합니다. 그들이 사랑받고 있다고 느끼게 해야 합니다.”라는 금언을 남겼다.

둘째, 프란치스코회의 창설자 아씨시의 성 프란치스코(San Francesco d'Assisi, 1182~1226년) 성인이다. 맨발의 성인 프란치스코는 종파를 초월하여, 개신교는 물론 종교를 모르는 이들까지도 성인의 삶에 매력을 느끼고 있다. 아씨시의 성 프란치스코는 시대를 초월한 성인으로 받아들여지고 있다. 그는 거리의 설교자로서 궂은 노동으로 생계를 유지하며 사람들에게 간단한 설교를 하고 가난한 사람이나 병이 든 사람, 특히 한센병 환자들을 돌보는데 주력하였다.[4]

“너희는 거저 받았으니 거저 주어라. 주머니에 금이나 은이나 동전을 넣어 가지고 다니지 말 것이며, 식량자루나 여러 벌의 옷이나 신발과 지팡이도 가지고 다니지 말라.”는 말씀을 실천함으로써 가난하고 겸손한 모습을 통하여 살아 계신 그리스도의 모습을 보여주었다. 프란치스코는 어디를 가든 어디에 있든 아무것도 가지려 하지 않았고 집도 없었다. 당나귀 집에서 산 적도 있다. 자루처럼 단순하게 생긴 옷에 밧줄로 허리를 묶고, 구두도 없이 맨발로 다녔다. 먹는 것도 충분하지 않아 거지처럼 얻어먹고 살았지만, 인격이 재산보다 더 중요하고 사람들이 물건들보다 더 중요하게 여겼다. 그는 모든 사람을 존경했고, 이는 그가 사람들을 사랑했을 뿐 아니라 그들 모두를 존경했다. 그리고 프란치스코는 늘 기도했다. 때로는 관상기도를, 때로는 자유기도를, 때로는 형제들과 함께 공동기도를, 때로는 노동기도를 바쳤다.

셋째, 한자로 음차(音叉)하면 분도회(芬道會)라고 부르고, '평화(Pax)'와 '기도하고

활하고 그들과 어울리면서 그들을 있는 그대로 인정해 주고 존중해 주며 그들의 잘못과 연약함까지 이해하는 자애로운 모습을 보여주는 것이다. 돈보스코에게 자애는 사랑과 합리성, 선량함과 친근함, 우정, 순결, 애정, 의리, 친절, 기쁨과 신뢰, 배려 등을 표현하는 복합적인 언어이다.

4 우리나라에서도 성 프란치스코의 영성을 본받는 프란치스코 수도회가 들어와 있는데, 작은 형제회, 꼰벤뚜알 프란치스코 수도회, 카푸친 작은형제회가 바로 그곳이다.

일하라(Ora et labora)'가 모토인 성 베네딕도회(Ordo Sancti Benedicti, OSB)의 누르시아의 베네딕토(Sanctus Benedictus de Nursia) 성인에 대해 연구해 보기를 권한다.

넷째, 이냐시오 데 로욜라(San Ignacio de Loyola) 성인의 처음 꿈은 기사였다. 하지만 전쟁 때 다리를 심하게 다친 후 군인으로 살겠다는 꿈은 물거품이 되고 말았다. 그는 33살에 학교로 돌아가서 43살에 대학을 졸업했다. 그 후 1534년 예수회(Societas Iesu)[5]를 창설한 그는 군인의 수호성인인 동시에 만학도들의 수호성인, 피정과 영성수련의 수호성인이기도하다.

신비와 경건, 지성과 열정을 바탕으로 교회를 뿌리로부터 새롭게 한다는 자각 속에 전적으로 헌신한 그의 생활은 극히 검소하고 엄격했다. 수면 시간은 3시간에 불과했으며, 많이 기도하고 고신극기(苦身克己)하고 소박한 음식에 만족하며, 때로는 몇 개의 군밤으로 식사를 때운 적도 있었다. 이처럼 자신에 대해서는 엄격했으나 다른 사람에 대해서는 매우 관대하며 온순하고, 매우 사랑에 가득 찬 태도로 대했다. 제자들에게도 항상 그와 같이 할 것을 권하였다. 그리고 자신을 아끼지 않고 남의 행복을 위해 일해야 된다는 것을 늘 생각하고 있었다. 그럼 필자가 독자적으로 정한 이냐시오 데 로욜라의 리더십을 진단해보도록 하겠다.

다음의 문장에 스스로 솔직히 자기 자신을 진단해보기 바란다.

이냐시오 데 로욜라의 리더십 찾기 ('나의 상사는~' or '나의 동료는~')		Check 그렇지 않다-그렇다
1	자기검열 과정을 거치면서 습관적인 자신의 약점을 인식하고 있다.	1 2 3 4 5
2	뿌리 깊은 습관과 편견, 문화적 편애를 제거할 수 있다.	1 2 3 4 5
3	팀과 개인의 목표를 위해 미래의 성취에 도전한다.	1 2 3 4 5

5 예수회는 수도원의 외향적인 모습보다는 인적·내적인 관계를 더 중시하며, 수도자의 복장도 갖추지 않는다. 이처럼 전통적인 수도회의 모습 중에서 필요 없다고 생각되는 것은 과감하게 탈피하는 모습을 보여 준다. 수도원의 전통적인 것은 그대로 받아들이되 전도 활동이나 형식은 시대의 흐름에 맞게 자유롭게 변형을 하고 있다.

4	긍정적이고 애정 어린 태도로 타인을 대한다.	1 2 3 4 5
5	타인과의 상호작용에 길잡이 역할을 하는 세계관을 개발하고 있다.	1 2 3 4 5
6	자신임무에 대해 기동성과 신속성 등 발 빠른 대응을 선호한다.	1 2 3 4 5
7	팀에 대한 결속력이 강하고, 공동의 목표에 순종할 수 있다.	1 2 3 4 5
8	자신과 타인의 잠재력에 가치를 둔다.	1 2 3 4 5
9	다른 사람과 모든 창조물에 대해 깊은 존중감을 지니고 있다.	1 2 3 4 5
10	변화하는 세계에 대비하고 현상에 대한 문제의식을 가지고 있다.	1 2 3 4 5
11	아낌없이 자신의 권한을 위임할 수 있다.	1 2 3 4 5
12	언제나 보살피거나 가르치고 배운다.	1 2 3 4 5
13	자신을 사랑받고 있는 중요한 사람으로 인식하고 있다.	1 2 3 4 5
14	도전과제의 해결책을 찾아서 대담하게 혁신하고 적응한다.	1 2 3 4 5
15	좋은 아이디어를 알아보고 확대한다.	1 2 3 4 5
16	말보다는 행동으로 드러내는 역할 모델을 수행한다.	1 2 3 4 5
17	'영신수련'을 거쳐 자기 자신을 체험하여 성숙한 자아가 인식되었다.	1 2 3 4 5
18	기회를 중요시 여기고 독창적인 도약대를 마련하고 있다.	1 2 3 4 5
19	명석하고 탁월한 인물을 만들어 내고 있다.	1 2 3 4 5
20	목표로 하는 것을 이룰 수 있다는 자신감을 늘 가지고 있다.	1 2 3 4 5
21	자신의 장점과 단점을 객관적으로 잘 이해하고 있다.	1 2 3 4 5
22	새로운 시도에 대해 비판보다는 대안을 함께 제시한다.	1 2 3 4 5
23	세상의 도전에 인내할 수 있다.	1 2 3 4 5
24	상황이 좋지 않더라도 팀이 결정한 일에 추진함에 있어서 항상 열정에 불타다.	1 2 3 4 5
관련의견		

결과 분석

(1) 110점 이상 : 매우 훌륭함. 당신의 이냐시오 리더십 덕목은 매우 강한 편이다.
(2) 109~100점 이상 : 훌륭함. 당신의 이냐시오 리더십 덕목은 강한 편이다.
(3) 99~90점 이상 : 보통임. 당신의 이냐시오 리더십 덕목은 강한 편은 아니지만 훌륭한 수준도 아니다.
(4) 89~80점 이상 : 부족함. 당신의 이냐시오 리더십 덕목은 안정적인 수준이 아니므로 제시된 항목의 계발에 힘써라.
(5) 79점 이하 : 매우 부족함. 당신의 이냐시오 리더십 덕목은 매우 미숙한 편이다. 제시된 덕목에 노력을 기울일 것이며, 그때까지 당신의 리더십의 성공 여부는 매우 불투명하다.

표 8-1 종합진단 비교표

구 분		이냐시오 로욜라 리더십 요인별 점수			
		자아인식	독창성	영웅적 자질	사 랑
문항번호		1, 5, 9, 13, 17, 21	2, 6, 10, 14, 18, 22	3, 7, 11, 15, 19, 23	4, 8, 12, 16, 20, 24
본인의 점수					
팀 평균점수					
타인 진단 점수	상사				
	동료				
	부하				
본인-타인진단 최대 차이 값					

- 본인과 타인 간의 점수 차이가 클수록 원인을 잘 점검하고 개선할 필요성이 있다.
- 보다 자세한 진단 결과의 내용은 제1장의 '해석 및 요령'을 참조하라.
- 보다 신뢰성 있는 평가를 원한다면 진단표에 제시된 문답 중에서 자신이 더욱 개선되기 위해 노력해야 하는 항목을 조직(집, 학교, 공동체, 직장)에서 가장 신뢰하는 사람이나 정직한 피드백을 줄 것 같은 사람을 선정하여 경청한다.

그밖에 이웃종교인 불교 수도승의 리더십에 대해서도 알고 싶은 것이 있다면 적어 보라. 그리하여 종교의 본질을 더욱 철저하게 살기 위해 수도자로서 살고 있는 이들에게 수도생활의 현 상황을 이해하고, 일반인들은 거리감이 느껴지는 수도생활을 한층 더 친숙하게 느낄 수 있었으면 한다.

- 기록을 마쳤으면 자신의 의견을 서로 교환한다. 과정을 마쳤으면 이 프로그램을 통해서 느낀 점을 서로 토의하라.

"There are two ways of spreading light :
to be the candle or the mirror that reflect it."
"빛을 퍼뜨릴 수 있는 두 가지 방법이 있다. 촛불이 되거나 또는
그것을 비추는 거울이 되는 것이다."
– 이디스 워튼(Edith Wharton) –

질문과 답변
Q & A

Q2 내가 할 수 있는 서번트 활동은?

21세기에는 리더가 부하들보다 우월한 위치에서 조직원을 이끄는 기존의 리더십 패러다임 대신 리더가 열린 마음에서 부하들의 의견을 경청하고, 그들의 성장을 위해 노력하고 헌신하며, 부하들과 함께 더 나은 공동체를 만들어 가는 서번트 리더십이 요구된다. 부드러운 힘이 세상을 바꾸는 것이다.

필자는 교수로서 자신의 배움을 나누고, 세상을 이롭게 하는 것이 하늘이 준 소명이라고 규정했다. 그래서 가장 균형 잡힌 직업이란 70%는 돈을 받으면서, 생활비로 10%는 가족을 위해 사용하고, 10%는 자기계발(독서, 여행, 운동 등)을 위해 사용하고, 10%는 무료 자원봉사(임대아파트 주민, 재소자, 군부대, 복지회관)로, 10%는 내 돈을 직접 쓰면서 하는 것(기부)으로 삶의 방향을 정하였다. 우리는 돈이 없어도 '나눔' 운동이나 어려운 이웃을 찾아가 친구가 되어 준다거나, 어린 청소년을 위해 공부를 가르쳐줄 수도 있다. 여러분의 생각과 행동이 단 한 번이라도 일치한다면 그 다음부터는 아주 쉬워진다. 봉사에 대한 나의 생각과 내가 할 수 있는 봉사는 무엇이 있을까? 적어보고 서번트 리더십을 발휘할 수 있는 리더의 기본 덕목을 직접 실천해보라.

| 보기 | 내가 할 수 있는 서번트 활동
결식아동 도시락 배달, 노인정 청소, 근처 산에 가서 쓰레기 줍기, 후원금 내기

____

____

03 '천사놀이' 하기

살면서 타인에게 큰 도움을 준적이 있는가? 필자는 '천사놀이'를 꾸준히 해보기를 권한다. 인간관계 속에서 사는 우리 자신은 독립된 존재가 아니라 서로를 이해하고 도와주는 상호관계에 있다. 누구도 도움 없이 살 수만은 없고 도움만 받고 살아가는 법도 없다. 도움을 주고받으면서 항상 반복되는 것이 일반적인 삶의 형태이다. 그렇지만 도와줄 수 있는 환경에 있을 때에 다른 사람을 돕지 않는 것은 바람직하지 못한 삶의 자세이다. 하늘의 천사처럼 웃어 주고, 천사처럼 자신보다는 타인을 위해 배려할 줄 알고, 역경에 처한 누군가를 위해 오늘도 두 손 모아 기도해주는 착한 마음을 지니기를 바란다. 타인에게 예쁜 '천사의 날개'를 달아주어라. 이 과정을 통해서 자신이 다른 사람의 필요에 도움을 줄 수 있는 사람이라는 것을 새삼 느끼게 되었으면 한다.

기록을 마쳤으면 자신의 내용 중 2~3가지만 서로 소개한다. 과정을 마쳤으면 이 프로그램을 통해서 느낀 점을 서로 토의하라.

(1) 자신의 이메일이나 문자가 필요로 하는 사람

번 호	이 름	이 유	순 위
1			
2			
3			

(2) 자신의 전화를 기다리는 사람

번 호	이 름	이 유	순 위
1			
2			
3			

(3) 자신의 칭찬을 필요로 하는 사람

번 호	이 름	이 유	순 위
1			
2			
3			

(4) 자신의 사랑이 필요한 사람

번 호	이 름	이 유	순 위
1			
2			
3			

(5) 자신의 기도가 필요한 사람

번 호	이 름	이 유	순 위
1			
2			
3			

04 심리적 거리

우리의 생활주변에는 많은 사람들이 있고 또 이들과 많은 대면 대화를 하고 있다. 그러나 모든 사람이 자신에게 큰 관심을 베풀지 않는 것처럼 자신도 모든 사람에게 큰 관심을 갖기란 어려운 일이다. 심지어 가족 구성원 중에서도 자신에게 많은 관심을 가지고 있는 사람이 있는가 하면 아주 소홀한 사람도 있다. 이 과정을 통하여 자신과 심리적 거리가 가까운 사람, 가까운 일을 생각해 보고 자신의 서번트 리더십과 봉사 리더십을 분석해 보자.

기록을 마쳤으면 자신의 내용 중 1~2가지만 서로 소개한다. 과정을 마쳤으면 이 프로그램을 통해서 느낀 점을 서로 토의하라.

(1) 일과 나와의 심리적 거리

____

____

(2) 주변 친구와 나와의 심리적 거리

____

____

(3) 집안과 나와의 심리적 거리

____

____

05 나의 장례식(Funeral Ceremony)

자신이 죽는다면 주위 사람들이 장례식에 와서 무슨 말을 하고 갈 것 같은가? 자신이 유체 이탈되어 나의 죽은 모습과 장례식 분위기를 상상하면서 자신의 인간관계와 리더십을 재고해보기 바란다(이러한 이미지 트레이닝 방법은 슬픈 음악을 배경으로 들려주면서 자신의 육체에서 영혼이 빠져나가는 모습을 상상한다). 그리고 부모님이 자신을 붙잡고 우는 모습과 친구들이 우는 모습을 상상한다. 자신의 몸은 전혀 움직이지 않고 굳어 있지만 영혼은 죽어있는 자신의 모습을 볼 수 있다. 나는 사람이 말하는 것을 들을 수는 있지만 그들에게 말은 못한다. 그들이 흐느끼면서 차례대로 죽은 나에게 뭔가 말을 한다. 그들이 나를 향해 무슨 말을 하는지 귀담아 듣고 그 내용을 적고 발표한다. 나에게 어떤 느낌과 의미를 주었는지 토의한다. 그런 다음 자신의 삶을 객관적으로 분석해보고 새로운 인생관과 리더십을 정립한다.

기록을 마쳤으면 자신의 내용 중 3~4가지만 서로 소개한다. 과정을 마쳤으면 이 프로그램을 통해서 느낀 점을 서로 토의하라.

(1) 나의 어머니

| 보기 | 괜찮아. 우리 아들. 엄마는 괜찮아. 좋은 데로 갔지? 응. 그래 우리 아들은 착해서 하늘나라에 갔을 거야. 엄마가 여기서 열심히 기도할게. 엄마 걱정하지 말고 거기서 편하게 쉬어. 엄마도 여기서 열심히 살께. 가끔씩 엄마 꿈에 보러 와야 돼. 우리 아들. 착한 우리 아들. 엄마 먼저 두고 가서 미안하다고 거기서 울지 말고. 우리 아들. 내 아가. 거기서도 행복하거라. 내 아가.

___

___

(2) 나의 아버지

| 보기 | 이 불효막심한 놈, 애비 가슴에 말뚝을 박고 이 불효막심한 놈.. 에라 못난 놈..

(3) 그 밖의 가족

| 보기 | 오빠..!! 안 돼!! 가지마.. 안 돼.. 오빠아아.. 가지마..

(4) 가장 친했던 동성친구

| 보기 | 야..이거 장난이지? 너 장난치는 거 좋아하잖아. 지금 이것도 다 장난이지? 이러다 갑자기 눈 번쩍 뜨고 일어날 거지? 그치? 그만 놀리고 이제 일어나라.. 나 진짜 화낸다.. 이제 그만해.. 재미없다.. 빨리 일어나라.. 일어나라고..

(5) 자신을 가장 잘 아는 이성 친구

| 보기 | 너. 내가 허락도 안했는데 죽는 게 어딨어. 우리 같은 날 죽기로 해놓고. 왜 또 약속을 어기니.. 나는 어떻하라고.. 나 절대 용서 안 해 줄거야.. 보고 싶은데. 듣고 싶은데.. 만지고 싶은데. 차라리 지금 나도 죽어버렸으면 좋겠어.. 너. 조금만 기다려. 내가 가서 힘껏 때려 줄거야.. 너 거기서 기다려...

(6) 자신을 가장 좋아하는 주위인물

| 보기 | 아마 우리 할아버지는 기절하실 것 같다. 그리고 몸져누우실 거다.

(7) 자신이 가장 싫어하는 주위인물

| 보기 | 너 이렇게 가면 내가 좋아할 줄 알았냐. 남은 사람들은 어떻게 할 거냐. 무책임한 놈아.

(8) 자신이 가장 신세를 많이 진 사람

| 보기 | 어허. 이렇게 갈 놈이 아닌데.. 하늘도 정말 무심하시지.. 어허.. 이놈아..

(9) 자신이 가장 많이 도와준 사람

| 보기 | 내가 갚을게 산더미 같은데. 이렇게 먼저 가버리면 어떻게 해. 내가 형 몫까지 살게. 편히 쉬어..

(10) 나에 대해 잘 모르는 사람

| 보기 | 쯧쯧.. 젊은 사람이 어쩌다가.. 쯧쯧쯧.. 남은 사람들이 안됐구먼.. 고인의 명복을 빕니다. 부디 좋은 곳으로 가시길 바랍니다.

06 미리 쓰는 유언장

사람은 나면서부터 죽어야 하는 존재로 태어난다. 따라서 모든 인간은 하늘이 정해 주신 삶을 살고 난 후에 예외 없이 죽음을 맞이해야 함에도 불구하고 죽음이 자신에게만은 찾아오지 않기를 바라는 허황된 생각을 갖는 경우가 많다. 죽음에 대한 생각은 회피해야 되는 것이 아니라, 직면하며 생각해야 할 내용이다. 죽음을 미리 생각하지 못했기 때문에 삶을 정리하지 못하고 죽은 사람들을 허다하게 볼 수 있다. 이 과정을 통하여 막연했던 죽음을 구체적으로 생각해보며 '미리 쓰는 유언장'을 통해 삶을 정리해보라. 태어날 때는 내가 울고 주변 사람들이 웃었지만, 죽을 때는 내가 웃고 주변 사람들이 울어 줄 수 있는 그런 사람이 되어야 할 것이다.

기록을 마쳤으면 자신의 유언장을 서로 소개한다. 과정을 마쳤으면 이 프로그램을 통해서 느낀 점을 서로 토의하라.

유 언 장	
작성한 날짜와 시간	
작성자	
서 명	

06 나의 비문(碑文) 작성하기

인간은 누구나 죽는다. 당신이 죽으면 주변 사람들이 나를 어떻게 기억할까 생각해 본 적이 있는가? 아니면 내가 죽고 나서 사람들이 나를 이렇게 기억해 주었으면 좋겠다고 생각해 본 적이 있는가? 사람들이 어떻게 한 생을 마감하는 절박한 종지부를 찍고 갔을까? 때로는 유언으로, 혹은 글 속에 함축된 생사관(生死觀)으로, 더러는 죽음 뒤에 세운 비명(碑銘)과 비문(碑文)으로 다양한 자취들을 남긴다.

묘비를 세우는 행위는 망자가 생전에 어떤 사람이었는지를 알리고, 남은 사람들이 떠난 이를 기억하기 위함이다. 나와 함께 했던 사람들이 나를 찾아올 때, 슬픔과 눈물이 아닌 행복한 추억과 웃음으로 기억해 주길 바라면서, 죽음을 기억하라! 나는 나의 묘비에 뭐라고 적혀 있기를 바라는가? 자신의 비명(碑銘)과 비문(碑文)으로 생각하면서 살아온 날과 살아갈 날들의 중간 지점에 서 있는 독자에게 인생을 되새겨 보는 통찰의 기회가 되길 바란다.

김수환 추기경의 묘비에는 시편 23편 1절인 "너희와 모든 이를 위하여, 주님은 나의 목자, 나는 아쉬울 것이 없어라."라는 비문이 새겨져 있다. 노무현 대통령은 '삶과 죽음은 자연의 한 조각'이라는 생사일여(生死一如)의 유서와 함께 "작은 비석 하나만 남겨라."고 하였다. 노대통령의 비문에는 '민주주의 최후의 보루는 깨어 있는 시민의 조직된 힘입니다.'라는 어록을 인용해 새겨 넣었다. 비명은 '대통령 노무현'이라고 한글로 새겨져 있다.

필자는 자신의 비문을 적어보라고 권하고 싶다. 비문은 나의 좌우명일 것이며 그곳에 합당하고 진실 되게 따를 것이다. 그렇다면 생전에 비문을 책상 위에나 잘 보이는 곳에 두고 가슴에 새기면 어떨까? 죽은 뒤 남이 보게 하는 것 보다 내가 먼저 보고 행동으로 옮겨보자. 나의 가족은 나를 어떻게 볼 것인가? 나는 어떤 삶을 살고 있는가? 만약 지금 내가 죽는다면 누가 가장 슬퍼할 것인가? 친구나 지인들은 나를 어떤 사람이라고 기억할 것인가?에 깊은 사색을 하면서 웰다잉(Well-Dying)의 완성을 꿈꿔 보라.

기록을 마쳤으면 자신의 비문을 서로 교환한다. 과정을 마쳤으면 이 프로그램을 통해서 느낀 점을 서로 토의하라.

| 보기 | –"평생 나는 꿈을 꾸었던 영혼, 드디어 날아가고 말았다."
–"저를 기억해주시는 당신의 행복을 기원합니다."
–"하나의 밀알이 되어 이 옥토에 썩어 지리라."
–"간절히 원했다. 해냈다. 그리고 눈을 감다."
–"매 순간 최선을 다하며 열심히 또 항상 긍정적으로 살아왔던 그녀. 행복한 추억들을 한아름 안고 하늘나라로의 여행길에 오르다."
–"당신들을 떠올리며 행복하게 떠났다. 그러니 이 비문을 보는 당신, 웃으세요."

나의 묘비에는 다음과 같은 비명과 비문이 적혀 있기를 바란다.

07 아직 내가 살아 있어야 하는 이유

나의 존재 이유는 무엇이며, 무엇을 위해 살아야 하는가? 이 지구상에 속해 있는 무수히 많은 생물들과 사물들의 존재이유에 대해서 한낱 우리 인간의 지성으로 알기에는 너무 어렵다. 하지만 '명상 수행'을 통해 "진리를 보는 눈"이 열리면 직관적으로 알 수 있다. 참된 본성과 하나가 되면 누구나 직관적으로 그것을 깨달을 수 있다. 자신이 진심으로 원하는 것을 찾아라. 뜻을 확실하게 세우면 우주만물이 그것을 도와주는 기운으로 감싸게 되고 힘이 붙는다. 힘이 붙지 않는다면 목표가 뚜렷하지 않기 때문이다. 아직 내가 이 세상을 떠날 수 없는 이유, 즉 아직 내가 살아 있어야 하는 이유에 대해 5가지만 적어보기 바란다.

기록을 마쳤으면 자신의 내용 중 1~2가지만 서로 소개한다. 과정을 마쳤으면 이 프로그램을 통해서 느낀 점을 서로 토의하라.

(1) ______________________________

____

(2) ______________________________

____

(3) ______________________________

____

(4) ______________________________

____

(5) ______________________________

____

08 서번트 리더십을 실천한 위대한 리더

오드리 헵번(Audrey Hepburn, 1929~1993년)은 「로마의 휴일」이라는 영화로 일약 전 세계 남성들의 로망이 된 그녀였지만 화려한 삶 그 이면에 또 다른 삶을 살았다. 살아생전 많은 봉사와 희생을 베풀며 산 것이다. 아프리카의 불쌍한 어린이들을 돌보는 그녀를 보며 사람들은 진정한 아름다움을 느꼈다. 그래서 사람들은 그녀의 아름다운 외모뿐 아니라 아름다운 마음씨까지 사랑했다.

오드리 헵번은 유명세나 용모의 아름다움으로 인해 얻은 개인적인 가치는 금방 사라진다는 점을 아주 일찍 깨달았다. 그렇기 때문에 그녀는 자신만의 방식으로 스스로를 영원히 기억되도록 했고 불의를 보면 항상 거기에 맞섰으며 자신이 절감하고 있는 화제들이 주목을 끌도록 자신의 모든 에너지를 쏟아 부었다. 너무나 아름다운 그녀는 1993년 대장암으로 우리 곁을 떠났다.

오드리 헵번의 인생에는 사랑과 로맨스와 화려함만 있었다고 사람들은 쉽게 생각하지만, 그 뒤에는 좌절과 외로움과 철저한 자기훈련이 있었다. 그럼 오드리 헵번이 성공한 뒤에도 오만하지 않았고 불행 속에서도 행복을 꿈꾸고 자기관리에 철저했던 강철 같은 여성의 모습을 발견한 점을 적고, 숨을 거두기 일 년 전 크리스마스이브 때에 아들에게 남긴 유언의 내용이 있다. 음악과 함께 사진을 보기 원한다면 다음(Daum) 카페의 '김재득의 리더십과 소통(http://cafe.daum.net/leadershipandKJD)'에서 찾을 수 있을 것이다.

오드리 헵번이 애송한 시는 '아름다움을 위한 방법'이다. 외형적 아름다움만을 위해 달려가는 현대인들에게 내면의 아름다움의 중요성을 일깨워주며, 대장암 투병 중에도 불구하고 봉사의 정신을 잃지 않았던 오드리 헵번의 신념을 엿볼 수 있는 시이다. 이 시는, 원작자인 샘 레븐슨(Sam Levenson)이 자신의 손녀딸에게 보낸 편지 속에 있던 시로 오드리 헵번이 세상을 떠나기 1년 전 그녀의 아들에게 읽어준 유서와 같은 시이다.[6]

한편, '빈자(貧者)의 성녀(聖女)'로 온 세계의 추앙을 받은 마더 테레사 수녀의 주름진 얼굴, 웅크린 몸가짐, 기도하는 모습은 '사랑'과 '평화' 그 자체이다. 그녀는 'Poor is Beautiful', 즉 '가난한 사람은 아름답다'라고 말하며 가난한 사람들을 보살펴주는 것은 그리스도를 대하는 것과 같다는 신념으로 평생 헌신해 온 분이다. 테레사 수녀의 외모는 왜소한데다 주름살투성이 얼굴이다. 그러나 기도로 무장한 그 분은 위대한 의지와 강한 실천력을 가진 진정 '가난한 자'와 '병든 자'의 어머니였다. 신(神)마저도 외면해버린 듯한 캘커타의 악명 높은 빈민굴에서 교황청의 보호도 없이 혈혈단신 이곳에 뛰어든 30대의 수녀가 반세기 동안 일궈낸 '사랑의 기적'에 대한 힘을 느낀다.

누구나 죽어가는 순간만큼은 사람답게 해주고자 세운 '임종자의 집'과 버려진 아이들을 위해서 세운 '고아의 집', 그리고 한센병 환자들을 위해 세운 '평화의 마을' 등 병들고 소외되고 버려진 사람들을 위해 살아온 마더 테레사가 걸어온 길을 통해, 우리의 삶과 신념 속에서 참된 사랑뿐 아니라, 기쁨과 행복, 보람과 희망 등을 찾아서 기록해보라. 리더로서 바람직한 삶의 태도란 도대체 어떤 삶일까?

서번트 리더십을 실천한 리더로 어떤 사람이 있을까? 장애를 극복한 헬렌 켈러의 전기에서 헬렌 켈러가 위대하였지만 그녀를 그렇게 할 수 있도록 열성적으로 지도하였던 앤 설리번(Anne Sullivan) 선생이 더 위대하였다. 골프 황제 타이거 우즈

6 아름다운 입술을 가지고 싶으면 / 친절한 말을 하라. 사랑스런 눈을 갖고 싶으면 / 사람들에게서 좋은 점을 봐라. 날씬한 몸매를 갖고 싶으면 / 너의 음식을 배고픈 사람과 나누어라. 아름다운 머리카락을 갖고 싶으면 하루에 한 번 / 어린이가 손가락으로 너의 머리를 쓰다듬게 하라. 아름다운 자세를 갖고 싶으면 / 결코 너 혼자 걷고 있지 않음을 명심하라. [중략] 기억하라. 만약 도움의 손이 필요하다면 / 너의 팔 끝에 있는 손을 이용하면 된다. 네가 더 나이가 들면 손이 두 개라는 걸 발견하게 된다. 한 손은 너 자신을 돕는 손이고 / 다른 한 손은 다른 사람을 돕는 손이다.

(Eldrick Tiger Woods)도 위대하지만 어머니 쿨디다 우즈(Kultida Woods)는 타이거 우즈에게 정신력, 태도, 승부에 임하는 자세 등 소프트웨어(Software)를 만들었다. 타이거 우즈의 몸에는 어머니로부터 맞은 흉터가 지금도 남아있다. 아버지 얼 우즈(Earl Woods)는 성장과정에서 단 한 번도 매를 들지 않았지만, 쿨디다는 훈계과정에서 사랑과 두려움의 채찍을 들었다. 잘못했을 때는 신체적인 아픔의 과정을 통해 다시는 잘못이 반복되지 않도록 사랑의 채찍으로 훈계하였다.

김연아를 길러낸 김연아의 어머니 박미희씨는 '나는 학창 시절 어느 때보다 열심히 연아에 대해 공부했고 연애할 때보다 뜨겁게 연아에게 헌신했다.'고 밝혔다. 작은 딸 김연아 뒷바라지 때문에 남편 생일을 잊고 큰 딸 졸업식에 참가하지 못할 정도였다고 한다.

외환위기가 한창이던 1998년 US여자오픈에서 '맨발 투혼'으로 우승한 박세리. 국민에게 감동을 안겨주었고, 미국여자프로골프(LPGA) 명예의 전당에 최연소 입회자 박세리의 아버지 박준철씨는 박세리에게 골프채를 처음 쥐어주었고, 딸에게 담력을 키워주고자 공동묘지 훈련까지 시켰다. 박세리는 아파트 15층 계단을 매일 수차례 오르내리게 한 아버지의 스파르타식 훈련을 통해 골프여왕으로 성장했다.

비록 자식을 위한 것이지만 이들 역시 서번트 리더십을 발휘한 인물로 평할 수 있다. 박미희씨와 박준철씨는 운전기사, 매니저, 코치 노릇까지 도맡았다. 이들은 경비를 줄이고자 운전사를 자청하고, 자식의 입맛이 떨어질세라 요리사, 지친 몸을 마사지하는 트레이너 노릇까지 떠맡는다. 이러한 헌신적인 뒷바라지는 김연아와 박세리가 세계 정상에 오르는 원동력이 됐다.

기록을 마쳤으면 자신의 내용 중 1~2가지만 서로 소개한다. 과정을 마쳤으면 이 프로그램을 통해서 느낀 점을 서로 토의하라.

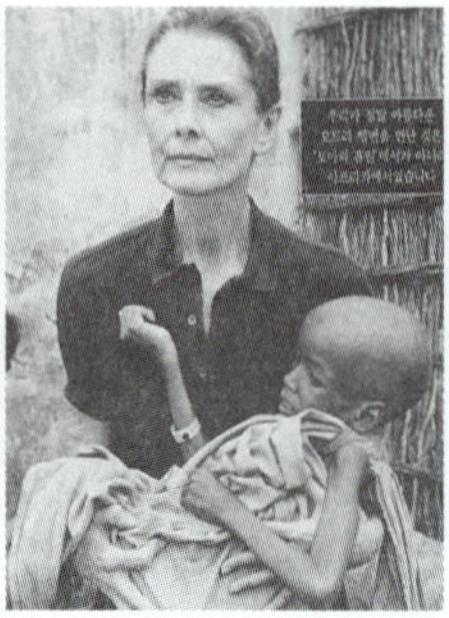

인디오 추장에게 물었다.

"추장님, 당신의 특권은 무엇인가요?"

"전쟁이 일어났을 때 가장 앞에 서는 것입니다."

CHAPTER 9

경청과 질문 리더십

'듣는 사람'보다 '말하는 사람'이 더 많은 이 시대와 우리 사회에 가만히 상대에게 귀 기울여 듣는 것은 리더가 지녀야 할 지혜다. 훌륭한 리더는 언제나 경청하는 사람이다. 경청하는 것이 바로 훌륭한 리더가 지닌 배우는 자세이기 때문이다. 정보를 독점하고 지시하는 리더의 시대는 갔다. 리더는 '듣는 참을성과 태도'를 지녀야 한다. 나의 생각과 다르더라도 모두의 말을 듣고 베스트 솔루션(Best Solution)을 찾는 것이 바로 리더이다. 이처럼 경청의 리더십은 상대방을 편하게 만들고 존경과 호감을 사게 만든다. 자신의 이야기를 경청하면 상대는 자신이 관심받고 있다고 생각하기 때문이다. 최고의 설득은 경청에서 시작된다. 잘 들어주기만 해도 내편으로 끌어 들일 수 있기 때문이다.

틱낫한(Thich Nhất Hạnh) 스님의 '마음챙김(mindfulness)' 명상법에서도 '경청'을 중시하고 있다. 틱낫한 스님에 의하면 'mindfulness'란 보름달처럼 어느 한 군데의 이지러짐이 없이 따뜻한 마음으로 개어 있는 상태를 말한다. 경청은 그런 마음의 상태로 귀를 기울여 듣는 것이라고 하였다. 마음 챙기는 상태라는 것은 곧 새로운 정보에 개방적(mindful)이라는 의미이다. 마음 챙기는 사람의 특성은 새로운 정보뿐만 아니라 다양한 관점에 대해 개방적이라는 점이다. 편견과 정답만을 원하는 세상에서 마음챙김을 터득한다면 우리는 지금보다 심적이나 육체적으로 더 많은 편안함과 건강함을 찾을 수 있을 것이다.

질문할 수 있는 환경을 만들어 주는 것도 리더십의 한 방법이다. 즉, 훌륭한 리더는 모든 사람들이 질문을 주고받는 환경을 만들어 주어야 한다. 이 말은 무엇보다 사람들이 편하게 질문할 수 있는 분위기를 만들고 조직과 사람의 신뢰를 회복한다는 뜻이다. 사람은 편하고 안전한 분위기에서 마음을 털어 놓는다. 위협적인 질문 앞에서는 마음을 닫아 버린다. 열린 마음과 신뢰가 없으면 감정과 문제를 감춰두고 리더에게 도와달라는 말도 못하는 것이다. 사실 모든 지혜는 질문에서 시작된다.

"It is not the mountain we conquer, but ourselves."

우리가 정복해야 할 것은 산이 아니라, 우리 자신이다.

– 에드몬드 힐러리(Sir Edmond Hillary) –

01 경청(敬聽)능력

리더십=소통이다. 팀원의 능력을 극대화하는 작업을 리더십이라고 정의한다면, 그 리더십의 처음과 끝은 소통인 것이다. 그 중 경청은 소통의 시작이며 인간관계의 시작이기도 하다. 경청(傾聽, 敬聽)만 잘해도 훌륭한 소통이 되는 것이다. 경청해라! 잘 들어라! 사실 많이 듣던 이야기지만, 현실적으로 이 말에 얼마나 귀 기울여 듣는지 궁금하다. 인간관계에서 경청처럼 중요한 기술(Skill)도 없다. 단지 듣기만 하면 되는데 말처럼 쉽지 않기 때문이다.

사랑+존경=경청이다. 사랑은 관심이기에 사랑의 의무인 인내를 가지고 듣고, 존경은 사람들이 내 말을 경청해 줄 때 느낀다. 경청 기술의 수준은 3단계의 수준이 있다. 바로 이것은 Hearing → Listening → Active Listening과 같은 수준의 단계이다. 이청득심(以聽得心)의 단계로서 귀를 기울여 들으면(以聽), 사람의 마음을 얻는다(得心)는 것이다. 커뮤니케이션 기법이 좋은 사람도 대개 2단계까지는 잘 구사하지만 3단계의 경청은 배우자에게도 쉽지 않다.

나의 경청 능력은 어느 정도일까?(각 항목별로 5점 만점으로 테스트해본다.) 70점 이상이면 매우 훌륭한 경청자이지만 40점 이하라면 낙제점수이다.

	경청 능력 테스트 ('나의 상사는~' or '나의 동료는~')	Check 전혀 아니다–확실히 그렇다
1	메시지를 더 효과적으로 전달하기 위해 사용하는 말, 목소리, 어조, 비언어적 요소를 항상 조절한다.	1 2 3 4 5
2	남에게 소개될 때 주의를 기울여서 상대의 이름과 신상 등을 기억하려고 하나요?	1 2 3 4 5
3	당신은 사람들의 말을 주의 깊게 듣고, 상대의 견해를 이해하고자 노력하나요?	1 2 3 4 5
4	당신은 사람들의 말을 중간에서 끊지 않고 끝까지 차분히 들을 수가 있나요?	1 2 3 4 5
5	당신은 사람들의 말에 잘 맞장구치고, 상대가 말하기 쉬운 분위기를 만들 수 있나요?	1 2 3 4 5
6	내용을 이해하지 못하면 그 사실을 인정한다.	1 2 3 4 5
7	당신의 동료, 친구, 가족 등은 당신과의 대화를 즐거워하나요?	1 2 3 4 5
8	다른 사람들이 말하는 내용을 판단하지 않으며, 그들이 대화를 끝낼 때까지 결론을 내리지 않는다.	1 2 3 4 5
9	다양한 의견, 특히 나와 다른 의견을 열린 마음으로 듣는다.	1 2 3 4 5
10	대화가 끝나고 1시간 후에도 내용을 정확하게 기억할 수 있다.	1 2 3 4 5
11	모든 중요한 대화를 메모한다.	1 2 3 4 5
12	산만해지지 않고 집중하여 들을 수 있다.	1 2 3 4 5
13	상대방의 말, 제스처, 표정 등에 주의를 기울여 듣는다.	1 2 3 4 5
14	상대방이 말을 끝낼 때까지 참을성 있게 듣고 나서 내 생각을 말하거나 대답한다.	1 2 3 4 5
15	일치하는 부분을 찾으려 하고, 그렇지 않은 부분은 중요시하지 않는다.	1 2 3 4 5
관련 의견		

| 표 9-1 | 종합진단 비교표

진단내용	본인 진단점수	팀 진단점수	타인진단 점수			본인–타인 최대 차이
			상사	동료	부하	
경청능력						

- 본인과 타인 간의 점수 차이가 클수록 원인을 잘 점검하고 개선할 필요성이 있다.
- 보다 자세한 진단 결과의 내용은 제1장의 '해석 및 요령'을 참조하라.

02 리더의 감성 스피치

리더의 말 한마디가 조직을 살리는 밑바탕이 되기도 하지만 조직을 실패로 이끄는 빌미가 되기도 한다. 최근 뛰어난 말솜씨도 리더가 갖춰야 할 중요한 자질이라는 인식이 퍼지면서 사설 학원에서 스피치 훈련을 받는 사람들이 늘고 있다. 대기업에서는 개인의 스피치 능력 향상을 도모하기 위해 각종 교육 프로그램을 운영하고 있다. 바야흐로 리더의 스피치 능력이 중요해지고 있음을 알 수 있다.

리더로서 성공하기 위해서는 기본적으로 언변을 갖추고 있어야 한다. 물론 실력은 없으면서 말솜씨만 좋은 것은 리더십 구축에 전혀 도움이 되지 못한다. 한 분야에서 전문가라는 평을 들을 정도로 전문 능력을 쌓은 다음에 그것을 말로써 잘 전달하고 직원들을 이끌 수 있는 사람이 참다운 리더라고 할 수 있다. 특히 말은 그 자체가 살아있는 생명체나 다름없기 때문에 이를 활자로 옮겨 평가할 때는 신중할 필요가 있다. 진정한 리더라면, '미사고'를 다녀야 한다. "미안합니다", "사랑합니다", "고맙습니다"라는 언어를 잘 사용해야 한다. 마음을 움직이는 말, 리더의 '감성 스피치'가 기다려지는 요즘이다.

자신의 스피치에 대해 체크해보라. 아니다(1점), 가끔 그렇다(2점), 자주 그렇다(3점), 거의 항상 그렇다(4점)로 점수화하며, 100점 만점으로 90점 이상이면 매우 훌륭한 스피커이고 50점 이하는 낙제 점수이다. 이때 비디오 촬영을 통하여 연설장면을 찍고 피드백하면, 연설자는 긴장되므로 진짜 장면연출이 가능하다. 따라서 비디오 피드백은 매우 효과적이다.

	리더의 스피치 수준 ('나의 상사는~' or '나의 동료는~')	Check 아니다-항상 그렇다
1	나는 사람들 앞에서 말할 때 부정적인 생각은 피한다.	1 2 3 4
2	나는 여러 사람 앞에서 말할 때 편안하다.	1 2 3 4
3	노트는 몇 개로 된 단어로 간단하고 읽기 쉽게 크게 요약된 것을 사용한다.	1 2 3 4
4	녹음을 하면서 큰소리로 여러 번 연습한다.	1 2 3 4
5	말은 간결하게 짧게 하는 편이다.	1 2 3 4
6	말하는 동안 목소리가 안정적이고 떨리지 않는다.	1 2 3 4
7	말하는 동안 몸이 긴장되지 않는다.	1 2 3 4
8	미리 발표 연습을 큰 소리로 한다.	1 2 3 4
9	발표 전 준비는 안심이 될 정도로 충분히 하는 편이다.	1 2 3 4
10	발표의 완급을 조절한다.	1 2 3 4
11	발표 시 보조물, 소품을 가끔 사용한다.	1 2 3 4
12	발표하는 동안 청중의 행동을 조절한다.	1 2 3 4
13	번호를 매겨 제시한다.	1 2 3 4
14	상황에 맞춰 목소리 크기를 조절한다.	1 2 3 4
15	시각자료는 단순하고 읽기 쉽게 준비한다.	1 2 3 4
16	요점을 정리하고 기억하기 위한 메모 노트를 이용한다.	1 2 3 4
17	요점정리를 하고 강조하는데 시각자료를 이용한다.	1 2 3 4
18	때와 장소에 따라 의상에 신경을 쓴다.	1 2 3 4
19	자연스런 제스처를 쓴다.	1 2 3 4
20	질문을 예상하고 답변을 연습한다.	1 2 3 4
21	청중과 눈길을 자주 마주치려 한다.	1 2 3 4
22	청중과 상호작용을 끌어낸다.	1 2 3 4
23	청중의 주의를 집중시키며 시작한다.	1 2 3 4
24	표현과 강조를 위해 목소리를 변화시키며 다양한 구사를 시도한다.	1 2 3 4
25	허용된 시간을 지킨다.	1 2 3 4
관련 의견		

| 표 9-2 | 종합진단 비교표

진단내용	본인 진단점수	팀 진단점수	타인진단 점수			본인-타인 최대 차이
			상사	동료	부하	

- 본인과 타인 간의 점수 차이가 클수록 원인을 잘 점검하고 개선할 필요성이 있다.
- 보다 자세한 진단 결과의 내용은 제1장의 '해석 및 요령'을 참조하라.
- 보다 신뢰성 있는 평가를 원한다면 진단표에 제시된 문답 중에서 자신이 더욱 개선되기 위해 노력해야 하는 항목을 조직(집, 학교, 공동체, 직장)에서 가장 신뢰하는 사람이나 정직한 피드백을 줄 것 같은 사람을 선정하여 경청한다.

결과 분석

(1) 100점 : 사람들 앞에서나 거울 앞에서 일관되게 안정되고 자연스런 스피치를 할 수 있다.

(2) 90점 : 내용에 맞는 적절한 제스처 사용까지 가능하다.

(3) 80점 : 발표내용에 맞춰 적절한 미소와 표정연출이 가능하다.

(4) 70점 : 거울 속의 나와 눈 맞춤이 가능하다.

(5) 60점 : 얼굴을 쳐다보며 말할 수 있다.

(6) 60점 이하 : 내 얼굴을 똑바로 쳐다볼 수가 없다.

03 거울 앞 스피치 훈련

나와 가장 친하고 가까이 붙어 있으면서도 한편으로 가장 낯선 사람은 누구일까? 바로 내 얼굴이다. 스피치 자가진단을 하는 동안 그러한 사실을 여실히 느낄 수 있을 것이다. 거울은 누구나 매일같이 본다. 바른 자세로 서서 주어진 주제를 갖고 1분 동안 말해보라. 아래에 제시된 표에 의해 나의 스피치 점수를 체크해 볼 수 있다. 얼굴 표정과 태도만으로도 스피치 능력의 객관적인 평가가 가능하다.

거울은 당신 편이다. 전신을 잘 비추어 보아야만 한다. 발전이란 자기를 발견하는 데서 출발한다. 다른 사람에게 보이는 것이 아니라 자신을 보는 것이다. 내가 나를 인정하고 긍정하고 받아들일 때 비로소 다른 사람도 나를 받아들일 수가 있기 때문이다. 내가 나를 사랑하고 존경할 때 콤플렉스도 없어지고, "해봅시다."라는 용기와 즐겁고 기분 좋은 자신감이 솟아나게 된다.

아래의 내용을 발표할 때 자연스런 눈 맞춤이나 제스처를 취하려면 자신이 말할 때 어떤 행동을 하는지부터 관찰해보아야 한다. 혹시 말하면서 유난히 고개를 흔들지는 않는지, 눈썹을 아래위로 내렸다 올렸다 하지는 않는지, 시선을 회피하지는 않는지, 실수할 때 혀를 쏙 내밀지는 않는지 등등을 관찰해본다.

거울 앞에서의 스피치 훈련을 통해 손을 쥐었다 폈다 하는 행동, 엉덩이를 흔들거나 어깨를 움츠리는 태도를 바로잡고 유연하고 자연스러운 표정을 가꾸어나갈 수 있다. 나쁜 점을 찾아서 그것을 교정해나가는 것, 그것이 발전의 포인트이다. 거울 앞에 서서 다음 주제로 1분 동안 발표해본다. 발표순서는 5단계로서 첫인사 → 자기소개 → 내용발표 → 마무리 → 끝인사의 순으로 진행하라.

기록을 마쳤으면 자신의 내용 중 3~4가지만 서로 소개한다. 과정을 마쳤으면 이 프로그램을 통해서 느낀 점을 서로 토의하라.

(1) 자기소개를 해보아라.

(2) 고향자랑을 해보아라.

(3) 사계절 가운데 가장 좋아하는 계절과 그 이유를 말하라.

(4) 5년 후 자화상을 그려 보고, 자신의 좌우명을 발표해 보아라.

	거울 앞 스피치 훈련	Check 아니다—항상 그렇다
1	일관되고 안정된 스피드로 말하는가?	1 2 3 4 5
2	어휘력은 풍부한가?	1 2 3 4 5
3	명료성이 있는가?	1 2 3 4 5
4	유머를 구사하는가?	1 2 3 4 5
5	내용에 맞는 비언어적 제스처를 사용하는 능력이 있는가?	1 2 3 4 5
6	결론을 잘 도출하는가?	1 2 3 4 5
7	분명하게 의사전달을 하는가?	1 2 3 4 5
8	청중들이 잘 경청하겠는가?	1 2 3 4 5
9	긍정적인 배려를 보이는가?	1 2 3 4 5
10	가끔씩 요약을 하는가?	1 2 3 4 5
11	이해도를 체크하기 위해 질문을 하는가?	1 2 3 4 5
12	지나친 비판과 평가를 하지 않는가?	1 2 3 4 5
관련의견		

| 표 9-3 | 종합진단 비교표

진단내용	본인 진단점수	팀 진단점수	타인진단 점수			본인–타인 최대 차이
			상사	동료	부하	
거울 앞 스피치 훈련						

- 본인과 타인 간의 점수 차이가 클수록 원인을 잘 점검하고 개선할 필요성이 있다.
- 보다 자세한 진단 결과의 내용은 제1장의 '해석 및 요령'을 참조하라.
- 보다 신뢰성 있는 평가를 원한다면 진단표에 제시된 문답 중에서 자신이 더욱 개선되기 위해 노력해야 하는 항목을 조직(집, 학교, 공동체, 직장)에서 가장 신뢰하는 사람이나 정직한 피드백을 줄 것 같은 사람을 선정하여 경청한다.

결과 분석

(1) 55점 이상 : 뛰어난 연설가로서 일관되게 안정되고 자연스러운 스피치를 할 수 있다.

(2) 54~50점 : 청중의 호감을 얻을 수 있으며 적절한 웃음을 유발할 수 있다.

(3) 49~45점 : 발표내용에 맞춰 내용 전달과 표정연출이 가능하다.

(4) 44~37점 : 청중과 겨우 얼굴을 쳐다보며 말할 수 있다.

(5) 36점 이하 : 발표 연습에 많은 시간적 투자가 필요하다.

질문과 답변
Q & A

Q4 나의 인생을 바꾼 결정적인 멘트는?

나태해진 나의 삶에 있어서 결정적 순간의 강렬함으로 시선과 귀를 솔깃하게 자극하고 또 나의 심장을 뛰게 한 말은 무엇이었는가? 좌절하거나 희망이 보이지 않는 때 나를 일으켜 세운 '금쪽같은 말' 한마디는 무엇이었는가? '지혜로운 삶'의 밑거름이 된 금쪽같은 언어는 인생의 전환점이 되기도 하고, 반성의 기회를 제공하기도 하고, 생각을 송두리째 바꿔 놓을 수도 있다.

찰나의 순간에 들은 결정적인 말(The Right Words at the Right Time)을 찾아서 다시 한 번 청량제로 삼으라. 만일 없다면 평생 간직할 나만의 한마디를 만들어 보아라.

기록을 마쳤으면 자신의 아이디어와 느낀 감정을 적은 '기록 시트'를 서로 보여 주거나 발표하고, 과정을 마쳤으면 이 프로그램을 통해서 느낀 점을 피드백하라.

| 나를 바꾼 그 때 그 한마디 |

- 강수진 : 훌륭한 발레리나가 되려면 먼저 네 자신과의 싸움에서 이겨야 한다.
- 김연아 : 노력하는 사람은 즐기는 사람을 이길 수 없단다.
- 김재득 : 머리로 하는 강의는 머리로 듣고, 가슴으로 하는 강의는 가슴으로 듣는다.
- 루치아노 파바로티 : 아빠, 정말 최고였어요. 전 아빠를 믿어요.
- 마틴 루터 킹 : 스스로 땀을 흘리며 열심히 수레를 끌고 있었기 때문이네.
- 미야자키 하야오 : 인생은 짧고, 그중에 조용한 시간은 더욱 짧단다. 조용한 시간이 나면 꼭 책을 읽으렴.
- 박지성 : 지금의 너를 뛰어넘기 위해 노력해 봐라.
- 반기문 : 여러분의 꿈은 오직 구체적인 노력을 통해서만 이루어진다는 걸 기억하십시오.
- 빌 게이츠 : 이제부터는 옳다고 믿으면 결단력 있게 행동하렴.

- 성룡 : 이소룡과 똑같은 스타일로는 절대 성공할 수 없네.
- 스티븐 스필버그 : 네게 꿈이 있다면 그 꿈이 이루어졌을 때의 네 모습을 생생하게 그려 보렴.
- 안성기 : 이봐! 연기가 왜 그래?
- 엄홍길 : 성공하는 사람이 즐겨 쓰는 말은 '다시 한 번 해 보자'이고, 실패하는 사람이 즐겨 쓰는 말은 '해 봐야 별 수 없다'이다.
- 오프라 윈프리 : 있는 그대로의 당신 모습을 보여 주세요.
- 타이거 우즈 : 누구나 실수를 해. 중요한 것은 똑같은 실수를 반복하지 않는 것이지.
- 펠레 : 저기, 저 아이는 언젠가 브라질을 대표하는 최고의 축구 선수가 되겠어.
- 한비야 : 왜 아무도 알아주지 않는 이런 일을 하냐고요? 이 일은 내 가슴을 몹시 뛰게 하기 때문이에요.
- 힐러리 클린턴 : 어떤 상황이 닥치더라도 절대 자신감을 잃으면 안 된다.

나를 바꾼 결정적인 멘트는?

(1) ______________________________

(2) ______________________________

(3) ______________________________

(4) ______________________________

(5) ______________________________

05 나의 멘토(Mentor)를 찾아가서 사인 받아오기

리더가 되고자 하는 자에게는 최소한 1명의 멘토, 2명의 코치, 3명의 파트너가 필요하다. 당신의 멘토는 누구인가? 이름을 적고 그들이 어떤 사람인지 설명할 수 있는가? 현재 이렇다 할 멘토가 없다면, 멘토가 생길 경우 그들로부터 어떤 가르침을 받고 싶은가?, 즉 '상상의 멘토'에게라도 가르침을 받으라.

리더십의 수준이 높다고 생각하는 리더를 찾아서 인터뷰를 시도하라. 혹은 나의 멘토를 찾아가서 그와 인터뷰를 하고 그가 생각하는 리더의 가치와 지금까지 어떤 노력을 해왔는지 질문하고 그 내용을 적어오고 직접 인터뷰 작성지에 사인 혹은 디지털 카메라로 동반사진을 찍어오라. 또한 멘토의 뛰어난 능력도 찾아보라. 그것이 원래 가지고 태어난 능력인지 아니면 멘토의 노력으로 만들어진 능력인지 인터뷰를 통해서 적어보라. 다음은 당신이 인터뷰 할 때 가능한 질문들이다. 상황에 맞게 추려서 질문해보라.

기록을 마쳤으면 자신의 아이디어와 느낀 감정을 적은 '기록 시트'를 서로 보여 주거나 발표하고, 과정을 마쳤으면 이 프로그램을 통해서 느낀 점을 피드백하라.

1 멘토 인터뷰 이전에

(1) 나의 멘토 소개

____

____

____

(2) 내가 이 사람을 멘토로 선택한 이유는?

2 인터뷰 기본 내용

(1) 본인이 조직 내에서 본 리더의 참모습은?

(2) 처음으로 본인이 리더임을 알게 된 순간은 언제부터인가?

(3) 리더로서 직면했던 가장 큰 도전이 있었다면 그것은 무엇인가?

(4) 본인은 보다 훌륭한 리더로 성장하기 위해 현재 어떤 노력을 하고 있는가?

(5) 직장인(리더)의 입장에서 신입사원(팔로워)에게 가장 필요한 자질은 무엇인가?

(6) 여기까지 되기 위해 어떤 분들의 도움이 있었는가?

(7) 당신의 리더십에 가장 큰 영향력을 미친 책 3권을 추천한다면 무엇인가?

(8)번, (9)번 질문은 본인 스스로 자문자답(自問自答)하고 실천하라.

(8) 이번 인터뷰에서 가장 인상적이고, 강렬하게 와 닿는 가치 3가지는?

① ______________________________

② ______________________________

③ ______________________________

(9) 당신의 멘토가 (7)번에서 추천한 책 3권을 모두 읽고 느낌을 적어라.

____

____

____

____

3 멘토 인터뷰 이후

(1) 멘토 인터뷰 후 느낌

> **| 보기 |** 그는 인터뷰에 이어 이런 말을 덧붙였다. 인생은 공부가 다가 아니라는 것. 학교, 강의실 밖에서도 배울 것은 많다고 했다. "자신뿐만 아니라 타인을 위한 일이 정말 뜻 깊은 일이었다."라는 말이 인상적이었다.

____

____

____

____

(2) 나는 ______________에서 그를 만날 것이다.

(3) 우리는 __________달 동안 _________ (매주, 격주에 한 번) 만날 것이다.

| 그림 9-1 | 멘토의 사인

06 나의 멘티(Mentee) 키우기

소크라테스와 플라톤, 설리번과 헬렌켈러, 유의태와 허준, 히딩크와 박지성의 관계는 멘토와 멘티의 사이이다. 이제 스스로 멘토가 되어보라. 누군가의 멘토가 된다는 것은 조직과 그 세계에 든든한 지원자를 심는 것이다. 자신이 멘토가 되어보면 조직을 보는 시야와 안목이 넓어질 것이다. 종종 학생들이 필자에게 멘토를 청하고, 멘토로서 잘하는 방법을 질문하는데 필자의 대답은 먼저 자신이 멘티(Mentee)를 키워보라는 것이다. 자신이 멘토가 되어서 멘티에게 조직에서 살아가는 지혜와 도움이 될 만한 몇 가지 경험을 전수해주면 된다. 격식을 따지지 말고, 정기적으로 만나는 것이 효과적이다. 천재는 '감탄의 대상'이지만, 인격자는 '신봉의 대상'이다. 바로 이것이 탁월한 리더가 되는 지름길이다.

기록을 마쳤으면 자신의 아이디어와 느낀 감정을 적은 '기록 시트'를 서로 보여 주거나 발표하고, 과정을 마쳤으면 이 프로그램을 통해서 느낀 점을 피드백하라.

나는 나의 멘티를 키울 것이다. 즉, 나도 멘토가 되고 싶다.

(1) 나는 ____________를 나의 멘티(Mentee)로 삼아 조언을 할 것이다.

(2) 내가 이 사람을 선택한 이유는 :

____

____ 때문이다.

(3) 나의 멘티를 도와줄 방법은?

____

____ 이다.

(4) 내가 도와주고 싶은 분야는?

____

_______________________________________ 때문이다.

(5) 나는 나의 멘티와 __________부터 __________에서 모임을 가질 것이다.
우리는 __________달 동안__________ (매주, 격주에 한 번) 만날 것이다.

"Be positive! Positive people attract others,
while negative people repel."
"적극적인 사람이 되라. 적극적인 사람은 다른 사람에게 호감을 주지만
소극적인 사람은 거부감을 준다."
– 제임스 피셔(James R. Fisher, Jr.) –

07 적극적 경청(Active-Listening)

'듣는 사람'보다 '말하는 사람'이 더 많은 이 시대와 우리 사회에 가만히 상대에게 귀 기울여 듣는 것은 리더가 지녀야 할 지혜다. 훌륭한 리더는 언제나 경청하는 사람이다. 경청하는 것이 바로 훌륭한 리더가 지닌 배우는 자세이기 때문이다. 삼성의 이병철 회장은 3남 이건희 회장에게 삼성을 승계하면서 했던 말이 '경청'이었다. 이건희 회장도 이재용 상무에게 이어서 준 것이 '삼고초려와 경청'이었다. 수업만 끝나면 다 잊어버리고, 대충대충 흘려들어 늘 헷갈리고 동료의 말을 잘못 이해해 자꾸 되묻게 되는 것은 경청 습관이 잘못된 것이다. 정보를 독점하고 지시하는 리더의 시대는 갔다.

리더는 '듣는 참을성과 태도'를 지녀야 한다. 나의 생각과 다르더라도 모두의 말을 듣고 최상의 선택을 찾는 게 바로 리더이다. 이처럼 경청(傾聽)의 리더십은 상대방을 편하게 만들고 존경과 호감을 사게 만든다. 자신의 이야기를 경청하면 상대는 자신이 관심 받고 있다고 생각하기 때문이다. 커뮤니케이션은 '말하기'가 아니라 '듣기'에서 시작된다. '최강의 설득'은 경청에서 시작된다! 잘 들어주기만 해도 충분히 내 편을 만들 수 있다. 왜 설득에 능한 사람일수록 적게 얘기하고 많이 듣는 것일까? 말 많은 이는 싫어해도 경청하는 이는 호감을 넘어 자신도 모르게 '신뢰'해버리는 인간 심리 때문이다.

동서양을 막론하고 옛사람은 듣기를 지혜의 으뜸으로 쳤다. "귀가 둘이고 입이 하나인 것은 많이 듣고 적게 말하기 위한 것"이라고 그리스 철학자 제논(Zēnōn ho Keyport B.C. 335?~B.C. 263?)이 말했지만 그만큼 어려운 일도 없을 것 같다. 오죽하면 공자(孔子)도 40세 불혹(不惑), 50세 지천명(知天命) 다음에 60세를 이순(耳順)이라고 했을까. 미국 작가 올리버 홈스(Oliver Wendell Holmes, 1809~1894)는 "말하는 것은 지식의 역할이고 듣는 것은 지혜의 특권"이라고 말했다. 지식보다 지혜를 얻기가 힘들기는 예나 지금이나 마찬가지다.

우리들은 '경청'을 상대의 기분을 맞춰주는 매너 정도로 여기기 십상이다. 또한 들을 만큼 들으며 산다고 생각한다. 소음, 잔소리, 거짓말, 짜증, 변명 등등… 하지만 그 이면을 뒤집어보면 '경청 = 침묵' 혹은 '듣는 것 = 내 말 못하고 기다리는 것'이라는 뿌리 깊은 편견이 도사리고 있다. 즉, 우리는 아직도 '듣는 것 = 상대의 생각과 감정을 정확히 이해하는 것'으로 받아들이지 않는다. 사정이 이렇다 보니 "남의 말을 들어주면 손해"라는 편견과 "내 목소리 낮췄다간 모두 잃는다."는 두려움이 생겨날 수밖에 없다. 설득대신 말싸움을 벌이던 시대의 낡은 편견이 아직도 통용되는 것이다.

경청 기술의 수준은 3단계의 수준이 있다. 그것은 바로 Level 1 : Listen to your sound, Level 2 : Listen to your mind, Level 3 : Open your mind의 3단계이다. (1)번 '기본 테스트'는 저자의 강의를 들어야만 가능하므로 생략한다(카페나 이메일로 질문하기 바란다). (2)번의 질문에 대답하고 자신의 적극적 경청능력이 어느 정도인지 점검해보라.

(1) 기본 테스트

① "김재득은 신촌에서 ________________을(를) 샀다."

② "나는 서강대교를 건너서 ________________에 갔다."

③ "나는 남극에서 ________________을(를) 보았다."

(2) 상대의 불만에 대한 적극적인 경청법의 사례

	상대의 불만	적극적인 경청
1	너무 바빠서 못 하겠다?	너무 독촉 받는 것 같아서 못 마땅하다는 말이군.
2	나보고 어쩌란 말입니까?	답답하고 불만스럽다는 말이군.
3	끼리끼리 놉니까?	편파적으로 논다는 말이군.
4	왜 나만 미워합니까?	상당히 억울한 모양이구나.
5	왜 나만 해야 합니까?	차별대우를 받는 것 같아서 억울하다는 말이군.
6	월급 더 주는 것도 아니잖아요?	과외 일이란 말이지.
7	꼭 그런 식으로 해야 합니까?	
8	너무 일방적으로 생각하십니다!	
9	그렇게는 못 하겠습니다!	
10	오늘 또 야근입니까?	
11	결재만 하시면 답니까?	
12	말로만 하면 다 잘 됩니까?	
13	짜증나서 못 해 먹겠네!	
14	이 일은 오늘 내로 다해야 됩니까?	
15	이 의자에는 도저히 더 앉아 있을 수가 없다. 새 것으로 바꿔 주시면 좋겠다!	
16	팀장님은 결재가 왜 이렇게 늦습니까?	
17	드릴 말씀이 있습니다.	

〈추천 답〉 7. 그런 식으로 하는 것이 못마땅하다는 것이지. 8. 일방적으로 하는 것 아니냐는 말이군. 9. 부당하다는 말이지. 10. 야근하는 것이 못마땅하다는 말이군. 11. 계급 가지고 누른다는 말이지. 12. 말 보다는 실천이 더 중요하다는 소리구나. 13. 못마땅하고 불쾌하다는 말이군. 14. 오늘 내로는 무리라는 말이지. 15. 몹시 불편한 모양이구나. 16. 업무에 차질이 많은 모양이군. 17. 불만이 있거나 할 얘기가 있는 모양이지?

08 리더의 언어와 발성연습

발성연습은 "ㅏ, ㅔ, ㅣ, ㅗ, ㅜ" 5대 모음을 최대한 입을 크게 벌려서 발음한다. 우리나라 말은 모음의 발음이 매우 중요하다. 아래턱을 내릴 수 있는 데까지 내리고 입은 가능하면 크게 벌린다. 목에 힘을 주지 않고 자연스럽게 한다. 혀끝을 의식하면서 자유로이 움직일 수 있게 한다. 위의 발음을 숨을 들여 마신 후 한꺼번에 내뱉으면서 뚝뚝 끊어 크고 굵게 내뱉는다. 소리를 삼키는 일 없이 될 수 있는 대로 내뱉도록 하며, 항상 발음을 정확하게 한다. 호흡을 잘 가다듬어 자연스런 발음이 되도록 하며, 입 끝에서만 소리를 내는 것이 아니라 복식호흡을 염두에 두고 깊은 데서부터 소리를 낸다. 발음을 바르게 내는 요령은 호흡을 충분히 하고, 목에 힘을 주지 않는다. 그리고 머리와 목구멍과 가슴의 공명을 적당한 비례로 하며, 입술과 혀와 턱을 빨리 움직이면 된다.

무엇보다 승자(Winner)처럼 말하라! 적절한 억양 조절을 위한 "밥 아저씨(Uncle Bob)"라고 불리는 단순한 테크닉이 있다. 이 테크닉에서는 누구하고 통화를 하던지, 혹은 짜증이 섞인 말투로 전화를 받는지에 상관없이 상대방을 친근한 가족이라고 상상해 보는 것이다. 실제 친근한 관계에 있는 누군가와 통화한다고 생각하며 말을 하면, 잠재의식 속에 보다 친근하고 자연스러운 피드백이 나온다.

스피치(Speech) 능력을 향상하기 위한 몇 가지 방법들을 제시하면, 첫째 각 단어나 문장 사이에 일정한 간격을 두어 또박또박 발음한다. 문장의 각 단어 사이 일정한 유지와 간격을 두도록 한다. "뭣을"과 "무엇을"의 차이는 단어의 사이 간격이다. 정확한 발음으로 또박또박 말하는 것을 습관화 한다. 팁이 있다면 신문을 펴놓고 띄어 쓰고, 악센트를 표시하며 글을 읽는 연습을 통해 각각의 단어를 정확히 발음하는 훈련을 한다. 이 방법은 처음엔 다소 어색하지만, 가장 빠르게 향상할 수 있는 방법 중 하나이다.

둘째, 단어의 어미와 어두의 발음을 정확히 한다. 단어의 처음 부분과 끝부분의 발음을 흐리지 않도록 한다. 예를 들어 '대단히 죄송합니다'의 '대' 발음, '전화'의 '전' 발음, 그리고 '발음'의 '발' 발음을 정확히 하여 강세를 준다. 우리나라 말은 모음의 발음을 더 중요시 한다.

셋째, 또박또박, 천천히, 정확하게, 크게, 끝까지 발음하면 기본기는 갖춘 것이 될 것이다.

1 발음교정 글자[1]

(1) 간장공장 공장장은 강 공장장이고, 된장공장 공장장은 공 공장장이다.

(2) 강 건너 강 공장장은 간장 공장 공장장이고 강 안 건너 공 공장장은 된장 공장 공장장이다.

(3) 강낭콩 옆 빈 콩깍지는 완두콩 깐 빈 콩깍지고, 완두콩 옆 빈 콩깍지는 강낭콩깐 빈 콩깍지이다.

(4) 경찰청 창문 쇠 철창살은 녹슨 쇠 철창살인가? 녹 안 슨 쇠 철창살인가?

(5) 내가 그린 그림은 새털구름 그린 그림이고, 네가 그린 구름 그림은 뭉게구름 그린 그림이다.

(6) 남문 밖 곽씨 과수원 딸 곽 말괄량이는 동문 밖 박 주사댁 박 총각을 좋아한다.

(7) 니 붕어 알이 크냐? 내 붕어 알이 크냐?

(8) 멍멍이네 꿀꿀이는 멍멍해도 꿀꿀하고, 꿀꿀이네 멍멍이는 꿀꿀해도 멍멍하네.

1 다음의 발성을 통해서 안 되는 부문을 집중적으로 연습한다. 처음에는 천천히 또박또박하게 시작하여 시간이 지나면서 점점 더 빠르게(입술, 혀, 턱을 최대한 사용할 것)하면 된다.

(9) 박범복 군은 낮 벚꽃 놀이를 다녀오고 방범목 양은 밤 벚꽃 놀이를 다녀왔다.

(10) 봄 꿀밤 단 꿀밤, 가을 꿀밤 안단 꿀밤

(11) 상표 붙은 저 깡통은 깐 깡통인가, 안깐 깡통입니까?

(12) 이 콩깍지는 깐 콩깍지이냐? 안 깐 콩깍지이냐?

(13) 안양역앞 약공장은 안약 약공장 양양역앞 약국옆 한약방은 양양 한약방이다.

(14) 앞집 아침밥 잡곡밥은 굵은 꽁보리밥이고 뒷집 저녁밥 잡곡밥은 붉은 팥 차조밥이다.

(15) 양양군 양양면 양양리 양영 양화점 주인은 양영옥 양이고, 양양군 양양면 양양리 양영 양화점 주인은 양영훈군이다.

(16) 이 기린 그린 그림은 흰 기린 그린 그림이고, 저 기린 그린 그림은 푸른 기린 그린 그림이다.

(17) 자기야 자기는 자기가 아닌 다른 자기가 자기보고 자기라고 하면 자기는 자기라고 할 수 있어 자기?

(18) 장충단 공원 앞에 중앙당 약방 중앙당 약방 옆에 장충 당구장 장충 당구장 위에 장충당 족발집

(19) 저기 가는 저 상장사가 새 상 상장사냐 헌 상 상장사냐?

(20) 저기 가는 저 쌀장사가 새 쌀장사냐 헌 쌀장사냐?

(21) 저기 있는 말뚝이 말 맬 말뚝이냐, 말 못 맬 말뚝이냐?

(22) 저기 있는 저 분이 박 법학박사이고, 여기 있는 이분이 백 법학박사이다.

(23) 중앙청 창살 쌍 창살 경찰청 창살 외 창살

(24) 치키치키 차카차카 쵸코쵸코 쵸 치키치키 차카차카 쵸코쵸코 쵸

(25) 한양 양장점 옆 한영 양장점, 한영 양장점 옆 한양 양장점

(26) 내 얼굴 둥실둥실 무리 둥실 감자 같은 내 얼굴

(27) 도로록 드르륵 두루룩 도로록 드르륵 두루룩

(28) 뭉실뭉실 두리 뭉실 호박 같은 뭉실뭉실 두리 뭉실 호박 같은

(29) 서울특별시 특허 허가국 특허과 허가과장 허 과장

(30) 신진 샹송 가수의 신춘 샹송 쇼. 신진 샹송 가수의 신춘 샹송 쇼

(31) 저기 저 뜀틀이 내가 뛸 뜀틀인가 내가 안 뛸 뜀틀인가

(32) 안 촉촉한 초코칩 나라에 살던 안 촉촉한 초코칩이 촉촉한 초코칩 나라의 촉촉한 초코칩을 보고 촉촉한 초코칩이 되고 싶어서 촉촉한 초코칩 나라에 갔는데 촉촉한 초코칩 나라의 문지기가 "넌 촉촉한 초코칩이 아니고 안 촉촉한 초코칩이니까 안 촉촉한 초코칩 나라에서 살아"라고 해서 안 촉촉한 초코칩은 촉촉한 초코칩이 되는 것을 포기하고 안 촉촉한 초코칩 나라로 돌아갔다.

2 발음 운동

1) 혀 운동

다댜 더뎌 도됴 두듀 드디
라랴 러려 로료 루류 르리
사샤 서셔 소쇼 수슈 스시
하햐 허혀 호효 후휴 흐히

2) 입술 운동

마먀 머며 모묘 무뮤 므미
바뱌 버벼 보뵤 부뷰 브비

3) 턱 운동

카캬 커켜 코쿄 쿠큐 크키

싹샥 썩셕 쏙쑉 쑥쓕 씁식

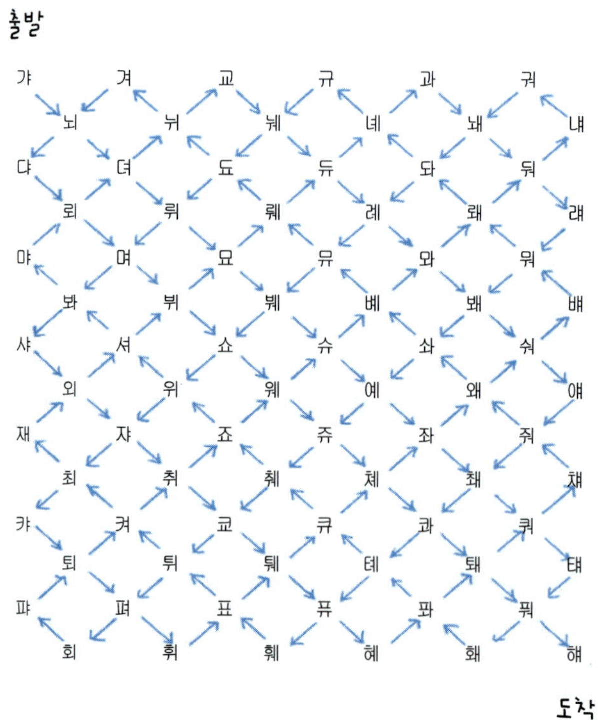

3 음성 고저 연습

1단계는 가장 작은 목소리에서 마지막 10단계는 가장 커다란 목소리로 한다.

하나 하면 하나요 (1단계) 콩 하나 콩콩

둘 하면 둘이요 (2단계) 콩 둘 콩콩

셋 하면 셋이요 (3단계) 콩 셋 콩콩

넷 하면 넷이요 (4단계) 콩 넷 콩콩

다섯 하면 다섯이요 (5단계) 콩 다섯 콩콩

여섯 하면 여섯이요 (6단계) 콩 여섯 콩콩

일곱 하면 일곱이요 (7단계) 콩 일곱 콩콩

여덟 하면 여덟이요 (8단계) 콩 여덟 콩콩

아홉 하면 아홉이요 (9단계) 콩 아홉 콩콩

열 하면 열입니다 (10단계) 콩 열 콩콩콩콩

(1) 잘되지 않는 문장은 어느 것인가? 이제 집중적으로 연습하라!

(2) 다른 사람의 발성을 서로 듣고, 교정해주고, 느낀 점을 적으시오.

09 리더의 배짱훈련

배짱은 '용기'의 표출이다. 배짱은 '대범성'의 표출이다. 배짱은 '자신감'의 표출이다. 배짱은 자기에 대한 '믿음'의 표출이다. 이러한 배짱은 힘든 일, 어려운 일, 스트레스, 실수나 실패를 극복하게 하는 힘이 된다. 그래서 얼짱, 몸짱, 춤짱, 꿈짱 만큼 중요한 것이 바로 '배짱'이다. 리더라면 대담성과 배짱을 기르는 것이 필요하다. 즉, 담대해야 한다. 마음을 강하게 해야 한다. 그래서 실수나 실패에 대해서도 "실수는 성공의 어머니"라는 마음으로 넘어갈 수 있다. 물론 그것은 쉽게 되는 일이 아니다. 그래서 마음의 힘을 키우기 위한 공부와 훈련이 필요하다. 근육이 약한 사람이 운동을 통해서 근육의 힘을 기를 수 있듯이 마음훈련을 통해서 마음의 힘을 기를 수 있다.

배짱을 기르고 마음의 힘을 기를 수 있게 하는 공부, 그 중의 가장 효과적인 것이 바로 NLP(National Language Processing)와 같은 것을 공부하고 연습하는 것이다. 이것은 자신의 내면세계를 탐색하고 자기를 바로 세우며 '마음의 힘'을 기르는데 도움을 준다. 그러므로 이러한 공부를 꾸준히 하게 되면 자연스레 배짱이 생기고 마음의 힘이 길러지고 심리적 면역력이 증가하게 되며 내적 자연치유력이 회복되면서 심신의 증상이 예방되거나 기존의 증상에서 보다 쉽게 벗어날 수도 있다.

다음 글을 큰소리로 읽어보자. 배짱을 키우는데 도움이 될 것이다. 문장 중에서 '/'는 한 호흡, '✔' 반 호흡을 쉬면서 읽으면 된다.

1 오늘은 진짜 나의 모습을 찾아 떠나는 첫날입니다

여러분! 안녕하십니까?
저의 이름은 ✔ (　　　　　)입니다.
여러분 앞에서 ✔ 이렇게 인사드릴 기회를 갖게 되어 / 정말로 영광스럽습니다.
저는 / 많은 사람들 앞에 나서면 / 얼굴이 붉어지고, / 간이 콩알만 해지며,
/ 음성이 떨리는 경우도 있습니다.
남 앞에 나서는 것을 ✔ 두려워하고 자꾸 피하다 보니 /
제 자신이 ✔ 못나게 생각될 뿐만 아니라 /
모든 일에 ✔ 소극적이 되어 가는 것을 느꼈습니다.
평생 이렇게 살아가야 하는 겁니까?
언제까지 뒤로만 나앉아 있을 것입니까?

여러분!
하고 싶은 이야기가 있는데도 /
막연한 두려움 때문에 ✔ 나서지 못하는 고민을 겪어보셨습니까?
알코올 힘을 빌리고 / 때로는 /
우황청심환까지 동원해야 하는 ✔ 고통을 아십니까?
하지만 저는 / 술이 말하는 것이 아니라 /
인간 (　　　　　)이 말하는 ✔ 당당한 사람이 되고 싶었고 /
약 먹고 진정시키는 가슴이 아니라 /
용기와 자신감으로 나설 수 있는 ✔ 배짱 있는 사람이 되고 싶었습니다.
생각만 해오다가 / 오늘 드디어 이렇게 나서 보았습니다.
오늘 이 자리는 바로 / 진짜 나의 모습을 찾아 떠나는 ✔ 첫날입니다.
여러분!
뜨거운 ✔ 축하의 박수 한번 보내주시지 않겠습니까?
감사합니다.
대단히 감사합니다.

큰 소리로 말하고 나니 ✓ 막혔던 가슴이 뚫립니다.
사우나를 하고 나온 것 보다 ✓ 열 배나 상쾌한 기분이 되었습니다.
앞으로 ✓ 사람들 앞에 나설 일이 있을 때는 /
절대로 뒤로 물러서지 않겠습니다.
여러 사람이 모이는 자리에서는 /
항상 ✓ 맨 앞자리에 앉도록 노력하겠습니다.
나 자신에 대한 비판을 중지하고 /
절대로 ✓ 미리 염려하지 않도록 하겠습니다.
무엇이든지 소리를 내어 연습할 때는 /보통 때보다 더 큰 목소리로
말하고 ✓ 자신 있는 사람처럼 행동하겠습니다.
지혜는 들어서 얻고 / 기회는 말을 해야 생긴다고 하지 않습니까?
우리 모두 한 번뿐인 인생, / 즐겁게 웃어가면서 멋지게 살아봅시다.
내 인생의 주인공은 ✓ 바로 나 자신이기 때문입니다.

2 실패를 두 배로 늘려라. 그러면 성공합니다

탄력 받고 있습니다.
IBM을 설립한 토마스 왓슨에게 ✓ 학생들이 물었습니다.
"어떻게 하면 성공할 수 있습니까?"
그는 미소를 지으면서 ✓ 이렇게 말했습니다.
"실패를 두 배로 늘려라. / 그러면 성공한다!"
여러분!
우리는 실패로부터 배우고
배운 것을 가지고 ✓ 실패 없이 일을 처리하게 됩니다.
항상 성공만 할 수는 없습니다.
일을 하다 보면 / 실패하는 때가 얼마든지 있을 수 있습니다.
저도 실패에 지배당하지 않겠습니다.
우리 모두 실패로부터 배워서 / 실패를 극복해나가는 현명한 사람이 됩시다.

지금부터 제가 하는 말을 ✓ 큰 소리로 따라 해 보시기 바랍니다.
"나를 만든 것은 ✓ 나 자신이다!"
"그러므로 / 나를 바꾸는 것도 ✓ 나 자신이어야 한다!"
"약자는 기회를 기다리지만, / 강자는 기회를 만들어간다."
"자신 있게 살아가자!"
"웃으면서 살아가자!"
"그것이 바로 ✓ 성공하는 인생이다!"
으 하 하 하 하 하 하 !
끝까지 들어주신 여러분, ✓ 대단히 감사합니다.

연습을 마쳤으면 자신의 평가와 느낀 소감을 적은 '기록 시트'를 서로 보여 주거나 발표한다.

들을 청(聽)자를 파자하면 耳王十目一心=聽인데
큰 귀를 왕처럼 모시고 동서남북 사방의 소리를 귀로
또는 눈으로 잘 살피며 상대방을 위하는
진실된 마음으로 들으라는 뜻이다.

10 리더의 명연설, 영상 찾아서 보기

1963년 4월 28일 워싱턴 시에서 행한 마틴 루터 킹 목사의 카리스마 넘치는 연설 "I Have a Dream"[2]을 인터넷에서 찾아 들어보고 그의 연설이 전해주는 또 다른 특징을 찾아보라. 그리고 2008년 8월 26일 미국 콜로라도 주 덴버에서 열린 민주당 전당대회에 힐러리 클린턴이 주요 연사로 등장하여 버락 오바마를 대통령으로 선출하자고 참석한 대의원은 물론 모든 민주당 유권자들에게 감동어린 연설로 촉구한 장면[3]을 인터넷에서 찾아서 들어본다.

리더의 꿈과 스피치에 대한 느낌을 마쳤으면 자신의 아이디어와 느낀 감정을 적은 '기록 시트'를 서로 보여 주거나 발표하고, 과정을 마쳤으면 이 프로그램을 통해서 느낀 점을 피드백하라.

2 http://video.google.co.kr/videoplay?docid=1732754907698549493&ei=SuEISsOiN4HGwgO6jOTqDA&q=i+have+a+dream&hl=ko
3 http://www.youtube.com/watch?v=268ncnoitEc&hl=ko

11 정답은 없지만 현답(賢答)은 있다

모든 지혜는 '질문'에서 시작된다. 과거에는 모든 해답을 알고 있는 카리스마 있는 리더가 가장 훌륭한 리더였지만, 이제 성공의 핵심은 질문이다. 과거의 리더가 단호하게 명령을 내렸다면 내일의 리더는 끈질기게 질문을 던져야 한다. 질문을 던지면 우선 정확한 정보를 얻을 수 있고 가장 바람직한 해결책을 가장 빨리 찾을 수 있다. 질문을 던진다는 것은 상대를 신뢰한다는 표현이므로 질문을 받는 조직원 개개인이 책임감을 나누게 된다. 자연히 분열은 줄어들고 조직에 대한 충성도와 팀워크는 높아진다. 질문하는 것이 배우는 것이다. 우리는 질문을 통해 생각을 좀더 정확히 할 수 있다. 소통의 출발점은 질문이다. 질문 받는 순간 사람은 비로소 생각하기 시작한다. 즉, 육체노동자에서 정신노동자로 바꾸어지는 것이다.

최근 기업체 및 여러 기관의 질문경향이 압박형 겸 당황서러움을 통해 인재를 평가하는 질문이 대세이다. 그래서 답변자를 황당하게 만드는 경우가 다반사이다. 이런 질문은 정확한 답을 요구하는 것이 아니라 답변에 대한 근거, 짧은 시간에 답을 찾아가는 방식 등을 보기 위해 곤혹스러운 질문을 던지는 것이다. 그 이유는 질문에 대한 답변자의 면면을 보다 정확히 파악할 수 있기 때문이다. 이때 답변은 솔직하면서도 설득력 있게 논리를 전개한다면, 재치 있게 위기 상황을 모면할 수 있을 것이다. 질문의 유형으로는 순발력과 창의력, 자기PR, 조직적응력, 인성 및 가치관 등에 대한 질문이 등장하고 있다. 그럼 정답은 없지만 현답은 가능한 질문의 세계로 들어가 본다.

질문에 대한 자신의 아이디어와 느낀 감정을 적은 '기록 시트'를 서로 보여 주거나 발표하고, 과정을 마쳤으면 이 프로그램을 통해서 느낀 점을 피드백하라.

(1) 애인이 없다고 했는데, 왜 당신은 애인이 없다고 생각하는가?(한화석화)

(2) 애인이 친한 친구와 바람을 피우면 누굴 택하겠는가. 만약 또 그 반대 상황이라면?(삼성전자)

(3) 서울 시내에 있는 중국집 전체의 하루 판매량을 논리적인 근거를 제시하여 정량을 계산하시오.

(4) 아이들을 웃게 하는 방법은?

(5) 상사가 이상한 일을 시키면 어떻게 할 것인가?

(6) 자신의 상사 혹은 회사가 적성에 맞지 않는 일을 시킨다면 어떻게 하겠는가?

(7) 조삼모사의 현대적 의미는?

(8) 만약 당신이 일할 때 로비나 뒷거래가 일어난다면 어떻게 하겠는가?

(9) 부모님과 애인 둘 다 위급할 경우 어디로 갈 것인가?

(10) 오늘 저녁 애인과 급한 약속이 있는데 내일 아침까지 마감해야 할 보고서가 생겼다. 어떻게 처리할 것인가?

(11) 전국적으로 가정집에 개미가 모두 몇 마리나 있을까?

(12) 맨홀 뚜껑이 원형인 이유가 왜 그런지 아는가?

(13) 우리나라에 바퀴벌레가 몇 마리나 살고 있는지 알고 있느냐?

(14) 얼굴이 대단히 늙어 보이는데, 무슨 이유가 있느냐?

(15) 어떤 씨름 선수는 힘 기른다고 쇠고기만 먹는다는데, 왜 난 물고기를 그렇게 많이 먹어도 헤엄을 못 치는 걸까?

(16) 깡패들이 길을 막고 서서 꼽냐고 묻는데, 아니꼽다고 해야 하나 꼽다고 해야 하나?

(17) 참으로 조물주는 신통방통한 것 같다. 어떻게 인간이 안경을 만들어 낄 줄 알고 귀를 여기다가 달아놨지?

(18) 퇴근 시간이 훨씬 지났는데도 상사가 계속 일을 시킨다면?

(19) 스키장에서 사람이 하루 넘어지는 횟수의 총합은 몇 번인가?

(20) 장례식에 빨간 옷을 입고 가서는 안 되는 5가지 이유를 말해 보시오.

(21) 한라산과 백두산을 서로 바꿔 놓는데 몇 년이 걸리겠는가?

(22) 알래스카에서 아이스크림을 팔 수 있는 방법은 무엇인가?

(23) 신을 신지 않는 아프리카 원주민에게 운동화를 어떻게 팔겠는가?

(24) 노래방에서 몇 시간이나 놀 수 있는가?(아모레퍼시픽)

(25) 자기 집 전기 요금은?(한국전력)

(26) 자신이 얼마짜리 사람이라고 생각하나?(동양생명)

(27) 자신이 옆의 두 명보다 어떤 점이 뛰어나 뽑혀야만 한다고 생각하나?

(28) 즉석에서 부를 수 있는 곡이 얼마나 되는가?(LG생활건강)

(29) 화장실에 들어갔는데 휴지가 없다면 어떻게 하겠는가?(삼성SDI)

(30) 항공기 안에서 소란을 피우는 어린아이를 내버려두는 부모에게 어떻게 대하겠느냐?

(31) 약속이 있는데 상사가 야근하라고 지시한다면?(휴니드테크놀로지스)

(32) 남자친구가 8차선 도로에서 아무리 말려도 무단횡단을 하려고 하면 어떻게 하겠는가?

(33) 로또에 당첨된다면 어떻게 할 것인가?(롯데쇼핑)
로또 1등 당첨 뒤에도 회사에 다닐 것인가?(현대상선)

(34) 무인도에 동물을 데려간다면 어떤 동물을 데려갈 것인가? 그리고 그 이유는?

(35) 배우자와 자식이 물에 빠졌는데 한명만 구할 수 있다. 누구를 구하겠는가?

(36) 쌀 한가마니 안에는 몇 톨의 쌀이 들어있을까?'

(37) 자신이 홀로 무인도에 남겨진다면 가지고 갈 물건은 무엇인가?(SK텔레콤)

(38) 잦은 야근 등으로 대인관계가 소홀하게 된다면 어떻게 하겠는가?

이상 38가지 질문에 대한 독자의 현답은 무엇인가?

12 열린 질문과 닫힌 질문

질문은 정보나 교훈을 자신의 삶 속에서 연결되도록 하는 좋은 방법이다. 자녀에게 무조건 공부를 잘해야 한다고 훈계하는 것보다는, "나중에 어떤 사람이 되고 싶니?", "무엇을 갖고 싶고, 무엇을 하고 싶니?", "미래에 그렇게 되기 위해 지금 무엇을 해야 할까?"를 질문하는 것이 훨씬 효과적이라는 것이다. 사람은 누구나 남이 시키는 대로 하기보다는 스스로 생각하길 좋아하며, 자신의 생각과 말에 가장 강력하게 설득된다.

질문은 생각을 자극하고, 스스로 답을 찾도록 촉구한다. 그런 면에서 상대방을 성장시킬 수 있는 아주 좋은 스킬이다. 또 질문은 상대방을 존중하고 있다는 강력한 표시이기도 하다. 나의 의견에 귀 기울이려고 질문하는 사람에게 마음을 열게 되지 않겠는가. 고객에게 친절해야 한다고 일방적으로 훈계하는 대신, "어떻게 하면 단골고객을 늘릴 수 있을까?"하고 질문하고 그의 의견을 잘 경청해 보자. 아마 직원은 '친절하게 대해야 한다.'는 단선적인 방안 외에도, 아주 구체적이고 실질적인 의견을 만들어낼 수 있을 것이다. 왜냐하면 그가 바로 그 문제를 가장 잘 아는 사람이며, 해결책을 스스로 만들어낼 수 있는 잠재력을 지녔기 때문이다.

예를 들어 덧셈을 배우는 아이가 있다고 하자. 아이에게 "2+7=□"라고 묻는다면 아이는 생각 끝에 "9"라고 대답한다. 그러나 "□+□=9"라고 묻는다면 아이는 이미 알고 있는 답, 예를 들어 '4+5' 부터 시작해서 여러 가능한 답을 계속 찾아낼 것이다. 이렇게 쉬운 것 혹은 익숙한 것부터 찾아내면서 생각을 더해 여러 개의 답을 찾아내도록 하는 것이 열린 질문이다.

이처럼 생각을 이끌어내는 좋은 질문은 열려 있다. 질문했을 때 대답이 '예' 또는 '아니오'로 나오는 것이 닫힌 질문이라면, 열린 질문은 상대방이 다양하게 탐색하고 자유롭게 의견을 말할 수 있게 한다. 예를 들어 영업 실적이 낮은 영업사원에게 "고객 방문은 자주 했나?"라고 물어보았다고 하자. 이것은 전형적인 닫힌 질문으로, 영업사원은 '예' 혹은 '아니요'라는 선택 밖에 없다. 게다가 이 질문은, '고객 방문을 자주해야 하는데 왜 제대로 안 하고 있느냐'는 뉘앙스가 깔린 질책으로 들린다. 이 상황에서 어떤 열린 질문으로 전환할 수 있겠는가? "영업성과를 높이려면 어떤 노력이 필요하다고 생각하나?", "지난 분기와 뭘 다르게 해야 하겠나?"라고 열린 질문을 할 수 있다.

닫힌 질문과 달리 이런 질문을 받으면 사람들은 방어적이 되기보다는 생각을 더 해보게 되고, 평소의 생각을 정리해서 말하게 된다. 그리고 자신이 말할 것에 대한 실행의지는 상사의 일방적인 지시에 의한 것보다 훨씬 크다. 열린 질문은 가능성, 감정, 원인을 따지는 '왜' 또는 '어떻게'로 시작되어 사고와 대화를 자극한다. 반면에 닫힌 질문은 대상, 시간, 장소 등의 정보에 치중한다. 닫힌 질문은 간단한 대답을 요구하기 때문에 쉽고 빠르게 끝난다. 그럼 한번 연습해 볼까요?

기록을 마쳤으면 자신의 아이디어와 느낀 감정을 적은 '기록 시트'를 서로 보여 주거나 발표하고, 과정을 마쳤으면 이 프로그램을 통해서 느낀 점을 피드백하라.

| 예 | "후반전엔 경기 좀 풀려야 할 텐데, 안 그런가요?" (×)
⇨ 후반전은 어떻게 될 것 같아요? (○)

(1) "저기다가 텐트를 치는 게 낫지요?" (×)

⇨

(2) "아직도 수영 연습하니?" (×)

⇨

(3) "누가 영국에 갔다 왔니? 너? 아님, 선아?" (×)

⇨

(4) "한국 정치가 제대로 되고 있다고 생각하세요?" (×)

⇨

(5) "A안이 좋은가요, B안이 좋은가요?" (×)

⇨

일하면서 스스로에게 물어야 할 가장 중요한 질문은
"내가 지금 얻는 게 뭐지?"가 아닙니다.
가장 중요한 질문은
"나는 장차 무엇이 될 것인가?"입니다.

– 짐 론(Jim Roon) –

CHAPTER 10

칭찬과 펀(Fun) 리더십

칭찬을 많이 받아본 사람은 칭찬이 주는 위대한 힘을 알고 있다. 칭찬은 부모와 자녀 사이를 더욱 긍정적으로 변화시킬 뿐만 아니라, 다른 사람들과의 관계에서도 원만함을 유지하는 윤활유 역할을 해 준다. 칭찬은 대인 관계를 부드럽게 하는 윤활유와 같다. 칭찬 한 마디는 사람의 마음을 자유자재로 움직일 수 있는 마술을 발휘한다. 리더십은 칭찬으로부터 시작된다 해도 과언이 아니다. 리더의 가장 확실한 인정과 보상은 칭찬이고 이것은 칭찬을 받은 사람에게는 '희망의 노래'다. 이렇게 칭찬은 사람의 정신에 비추는 따뜻한 햇볕과 같아서 칭찬 없이는 리더로서 자랄 수도, 꽃을 피우기도 어렵다. 사람들에게 네가 원하는 것을 하도록 만들 수 있는 유일한 방법은 그들을 칭찬하고 긍정적이고 신뢰감 있는 관계를 형성하는 것이다.

펀(Fun) 리더십은 한때 유행했던 '우리는 무슨 일이든지 할 수 있다.'는 캔(Can) 리더십에서 감성적인 흐름(Trend)으로 진행된 리더십의 한 형태라 할 수 있다. 펀 리더십에 대한 관심이 증대하는 이유는 재미가 생산성 향상을 이끌어 내기 때문이다. 조직의 구성원들은 '내 조직'이란 소속감과 자부심을 느끼게 되면서 아이디어와 업무 효율성이 높아지는 직접적인 효과가 있다. 펀은 돈이 없더라도 사실 얼마든지 할 수 있다. 재미와 여유를 갖지 못하면 경쟁력도 상상력도 창조력도 나오기 힘들다. 펀(Fun)해야 하는 상품에 엔터테인먼트 요소가 빠지게 되면 고객에게 외면당한다.

자기진단
Dynamic self-Question

01 리더의 유머스킬 보유수준

요즘 가장 인기 있는 배우자는 유머 감각이 있는 사람이다. 돈 없는 사람과는 살 수 있어도, 재미없는 사람과는 살 수 없다는 것이다. 이러한 현상은 리더들에게는 더욱 심하다. 성공한 사람들에게 돋보이는 것은 바로 '유머 감각'이다. 유머는 단순한 우스갯소리를 하는 차원이 아니다. 상대와의 대화를 원활하게 풀어 나가고 좋은 인상을 남길 수 있는 중요한 양념이다. 부드러움을 나타낼 수 있는 좋은 방법이다.

유머가 있는 리더에게는 적이 드물다. 설사 적이 있다 해도, 그는 유머를 활용해 적을 자기편으로 만든다. 유머가 없는 상사는 부하가 해고할 수 있어야 하고, 유머 없는 리더는 출근하지 말아야 한다. 왜냐하면 조직 분위기 망치는 것을 넘어서 과거의 틀에 갇혀 허우적거리면서 현재의 자리나 지키려 안절부절 못하고, 직원의 열정과 창의성까지 침체시킬 수도 있기 때문이다. 이제 조직의 리더는 각성해야 한다.

다음 질문을 읽고 '예', '아니오' 중 한 가지에 ✔ 표시하시오.

	리더의 유머 스킬 ('나의 상사는~' or '나의 동료는~')	Check	
		Yes	No
1	나는 다소 엉뚱하거나 변덕스러운 행동도 즐기는 사람이다.		
2	날마다 신문, 인터넷 등의 유머코너를 꼭 챙겨서 본다.		
3	내 자신이 바보 같은 실수를 했더라도 얼마든지 웃어넘길 수 있다.		

4	시사만화를 비롯한 각종 만화책들을 즐겨보는 편이다.		
5	아이들과 같이 노는 것이 좋다.		
6	유머만화, 농담 시리즈 등을 기억해두거나 수집하는 편이다.		
7	재미있는 영화는 반드시 보려고 한다.		
8	재미있는 이야기를 기억해 두었다가 동료, 친구, 가족에게 이야기해준다.		
9	친구나 동료들과 함께 있을 때 간혹 당황스러운 순간도 유머감각을 발휘하여 편안하게 받아넘긴다.		
10	하루 종일 자주 웃는 편이다.		
관련의견			

결과분석

(1) 'No'라고 응답한 문항 수가 3개 이하라면 당신의 유머감각은 대체로 낮은 편이다. 주위 사람들은 당신을 다소 심각한 사람으로 볼 것이다. 여러 가지 방법을 통해 유머감각을 키우는 것이 좋다.
(2) 'Yes'가 4~6개라면 당신의 유머감각은 대체로 양호한 편이다. 그러나 주위 사람들을 편안하게 대해 주고 그들을 즐겁게 해 줄 수 있을 만큼 적극적으로 유머감각을 발휘하는 수준은 되지 않다.
(3) 'Yes'가 7개 이상이라면 당신의 유머감각은 대체로 높은 편이다. 주위 사람들은 당신을 쾌활한 사람으로 생각하고 있으며, 그들은 당신과의 관계를 통해서 대체로 즐거운 감정을 경험하게 될 것이다.

| 표 10-1 | 종합진단 비교표

진단내용	본인 진단점수	팀 진단점수	타인진단 점수			본인-타인 최대 차이
			상사	동료	부하	
리더의 유머 스킬						

- 본인과 타인 간의 점수 차이가 클수록 원인을 잘 점검하고 개선할 필요성이 있다.
- 보다 자세한 진단 결과의 내용은 제1장의 '해석 및 요령'을 참조하라.
- 보다 신뢰성 있는 평가를 원한다면 진단표에 제시된 문답 중에서 자신이 더욱 개선되기 위해 노력해야 하는 항목을 조직(집, 학교, 공동체, 직장)에서 가장 신뢰하는 사람이나 정직한 피드백을 줄 것 같은 사람을 선정하여 경청한다.

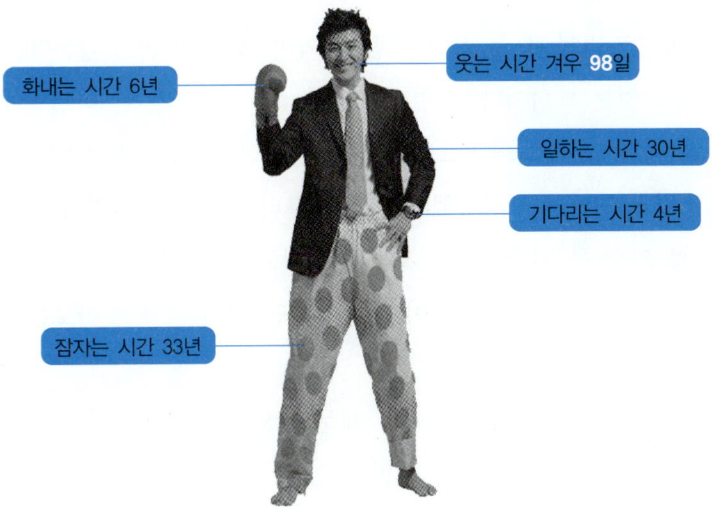

출처 : 삼성경제연구소(2009)

현재 한국인 평균 수명으로 본 웃는 시간은 겨우 98일로써 채 100일이 되지 못한다.

그러나 화내는 시간은 6년이다.

성공하는 리더에게 돋보이는 것은 바로 '유머 감각'이다.

Q2 리더의 주문 : 내 안의 시크릿 찾기

중국 하얼빈은 겨울에 영하 30도를 밑도는 아주 추운 도시이다. 아이스크림을 파는데 길거리에 내 놓고 그냥 판다. 아이스크림이 녹지 않는다는 말이다. 냉장고가 필요 없는 도시이다. 하얼빈의 겨울 그저 춥기만 한 하얼빈에 외국 관광객들이 올 리가 없다. 그야말로 장점이 없는 도시이다. 그러나 언제부터인가 그 약점을 강점으로 바꾸기 시작했다. 1985년부터 시작된 하얼빈의 얼음축제는 전 세계적으로 가장 큰 얼음축제로 자리를 잡았고, 그 축제로 인해 하얼빈은 자국 관광객은 물론이고 외국 관광객이 한해 200만 명이 넘게 찾아오는 성공적인 축제가 되었다.

열악하고 부족한 재원과 환경 때문에 오히려 그 약점을 역이용하여 강점으로 바꾼 일들이 역사적으로 보면 많이 있다. 서양속담에 북풍이 바이킹을 만든다는 말이 있다. 스칸디나비아 반도에서 불어오는 매서운 바람과 강한 북풍을 이기고 바다에서 살아남기 위해서는 강하고 튼튼한 배를 만들어야 했다. 그래서 그들은 큰 바람에도 풍랑에도 끄덕하지 않는 바이킹을 만들어 낸 것이다. 이제 단점이라 생각하는 것을 장점으로 승화시키고, 약점을 죽여라.

기록을 마쳤으면 자신의 내용 중 3~4가지만 서로 소개한다. 과정을 마쳤으면 이 프로그램을 통해서 느낀 점을 서로 토의하라.

작성 사례

나의 약점	약점을 장점으로
물건을 잘 잃어버린다(핸드폰, 우산).	사소한 일에 연연하지 않는다. 대범하다.
춤을 못 춘다.	음치인 서민정이 귀엽듯이, 몸치인 나도 깜찍하다.
여자라면 사족을 못 쓴다.	英雄好色. 영웅의 면모를 갖추었다.
술, 담배를 좋아한다.	인생의 멋을 아는 운치 있는 남자다.
키가 작다.	어디 가서 머리 부딪칠 일은 없다.
허풍이 좀 있다.	자신감이 넘치는 진짜 사나이다.
집안 대대로 대머리의 유전이 전해온다.	이것은 바로 절륜(絶倫)한 정력의 상징이다.
남의 말을 듣는 걸 싫어한다.	주장에 대한 추진력이 강하다.
화나면 불같다.	화를 잘 내지 않는다.
목이 안 좋다.	말을 적게 하고 많이 듣는다.
성격이 급하다.	일의 추진이 빠르다.
노래를 잘 못한다.	노래로 사람들을 오히려 웃길 수 있다.
식탐이 있다.	맛을 알고, 멋을 아는 진정한 식도락가이다.

작성 연습

나의 약점 작성	약점을 장점으로

03 성공을 가로막는 13가지 거짓말

론다 번(Rhonda Byrne)의 『시크릿(*Secret*)』을 읽어 보았는가? 그 책에서 말하고자 하는 것은 긍정적인 생각과 간절한 믿음이 만났을 때 강력한 힘을 발휘한다는 것이다. 이 강력한 법칙의 힘은 '난 안 돼', '난 할 수 없어'라는 부정적인 생각은 결국 그 사람이 원하지 않던 일을 끌어당긴다고 한다. 누구라도 일이 계속 꼬이는 상황이나 시기를 보낸 적이 있을 것이다. 이런 연쇄반응은 당신이 인식했든 못했든, 고작 생각 하나에서 비롯된 것이다. 나쁜 생각 하나가 그와 같은 생각을 더욱 끌어당기고, 거기에 갇혀서 결국 나쁜 일이 벌어지고 마는 것이다. 긍정의 생각은 '이끌림'의 법칙이 작용하지만, 부정적인 생각은 '끌어내림의 법칙'이 작동됨을 명심하라.

스티븐 챈들러(Steven Chandler)는 성공을 가로막는 13가지 거짓말을 고발하였다. 일상생활 속에서 자연스럽게 튀어나오는 거짓말을 불러오는 13가지 긍정적인 말로 바꾸자.

기록을 마쳤으면 자신의 내용 중 3~4가지만 서로 소개한다. 과정을 마쳤으면 이 프로그램을 통해서 느낀 점을 서로 토의하라.

작성 사례

성공을 가로막는 13가지 거짓말	성공을 불러오는 13가지 말
가만있으면 중간이나 가지!	좀더 적극적으로 나서겠어. 주목받고 싶어.
난 원래 이래!	'원래'란 단어는 존재하지 않아 / 이제부터 달라지겠어!
맨 정신으로 살 수 없는 세상이야!	이 세상은 아름답다 / 한번 살아볼만한 세상이야.

상황이 안 받쳐 줘!	상황을 바꾸어 보겠어! / 상황을 만들어보자.
내가 할 수 있는 일이 아냐!	I CAN DO IT / 다시 한 번 해 보겠어.
사람들이 날 화나게 해!	내 탓이야 / 사람들과 무엇이 문제인지 알아봐야겠어!
사실, 난 용기가 없어!	내 사전에 두려움이란 없다. 난 용기가 있어 100번 외쳐!
오랜 습관이라 고치기 어려워!	나쁜 습관은 조금씩 고쳐나가겠어 / 반복하다보면 고칠 수 있어!
왜 내겐 걱정거리만 생기지!	또 다른 미션이 주어졌군. 고민할 수 있어서 감사해!
이 나이에 뭘 하겠어!	지금부터도 충분해 / 항상 시작하는 기분이야.
이런 것도 못하다니 난 실패자야!	이번 실패로 큰 교훈을 얻었어. 이런 것도 못하면 내가 아니지!
인맥이 있어야 뭘 하지!	인맥을 쌓아놓자 / 너에겐 내가 있잖아.
하고 싶지만 시간이 없어서…	시간은 언제나 충분하다. 반드시 시간을 내어 해내겠어.

성공을 가로막는 13가지 거짓말	성공을 불러오는 13가지 말
가만있으면 중간이나 가지!	
난 원래 이래!	
맨 정신으로 살 수 없는 세상이야!	
상황이 안 받쳐 줘!	
내가 할 수 있는 일이 아냐!	
사람들이 날 화나게 해!	
사실, 난 용기가 없어!	
오랜 습관이라 고치기 어려워!	
왜 내겐 걱정거리만 생기지!	
이 나이에 뭘 하겠어!	
이런 것도 못하다니 난 실패자야!	
인맥이 있어야 뭘 하지!	
하고 싶지만 시간이 없어서…	

04 내 이름 앞의 위대한 수식어

바른 말, 정직한 말, 고운 말은 사람을 행복하게 하지만 욕설, 이간질, 거짓말, 꾸밈말은 사람을 불행하게 한다. 그러나 조사(弔辭)나 호소문 또는 설득을 목적으로 하는 연설문은 꾸밈말을 적절히 사용하는 것이 효과적이다. 언론은 '수식어' 붙이기를 좋아한다. 만들기도 잘 만들고, 잘 가져다 붙인다. 숱한 수식어 가운데 가장 대표적인 것은 '국민'이란 타이틀이다. '국민 여동생' 김연아, '국민 배우' 안성기, '국민 가수' 조용필 등이다. 그렇다면 나에게는 어떤 수식어가 어울릴까? 사람들이 세뇌당할 만큼 매력적인 나의 특징들을 자기 이름 앞에 긴 '꾸밈말'로 만들어보자! 다음 낱말들을 참고하지만 없는 것도 사용 무방하다. 즉, 자신의 브랜드를 만들고 스스로 그런 리더가 되자!

기록을 마쳤으면 자신의 수식어를 서로 발표한다. 과정을 마쳤으면 이 프로그램을 통해서 느낀 점을 서로 토의하라.

작성 사례

1) 저는 (애착이 강한, 감정기복이 심한, 정직한, 소심한, 성실한, 낙천적인, 비밀이 많은, 수다쟁이인, 잡지식이 많은, 단순한, 둔한, 건망증이 심한, 털털한, 샘이 많은, 소극적인, 고지식한, 순종적인, 우유부단한, 겁이 많은, 로맨틱한, 공상적인, 예의바른, 낯을 가리는, 호기심이 많은, 게으른, 한번 시작하면 집요한, 고집이 센, 덜렁거리는, 엄살이 심한, 동정심이 많은, 눈물이 많은) 남자(여자)입니다.

2) 저는 (고귀한 혈통과 제왕의 기품, 천상의 미와 악마의 지혜, 그 어떤 수식어와 빛나는 찬사도 그 앞에선 빛을 바래고 마는, 존재를 넘어선 전설, 역사를 넘어선 신화가 된 남자, The Masterpiece of God) 남자 ○○○입니다.

3) 저는 (유능하고, 성격이 좋고, 자기 절제력이 뛰어난 사람이자, 많은 사람들에게 호감을 주고, 사람들을 잘 리드할 수 있는 동시에 매력적이고 아름다운) 여자 ○○○입니다.

4) 저는 (잔정이 많지만 공과 사는 구분할 줄 알고, 사람을 좋아하지만 나쁜 사람도 존재한다고 믿으며, 컴퓨터 공학이 적성에 맞지 않는다고 생각하지만 어느새 컴퓨터 공학적인 사고를 하고 있고, 커피를 좋아하지만 잠자는 것도 좋아하며, 학점은 낮지만 공부에 소홀한 만큼 더 값진 경험을 하고 살았다고 생각하고, 매사에 게으르고 느리지만 매일 운동하며, 소심하지만 그래도 할 말은 하고 사는 솔직하고 다정한) 여자 김소희입니다.

5) 저는 (수다스럽고, 친구를 잘 믿는, 낯을 가리기도 하지만 친해지면 숨기는 것이 없는, 너무 솔직해서 직설적인, 그래서 속기도 많이 속고, 짜증도 심하고, 질투심도 강하고, 안 좋은 일 있으면 혼자 끙끙거리다가 털어놓고, 아프면 아무것도 못 먹고, 덜렁거리기도 심하고, 내 멋대로 하는 게 특기인데다가, 잘 웃고, 실속이 없으며, 엘레강스하고, 도도하고, 순수하며, 지적이고, 귀여운, 말은 이렇게 하지만 전혀 아닌 걸 잘 알고 있는) 여자 박미경입니다.

저는 ____

____

____

____

____

____

______________________________________한 여자(남자)입니다.

05 칭찬할 만한 '부모님 리더십' 7가지 찾기

인터넷에서의 ID 보안이 필수인 시대에, 처음으로 한 사이트에 회원가입을 할 때면 어김없이 등장하는 것이 '비밀번호 힌트'이다. 비밀번호 힌트의 질문 목록 중 이런 것이 있다. '나의 보물 제1호는?' 나는 항상 그 힌트를 선택하고 그에 대한 답변에 '가족'을 적어 넣는다. 가끔은 '가장 존경하는 분은?'이라는 질문과 함께 '부모님'이라는 답변을 적어 넣는다.

마이크로소프트(MS)의 창업자 빌 게이츠를 키워낸 빌 게이츠 시니어는 아들의 가정교육을 어떻게 했을까. 빌 게이츠에 따르면 그는 "잘하지 못하는 것도 자꾸 시도해 봐라.", "밖에 나가 운동을 즐겨라."라는 말을 자주 했다고 한다. 당시엔 의미를 잘 몰랐지만, 돌이켜보니 스포츠로 리더십도 기를 수 있었고 내가 잘하지 못하는 일과 맞닥뜨려 도전하는 경험도 할 수 있게 하였다고 한다.

미국 대통령 버락 오바마의 자서전 『내 아버지로부터의 꿈』에는 오바마의 친아버지(오바마 시니어)에 대한 이야기가 나온다. 하와이대 졸업 후 장학생으로 하버드대 대학원에 진학한 그는 신생 독립국 케냐에서 촉망 받는 수재였다. 웅변가였던 그는 자석과도 같이 사람들을 끌어당기는 성격이었다고 한다. 합리성·도덕성을 내면화한 인물로서 자신을 경멸한 백인을 설득할 정도로 소통 능력이 뛰어났다고 한다.

이렇듯 겉으로 드러나는 표현은 덜할지 모르지만 항상 우리 부모님에 대해 생각한다. 우리가 부모님으로부터 물려받은 것은 몸의 생김새뿐만 아니라, 말투, 표정, 생활습관, 생각 등 너무나 많다. 여러분은 여러분의 또 다른 모습일 수도 있는 부모님으로부터 무엇을 물려받았다고 생각하는가? 부모님과 자신을 비교해 보면서 자신이 가장 배울만하다거나 특별히 자랑스럽게 여길 만한 나의 '부모님 리더십' 7가지를 찾아보라.

기록을 마쳤으면 자신의 내용 중 2~3가지만 서로 소개한다. 과정을 마쳤으면 이 프로그램을 통해서 느낀 점을 서로 토의하라.

| 보기 1 | 외동아들인 내가 아플 때면 사적인 시간을 포기하면서 나를 돌봐주시던 어머니, 아무리 힘들더라도 이 악물고 참아주시는 아버지가 있다. 부모님의 행동은 작은 것부터 큰 것까지 모두 리더십으로 다가온다. 나의 부모님, 그리고 대부분의 부모님들이 지닌 리더십을 설명하겠다. 우선 풍림화산(風林火山)의 리더십으로 설명하겠다. 풍 : 부모님의 사랑, 베풂은 더울 때 불어오는 상쾌한 바람과 같다. 림 : 부모님의 사랑과 마음은 넓기가 끝없이 펼쳐진 숲과 같다. 화 : 자식에 대한 사랑, 열정이 꺼지지 않는 불과 같다. 산 : 계절에 따라 변하기는 하지만 언제나 그 자리를 지키고 있는 든든한 산과 같다.

| 보기 2 | 1. 신뢰의 리더십 : 저희 부모님은 굉장히 묵묵히 지켜봐 주십니다. 저와 제 동생은 쌍둥이여서 수험생 시절, 두 아들이 부모님의 기대에 부응하지 못하는 성적이 나왔을 때 굉장히 실망하셨을 텐데도 저희를 항상 믿어주셨습니다. 물론 최선의 결과를 얻어오지는 못했지만, 저는 서강대 경영학과 제 동생은 성균관대 법학과를 합격하여 저희가 원하는 길을 갈 수 있게끔 하는데 큰 영향을 주셨습니다.

2. 배수의 진의 리더십 : 극단적인 상황에 직면해서도 좋은 의미의 최후의 수단을 통해서 늘 나쁜 상황을 반전시켜 결과를 좋게 해주십니다. 저와 제 동생이 군 입대를 못하게 된 상황에서 물론 아직 결과는 모르지만(물론 잘될 것이라 믿습니다) 저와 동생 모두 고시 공부를 함으로써 상황을 좋은 방향으로 만들 수 있게 방법을 제시하시고, 결과도 좋게 만들도록 노력해주십니다.

3. 물심양면의 리더십 : 저희 아들들이 공부를 하는데 있어서 늘 걱정이 없도록 물심양면으로 힘써 주셔서 저희가 부담을 조금이라도 덜도록 해주셔서 늘 최선의 결과를 얻게 해주십니다.

4. 웃음의 리더십 : 늘 웃음을 띠고 계셔서 보는 사람으로 하여금 흐뭇하게 하고, 편안한 상태로 느끼도록 항상 배려해 주십니다.

5. 속도의 리더십 : 정보를 가장 빨리, 많은 곳에서 정확한 정보를 얻어주셔서 불안한 상황에서도 잘 대처할 수 있도록 해주셨습니다. 이는 저의 학교 진학이나 수험생활, 대학생활에서 많은 도움이 되었습니다.

6. 솔선수범의 리더십 : 저의 어머니는 학원을 운영하시는 학원 원장님인데, 물론 경영자이기 때문이기도 하겠지만, 항상 제일먼저 직장에 나가계시고, 가장 늦게까지 열심히 일을 하고 오셔서 직원분들에게 들은 바로 늘 솔선수범하시고 열정이 넘치시는 대표로 인정받고 있으십니다.
7. 이미지 리더십 : 저희 아버지 어머니는 외모가 저와는 다르게 굉장히 뛰어나신 편인데, 옷도 잘 입고 다니셔서 늘 보는 사람들이 첫인상이 좋다고 하십니다. 인상이 좋은 이미지를 가꿈으로써 더 좋아지기 때문에 늘 사회에서도 조금 더 플러스 되는 요인이 있도록 노력하십니다.

(1) ______________________________

(2) ______________________________

(3) ______________________________

(4) ______________________________

(5) ______________________________

(6) ______________________________

(7) ______________________________

06 칭찬합시다

지그 지글러(Zig Ziglar)의 『정상에서 만납시다』에는 "지구상에서 30억의 인구가 매일 밤 굶주린 배를 움켜쥐고 잠자리에 든다. 그러나 그보다 많은 40억의 인구가 매일 밤 따뜻한 격려의 말 한 마디를 아쉬워하며 잠자리에 든다."라는 문구가 나온다. 사람들은 칭찬을 통해 성장한다. 부와 명예 말고 조직과 리더를 위해 해줄 수 있는 것이 더 많다. 부하들이 필요로 하는 확신 있는 말과 같은 다양한 표현들을 연구하고 배워야 할 것이다. 물감을 아끼면 그림을 못 그리듯 꿈과 칭찬을 아끼면 성공을 그리지 못한다. 부하의 꿈을 깨뜨리는 리더가 아닌, 꿈을 잡게 하는 리더가 되어야 할 것이다. 칭찬을 많이 받아본 사람은 칭찬이 주는 위대한 힘을 알고 있다.

칭찬은 부모와 자녀 사이를 더욱 긍정적으로 변화시킬 뿐만 아니라, 다른 사람들과의 관계에서도 원만함을 유지하는 윤활유 역할을 해 준다. 칭찬은 대인 관계를 부드럽게 하는 '윤활유'와 같다. 칭찬은 일 년에 한두 번 맛보는 것으로 행복해지는 고급 프랑스 요리가 아니다. 매일 섭취해야 하는 쌀이고, 단백질이고, 물이다. 창의적 사고와 행동을 일으키고, 그것을 지속하기 위해 필요한 에너지인 것이다. 따라서 칭찬과 격려는 급속한 속도로 변화하는 오늘날 우리 모두에게 주어진 시대적 요구이며 리더의 덕목이다. 매일매일 '육각수 언어'로 칭찬하고 격려해 보기 바란다.

기록을 마쳤으면 자신의 내용 중 2~3가지만 서로 발표한다. 과정을 마쳤으면 이 프로그램을 통해서 느낀 점을 서로 토의하라.

(1) 당신이 꼭 칭찬을 하고 싶은 사람이 있다면 그(녀)는 누구인가? 사실에 근거하여 칭찬한다.

(2) 당신이 받은 칭찬 중에서 가장 기억에 남는 칭찬은 무엇인가? 그때 당시의 기분으로 돌아가서 감동적으로 설명해보라.

(3) 당신이 꼭 칭찬 받고 싶은 사람이 있다면 그(그녀)는 누구인가? 그(그녀)에게 칭찬받을 수 있도록 실천해보라.

07 수사반장 기법

유머는 단순한 우스갯소리를 하는 차원이 아니다. 상대와의 대화를 원활하게 풀어 나가고 좋은 인상을 남길 수 있는 중요한 양념이다. 유머 리더십을 발휘하기 위한 한 가지 방법은 「수사반장」 기법이다. 수사반장 기법은, 첫째 유머거리를 수집한다. 둘째, 사용한다. 즉시 써먹는다. 셋째, 반응을 살핀다. 상대방의 호응도를 파악한다. 마지막으로 장기를 살린다. 자기 자신의 장점을 살려 계속 시도하는 것을 말한다.

수사반장 기법을 좀더 깊이 설명하면 일단 소재를 수집해야 한다. 웃겨야 하는 직업을 가진 개그맨들도 유머 소재를 찾기 위해 많은 정보를 수집한다. 일상생활에서 개그맨 수준이 될 필요는 없지만, 정보 수집은 필요하다. 새로운 이야기를 습득하는 데는 여러 가지 방법이 있다. 가장 쉬운 것은 대중 정보 매체를 이용하는 것인데, 신문에 있는 '유머란'을 활용하면 손쉽게 소재를 얻을 수 있다.

또한 '시사만평'이나 TV의 개콘, 웃찾사, 혹은 만화를 보고 재미있는 대목을 살짝 기억해 두었다가 적절히 활용해 본다. 이런 모방에서 새로운 이야기가 탄생하는 것이다. 신문뿐 아니라 이야기를 모아 놓은 책이나 인터넷 사이트를 이용하면 더욱 다양한 유머를 만날 수 있다. TV의 토크쇼를 시청하거나 가족들과 유머를 교환해도 도움이 된다.

몇 가지 소개를 해 보면 1) 대령이 가장 좋아하는 노래는? 2) 1일 300원씩 곗돈을 부었는데 1년이 되면 1억이 되는 계는? 3) 말이 많은 사람은? 4) 이혼의 근본적인 원인은? 5) 사람 몸에 붙어있는 곤충은? 6) 소금으로 부자가 되려면? 7) 글 중에서 가장 어지러운 글은? 8) 보내기 싫으면 어떻게 해야 하나? 9) 산토끼의 반대말은? 10) 이 콩깍지가 깐 콩깍지냐 안 깐 콩깍지냐를 5자로 한다면? 11) 45도 위스키 5병과 25도 소주 10병을 마셨다. 모두 몇 도인가? 12) 돼지가 동쪽으로 머리를 돌리고 있으면 꼬리는 어느 쪽일까? 13) 거지가 싫어하는 색깔은? 14) 가장 어렵게 지은 절의 이름은? 15) 죽이다의 반대말은? 이제 당신이 알고 있는 최신 유머가 있다면 이야기해보라.

〈추천 답〉 1. 저 별은 나의 별 2. 황당무계 3. 목장주인 4. 결혼 5. 대충 6. 소와 금으로 나눈다. 7. 빙글빙글 8. 주먹이나 가위를 낸다. 9. 죽은 토끼, 판토끼, 알카리토끼, 집토끼, 바다토끼 10. 깐겨, 안깐겨 11. 졸도 12. 아래쪽 13. 인색 14. 우여곡절 15. 밥이다.

08 아름다운 댓글달기

읽어보기조차 끔찍한 악플들이 지금도 인터넷에 수없이 떠돌고 있다. 악플은 소리 없는 총과도 같이 무고한 생명을 해칠 수 있으며 심각한 정신적 피해를 안겨줄 수 있는 치명적인 무기로 이용될 소지가 높다. 입에 담기조차 부끄러운 온갖 욕설과 비방으로 인터넷 세상이 얼룩지고 있고 이런 악플에 어린이와 청소년들이 무방비로 노출돼 있다는 것은 우리사회의 크나큰 문제이다.

따뜻한 말 한마디, 아름다운 댓글이 아름다운 인터넷 세상, 아름다운 사회를 만듭니다. 악플 대신 선플을 달아서 인터넷공간을 화목하고 아름답게 만들어 나가도록 합시다. 댓글은 곧 나의 인격 그 자체를 대변한다. 선플을 다느냐 악플을 즐기느냐를 보면 그 사람의 실체가 가장 적나라하게 드러나는 순간이다. 그러므로 이제부터 우리 함께 노력하여 악플이 발을 붙일 수 없는 '청정 공간'을 만들어 갑시다. 악플은 그릇된 사회 풍조를 반영하며 민주적 사회의 존립을 가로 막는 행동이다. 그러나 '선플'은 사람을 춤추게 한다. 이제 선플을 통해 '긍정적인 감정'을 나누어보자.

| 보기 | 아름다운 댓글 나누기 : 긍정적인 감정 나누기

________야! 너는 소중하다. 사람이니까 실수할 대도 있단다.

________야! 너를 믿는다. 자꾸 노력하고 연습하면 더 잘 할 거야.

________야 네가 자랑스럽다. 앞으로 더 잘 될 것을 믿는다.

________야! 너도 알고 싶지? 생각해보면 답을 찾을 수 있을 거야.

________야! 너도 해보고 싶지? 너는 세상의 무엇과도 비교할 수없는 소중한 존재란다.

________야! 네티즌은 너를 사랑한다.

위와 같은 말은 네티즌에게 마음속에 이런 생각이 자랄 것이다.

네티즌들에게 정당한 평가를 받고 있구나. 나를 좋아하는 구나.
나도 열심히 하면 가능성이 있는가 보다.
나에게 기대를 거시지만 부담을 안주려고 애쓰신다.
나는 남에게 사랑받을 만한 가치가 있구나.
나는 소중한 사람이다. 나에겐 이런저런 장점이 많구나.
내가 무슨 일을 하던 네티즌은 내 편이다.

그럼 지금부터 내가 속한 사이버 공간에서부터라도 악플 추방운동을 먼저 시작해 보면 어떨까? 구체적으로 보내고 싶은 상황을 찾아보고, 나의 선플을 구성해 보도록 하자. 그리고 일주일에 한 사람 이상에게 선플을 보내보자. 선플 운동본부[1]와 하얀날개 달기운동[2] 등에도 참가해 보자.

기록을 마쳤으면 자신의 아이디어와 느낀 감정을 적은 '기록 시트'를 서로 보여 주거나 발표하고, 과정을 마쳤으면 이 프로그램을 통해서 느낀 점을 피드백하라.

____

____

____

1 http://www.sunfull.or.kr/
2 club.cyworld.com/e-Ethic

"자신이 하는 일을 재미없어 하는 사람 치고 성공하는 사람 못 봤다."

"People rarely succeed at anything unless they have fun doing it."

– 데일 카네기(Dale Carnegie) –

PART 6

각도 리더십

Flexible Leadership

만일 당신이 리더라면, 당신을 채용하겠는가?
당신의 리더십 각도는 어디로 향하고 있는가?

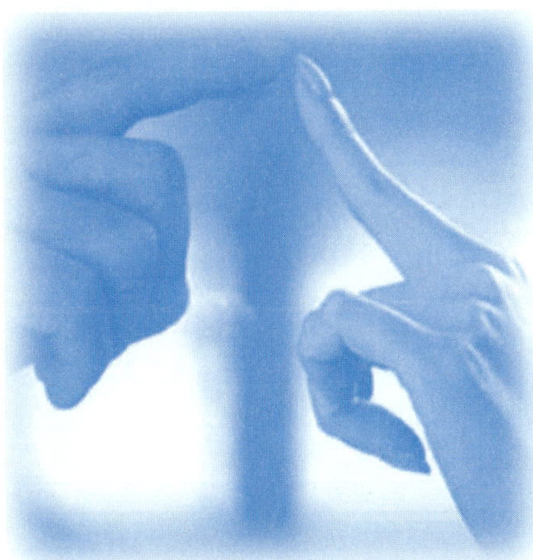

리더십에서 중요한 것은 속도만큼이나 방향이 중요하다. 각도(角度)의 리더십은 리더라면 사물이나 사건에 대한 판단의 각도(Angle : 안목, 시각)가 단순한 흑백의 논리가 아닌 무지개 색깔(Rainbow Color : 다양한 시각)로 판단할 줄 알아야 함을 의미한다. 각도의 리더십을 지닌 리더는 우리에게 익숙한 주제라도 새로운 시각을 가지고 사물을 다른 관점에서 바라본다. 높은데서 멀리 바라보는 독수리눈(Eagle's Eyes)처럼 폭넓은 시야를 가지고 일상의 다양한 논점과 경험에 대해 생각하고 말한다. 열정적으로 자신의 일을 설명한다. 언제나 자기 자신에 대해서만 말하려 하지 않는다. 호기심이 많아서 좀더 알고 싶은 일에 대해서는 "왜?"라는 질문을 던진다. 상대에게 '공감'을 나타내고 상대의 입장이 되어 말할 줄 안다.

따라서 세상을 보는 시야를 넓혀야 한다. 이는 역지사지(易地思之)의 판단능력과 창의적 사고라고 할 수 있으며, 시스템적 사고와 전략적 사고로써 글로벌 시각과 미래지향적 판단능력을 의미한다. 여기에는 당연히 팔로워십(Followership)이 해당된다. 과부 사정은 홀아비가 안다. 리더의 입장은 리더가 되어 보아야만 알 수 있고 이해할 수 있다. 우리가 좋은 팔로워가 되기 위해서는 리더의 입장을 시뮬레이션하는 것이 필요하다.[1]

1 사우스 웨스트 항공사에는 다음과 같은 기회가 주어진다. 예를 들어 간부 리더십 프로그램이 그러하다. 다른 회사의 경우는 강사가 있고 나머지 직원은 조용히 앉아 강사의 얘기를 들으면 된다. 당연히 책임감도 없고 리더십도 생겨나지 않는다. 사우스 웨스트 항공사의 리더십 강의에는 강사가 없다. 모두가 다 가르칠 준비를 해야만 한다. 그리고 수강생 중 무작위로 사람을 선발하고 선발된 사람이 강의를 한다. 당연히 모두 긴장하고 준비를 한다. 워크숍 형태로 강의가 시작되는데 불꽃 튀는 토론과 논쟁이 벌어진다. 돌아가면서 팀장 역할을 해보는 것도 좋은 방법이다. 재미있는 사실은 게으르고 빤질거리거나 문제가 있는 팀원도 일단 팀장을 하고나면 생각이나 행동이 눈에 띄게 달라진다는 것이다. 그만큼 제대로 된 훈련은 사람을 변화시킨다(김재득, 2008).

당신의 리더십 각도는 어디로 향하고 있습니까?

옛날 아주 가난한 집안에 태어난 두 형제가 있다. 하지만 현재 두 사람은 너무도 다른 삶을 살고 있다. 형은 거리의 걸인 신세를 면하지 못했지만, 동생은 박사 학위를 받고 훌륭한 대학 교수가 된 것이다. 이런 현상이 궁금했던 어떤 기자가 이들의 사정을 듣고 어떻게 똑같은 환경에서 이렇게 다른 인물이 나오게 되었는지 심층취재하게 되었다.

취재 도중 기자는 특이한 액자 하나를 발견하게 된다. 그것은 두 형제가 자란 집에는 Dream is nowhere(꿈은 어느 곳에도 없다)라고 적힌 조그만 액자였다. 꿈이 없다니? 이상하게 생각한 기자는 형제에게 "그 액자가 기억납니까?"하고 질문을 던졌다. 걸인 형은 이렇게 대답했다. "네. 있었습니다. 그 액자는 20년 넘게 우리 집에 있던 액자였습니다. 저는 항상 그것을 보며 자랐습니다." 한편, 인생에서 성공을 거둔 동생은 미소 지으면서 이렇게 대답했습니다. "네. 있었습니다. 하지만 저는 띄어쓰기를 달리 해서 보았습니다. Dream is now here(꿈은 바로 지금 여기에 있다). 전 늘 그렇게 생각하며 자랐습니다."

당신의 리더십 각도는 부정을 향하고 있는가? 긍정을 향하고 있는가? 당신은 살아가면서 어떤 검색 엔진을 사용하고 있는가? 부정적인 생각과 언어로 검색을 하고 있는가? 긍정적인 생각과 언어로 검색을 하고 있는가? 당신의 안목과 시야는 어디로 향하고 있는가? 당신의 손가락은 어디로 향하고 있는가? 꿈과 도전을 지향하고 있는가? 실패와 좌절을 가리키고 있는가? 마이더스(Midas)의 손이 될 것인지 마이너스(Minus)의 손이 될 것인지는 당신이 가리키고 있는 손가락의 각도에 달려있다.

CHAPTER 11

팔로워십과 임파워먼트

리더십의 수난 또는 리더십 부재의 시대다. "훌륭한 리더는 이러해야 한다.", "성공적인 리더가 조직을 이끈다." 등 수많은 주장이 난무하지만 정작 리더를 돕는 이론이나 방법이 제시된 바는 드물다. 따라서 필자는 21세기 조직의 대형화와 업무의 전문화 · 복잡화 속에서 리더십 이론에만 매달리는 것은 결코 현명한 일이 아니라는 인식하에 '리더를 따르는 사람', '리더를 돕는 사람들'에 훨씬 매력을 느끼고 주목하게 되었다.

흔히 리더십(Leadership)과 팔로워십(Followership)을 별개의 개념으로 생각하는 경향이 있다. 그러나 팔로워(Follower)는 리더(Leader)의 반대되는 개념이 아니며, 단순한 주종 관계나 수직적 관계도 아니다. 공동의 목표를 향해 나아가는 파트너를 의미한다. 사람의 몸에서 발생하는 모든 질병의 원인이 감기 때문일 수 없듯이 조직에서 발생하는 문제 역시 전적으로 리더십에 의한 것으로만 볼 수 없다.

임파워먼트(Empowerment)란 권한의 전체 크기가 미리 정해져 있다는 기존의 가정을 깬 개념으로 그 크기를 늘릴 수 있다는 접근 방법이다. 임파워먼트는 전통적 통제 중심의 사고인 권한위임과는 의미가 다르다. 유능한 리더는 부하들에게 없는 것을 제공하는 사람이 아니다. 이미 지니고 있는 것을 최대한으로 발휘하도록 도와주는 사람이다. 따라서 임파워먼트란 '통제 중심'에서 '자율 중심'으로 개인과 조직을 옮기는 '문화 변화'의 과정이다.

자기진단
Dynamic self-Question

01 켈리(Kelly)의 팔로워십

현실적으로 우리 주변의 조직을 살펴보아도 리더십과 팔로워십은 결코 다른 개념이 아닌 동전의 양면처럼 긴밀하게 공존하면서 지속적인 상호 작용을 통해 존재를 지켜 나가는 것을 알 수 있다. 아무리 작은 조직이라 하더라도 리더가 있다면 반드시 팔로워가 있고 때로는 리더와 팔로워가 동일 인물일 수도 있다. 리더십만큼이나 강조되어야 하는 것이 바로 팔로워십이다. 리더십이란 결코 팔로워십을 떼어놓고는 이야기할 수 없는 개념이다.

따르는 사람이 없는 사람은 리더가 아니다. 혼자서 북 치고 장구 치는 사람 역시 리더가 아니다. 리더의 전제 조건은 따르는 사람이 있어야 한다는 점이다. 훌륭한 리더 옆에는 반드시 훌륭한 팔로워가 있다.

따르는 사람에도 종류가 있다. 켈리(Kelly, R. E.)가 제시한 팔로워십 유형은 독립적・비판적인가? 의존적・무비판적인가? 행동성향이 수동적인가・적극적인가?를 기준으로 소외형, 순응형, 수동형, 모범형, 실무형 팔로워로 구분된다.

다음의 설문에 답하고 자신의 팔로워 유형을 점검하라. 자신의 좌표는 어디인가? 기록을 마쳤으면 '기록 좌표'를 서로 보여 주거나 발표하고, 과정을 마쳤으면 이 프로그램을 통해서 느낀 점을 토의하라.

	Kelley의 팔로워십(Followership) ('나의 상사는~' or '나의 동료는~')	Check 그렇지 않다-그렇다
1	당신의 일은 자신에게 중요한 그 어떤 사회적 목표나 개인적인 꿈을 성취하는 데 도움이 되는가?	1 2 3 4 5
2	당신 개인의 작업 목표가 조직의 최고 목표와 조화하는가?	1 2 3 4 5
3	당신은 최선의 아이디어와 능력을 일과 조직에 쏟아 붓고, 지극히 헌신적이며 정력적으로 일하는가?	1 2 3 4 5
4	당신의 열의가 확산되어 동료 직원들을 활기차게 만드는가?	1 2 3 4 5
5	리더의 지시를 기다리거나 단순히 떠맡는 것이 아니라, 조직에 가장 중요한 목표를 하기 위해서는 무엇이 제일 중요한 조직 활동인가를 자신이 직접 판단하는가?	1 2 3 4 5
6	리더와 조직에 더욱 가치 있는 사람이 되기 위해서 당신은 그런 중요한 활동 속에서 독특한 능력을 적극적으로 발휘하는가?	1 2 3 4 5
7	새로운 일이나 임무가 시작되었을 때 리더가 중요한 의미라고 생각하는 업무에서 곧바로 공적을 세우는가?	1 2 3 4 5
8	당신이 기한 안에 일을 훌륭히 해낼 뿐만 아니라, 때로 당신이 '부족한 점을 채울' 것이라는 점을 믿고 리더가 어려운 임무를 당신에게 맡기는가?	1 2 3 4 5
9	당신은 자신의 업무 범위를 벗어나는 일도 찾아내서 성공적으로 완수하기 위해 솔선수범하는가?	1 2 3 4 5
10	집단 프로젝트의 리더가 아닐 때도, 맡은 일보다 많은 일을 하고 능력껏 공헌을 하는가?	1 2 3 4 5
11	리더나 조직의 목표에 크게 공헌할 수 있는 새로운 아이디어를 독자적으로 고안해서 적극적으로 제기하는가?	1 2 3 4 5
12	기술적인 것이든 조직적인 것이든 리더에게 의존해서 어려운 문제들을 해결하기보다는 스스로 해결하려고 하는가?	1 2 3 4 5
13	자신은 아무런 인정을 받지 못할 지라도 다른 동료들이 좋은 평가를 받도록 돕는가?	1 2 3 4 5
14	필요한 경우 일부러 반대 의견을 개진해서라도 리더와 그룹의 아이디어나 계획의 상향 잠재력과 하향 위험성 모두를 볼 수 있도록 돕는가?	1 2 3 4 5
15	리더의 요구나 목표, 제약을 이해하고, 그것들을 충족시키기 위해서 열심히 일하는가?	1 2 3 4 5
16	자신에 대한 평가를 뒤로 미루기보다는 장점과 약점을 적극적이고 솔직하게 인정하는가?	1 2 3 4 5

17	지시받은 일만을 하는 데서 탈피해 리더가 내린 판단이 얼마나 현명한가를 스스로 평가해 보는 습관이 있는가?	1 2 3 4 5
18	리더가 자신의 전문 분야나 개인적 취미에 흥미를 정면으로 배치되는 일을 해 달라고 부탁할 때 '싫다'고 할 수 있는가?	1 2 3 4 5
19	리더나 집단의 기준이 아니라 자신의 윤리적 기준에 따라 행동하는가?	1 2 3 4 5
20	당신이 속한 집단과 갈등하거나 리더로부터 보복을 당한다고 해도 당신은 중요한 이슈에 대해서 자기 견해를 주장하는가?	1 2 3 4 5
관련의견		

| 표 11-1 | 종합진단 비교표

구 분		각 요인별 점수	
		독립적·비판적 사고	적극적·능동적 참여
문항번호		1, 5, 11, 12, 14, 16, 17, 18, 19, 20	2, 3, 4, 6, 7, 8, 9, 10, 13, 15
본인의 점수			
팀 평균점수			
타인 진단 점수	상사		
	동료		
	부하		
본인-타인진단 최대 차이 값			

- 본인과 타인 간의 점수 차이가 클수록 원인을 잘 점검하고 개선할 필요성이 있다.
- 보다 자세한 진단 결과의 내용은 제1장의 '해석 및 요령'을 참조하라.
- 보다 신뢰성 있는 평가를 원한다면 진단표에 제시된 문답 중에서 자신이 더욱 개선되기 위해 노력해야 하는 항목을 조직(집, 학교, 공동체, 직장)에서 가장 신뢰하는 사람이나 정직한 피드백을 줄 것 같은 사람을 선정하여 경청한다.

| 그림 11-1 | 팔로워십 진단 결과표

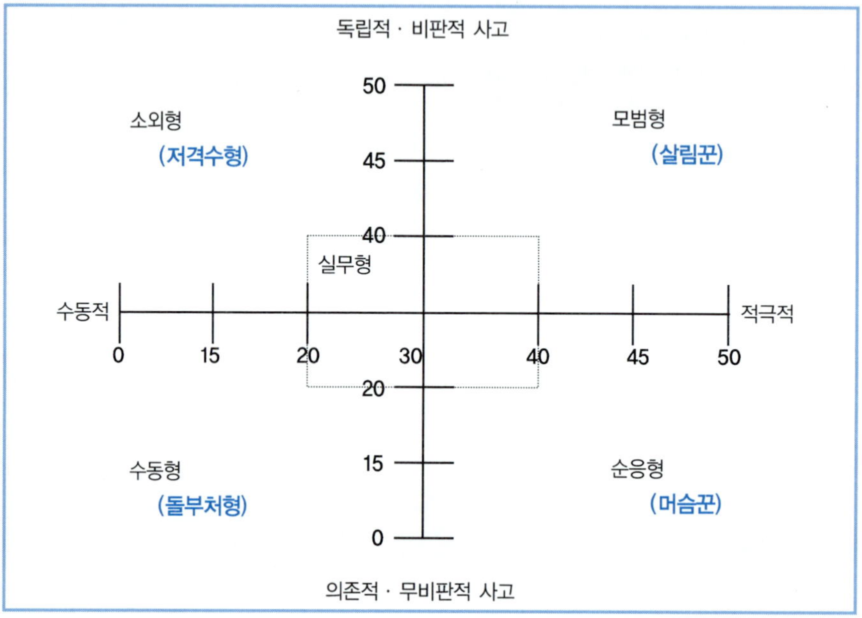

자료 : Kelley, R. E.(1994). *The Power of Followership*. N.Y. : Doubleday Dell. 저자 재구성.

02 콩거와 카눙고(Conger & Kanungo)의 카리스마 리더십

성공한 사람들은 모두 '부드러운 카리스마'를 발휘했다. 부드러운 카리스마란 언제 어디서나 중심을 잃지 않고 뛰어난 공감을 보여주며 자신을 표현하는 힘이다. 또 모든 것을 포용할 수 있는 유연한 사고와 신체를 통해 자신만의 매력을 발산하는 능력이다. 사람의 몸과 마음은 무리한 강요가 아닌 부드러운 설득에 의해 효과적으로 움직인다. 결국엔 부드러움이 강함을 이긴다는 사실이다. 큰소리치지 않고 상대방을 내편으로 만들어 움직일 수 있는 자만이 '따뜻한 등불'을 손에 쥘 수 있다.

과거의 수직관계에서 벗어나 지금은 서로 마음을 열고 신뢰와 존경을 쌓는 수평관계를 추구해야 한다. 최후에 웃는 자는 강한 사람이 아니라 부드러운 사람이다. 이들은 어떤 위기가 찾아와도 자신의 의지를 부드럽게 조절할 수 있는 능력을 갖추었다. 새싹이 따뜻한 햇살을 비추는 봄에 돋아나는 것처럼 사람의 몸과 마음은 무리한 강요보다 부드럽게 설득할 때 효과적으로 움직인다. 나날이 복잡해지고 치열한 경쟁의 세계에서 큰소리치며 싸우는 사람은 결코 이길 수 없다. 작지만 부드러운 소리로 상대방을 내 편으로 만들어 움직일 수 있는 사람이 진짜 승자가 될 수 있다. 내게 힘이 되어줄 사람을 찾고 있다면 등에 '부드러움' 하나만 지고 떠나라. 부드러운 카리스마는 당장 눈앞의 문제를 해결하려는 조급함이 아닌, 먼 미래까지 내다본 인간관계의 '긍정적인 힘'이다.

최근 부드러운 카리스마적 리더십의 측정도구로 콩거(Conger, 1997) 등이 개발한 척도를 필자는 널리 애용하고 있다. 부드러운 카리스마 리더는 다음과 같은 5가지 차원의 행동을 보이는 것으로 나타났다. '콩거－카눙고 척도(Conger-Kanungo Scale)'

로 불리는 이 설문은 1994년에 25개의 항목으로 구성된 카리스마적 리더십의 측정 설문을 개발하여 발표하였는데, 이후 계속된 신뢰성 및 타당성 분석을 통하여 1997년에 20개 항목으로 축약시킨 측정도구를 말한다.

이 측정설문은, 첫째 조직 구성원들이 수용할 만한 전략적 비전을 제시하고 이를 구체화하는 하는 행동(전략적 비전수립 : Vision and Articulation), 둘째 주변 환경이 부여하는 제약조건과 기회를 현실적으로 평가할 수 있는 환경 민감성(Environment Sensitivity), 셋째 조직 구성원들에게 호소력 있고 혁신적으로 비추어지는 비전을 제시하기 위한 전제조건으로 하위자의 욕구와 가치관 및 포부에 대한 민감성(구성원의 욕구 민감성 : Sensitivity of Members' Needs), 넷째 자신이 주창하는 비전을 달성하기 위해 위험을 감수하며 값비싼 대가를 치르는 것을 마다하지 않는 행동(위험감수행동 : Personal Risk), 다섯째 과거의 관행을 타파하고 새로운 방식을 추구하는 비전통적 행동(Unconventional Behavior) 등의 5가지 카리스마적 리더십의 하위요인을 측정할 수 있도록 구성되어 있다.

다음의 설문에 답하고 자신의 부드러운 카리스마 리더십을 점검하라. 기록을 마쳤으면 자신의 '기록 시트'를 발표하고, 과정을 마쳤으면 이 프로그램을 통해서 느낀 점을 피드백하라.

카리스마(Charismatic Leadership) 리더십 ('나의 상사는~' or '나의 동료는~')		Check 그렇지 않다-그렇다
1	나는 팀원들에게 진취적인 전략과 팀의 목표를 제시한다.	1 2 3 4 5
2	나는 구성원들이 하고 있는 일들의 중요성을 효과적으로 설명하며 이를 통해 팀원들에게 지속적으로 동기 부여 및 의욕을 북돋워 준다.	1 2 3 4 5
3	나는 지속적으로 팀원들에게 조직의 미래에 대한 새로운 아이디어를 제공한다.	1 2 3 4 5
4	나는 자신의 의견을 적극적으로 제시한다.	1 2 3 4 5
5	나는 실현 가능한 비전을 실현시키려 노력한다.	1 2 3 4 5
6	나는 조직의 목표 달성을 위해 도움이 되는 새로운 기회를 놓치지 않는다.	1 2 3 4 5

7	나는 조직 목표를 달성하는 데 유리한 물리적 · 사회적 기회를 빨리 알아차린다.	1 2 3 4 5
8	나는 조직 목표를 저해하는 물리적 환경(기술적 한계, 자원 부족 등)에 대한 이해가 빠르다.	1 2 3 4 5
9	나는 조직 목표에 해가 될 수 있는 사회적 · 문화적 환경(규범, 기본적 자원 부족 등)에 대한 이해가 빠르다.	1 2 3 4 5
10	나는 팀원들의 기술과 능력을 파악하고 있다.	1 2 3 4 5
11	나는 팀원들의 직무에 대한 한계를 파악하고 있다.	1 2 3 4 5
12	나는 다른 사람을 존중하며 호의로써 대한다.	2 4 6 8 10
13	나는 팀원들의 욕구와 감정에 민감하다.	2 4 6 8 10
14	나는 팀원들의 욕구와 감정에 개인적인 관심을 보인다.	2 4 6 8 10
15	나는 조직 발전을 위해서라면 개인적인 위험도 감수한다.	2 4 6 8 10
16	나는 조직 목표를 달성하기 위해서는 자신의 안전을 위협하는 일에도 솔선수범한다.	2 4 6 8 10
17	나는 조직 발전을 위해서는 개인적인 비용도 부담한다.	2 4 6 8 10
18	나는 조직 목표를 달성하기 위해서는 혁신적인 행동도 한다.	2 4 6 8 10
19	나는 조직 목표를 달성하기 위해서 기존의 관습을 깨는 방법도 이용한다.	2 4 6 8 10
20	나는 팀원들을 놀라게 하는 나만의 독특한 행동을 보여 주기도 한다.	2 4 6 8 10
관련 의견		

출처 : Conger, J. A., Kanungo, R. N., Menon, S. T., & Mathur, P.(1997). Measuring charisma : Dimensionality and validity of the Conger-Kanungo scale of charisma leadership. *Canadian Journal of Administration Science* 14(3) : 290-302 재인용 ; 김재득(2008). 리더십. 대영문화사.

결과 분석

(1) 135점 이상 : 매우 훌륭함. 당신의 카리스마 리더십은 매우 강한 편이다.

(2) 134~125점 이상 : 훌륭함. 당신의 카리스마 리더십은 강한 편이다.

(3) 124~115점 이상 : 보통임. 당신의 카리스마 리더십은 강한 편은 아니지만 훌륭한 수준도 아니다.

(4) 114~105점 이상 : 부족함. 당신의 카리스마 리더십은 안정적인 수준이 아니므로 제시된 항목의 계발에 힘써라.

(5) 104점 이하 : 매우 부족함. 당신의 카리스마 리더십은 매우 미숙한 편이다. 제시된 덕목에 노력을 기울일 것이며, 그때까지 당신의 카리스마 리더십의 성공 여부는 매우 불투명하다.

| 그래프 11-1 | 카리스마 리더십

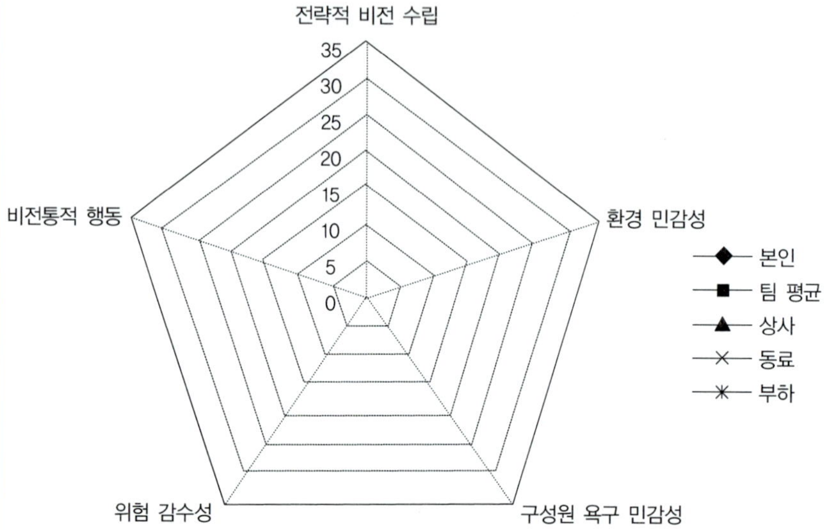

| 표 11-2 | 종합진단 비교표

구 분		각 요인별 점수				
		전략적 비전 수립	환경 민감성	구성원 욕구 민감성	위험 감수성	비전통적 행동
문항번호		1, 2, 3, 4, 5, 6, 7	8, 9, 10, 11	12, 13, 14	15, 16, 17	18, 19, 20
본인의 점수						
팀 평균점수						
타인 진단 점수	상사					
	동료					
	부하					
본인-타인진단 최대 차이 값						

- 본인과 타인 간의 점수 차이가 클수록 원인을 잘 점검하고 개선할 필요성이 있다.
- 보다 자세한 진단 결과의 내용은 제1장의 '해석 및 요령'을 참조하라.

03 바스(Bass)의 변혁적 리더십(Transformational Leadership) 진단

변혁적 리더십은 감정 및 가치관이나 상징적인 행태의 중요성과 어떠한 사건을 부하의 입장에서 볼 때 의미 있게 만드는 리더의 역할을 강조한다. 그 결과 변혁적 리더십은 부하에게 자긍심을 심어주고, 개인적 차원에서 부하를 존중한다는 것을 보여주며, 창조적인 사고를 할 수 있는 여건을 마련해 주고 부하에게 영감(Inspiration)을 제공함으로써 기대 이상의 성과를 이끌어 낼 수 있다.

바스와 아볼리오(Bass & Avolio, 1990)에 의하면, 변혁적 리더십은, 첫째 카리스마적 리더십을 지니고 있다. 그래서 리더가 난관을 극복하고 현상(Status Quo)에 대한 각성을 확고하게 표명함으로써 부하에게 자긍심과 신념을 심어준다. 둘째, 영감적 리더십(Inspirational Leadership)을 지니고 있다. 그래서 리더가 부하로 하여금 도전적 목표와 임무, 미래에 대한 비전을 열정적으로 받아들이고 계속 추구하도록 격려한다. 셋째, 개별적 배려(Individualized Consideration)를 한다. 그래서 리더가 부하에게 특별한 관심을 보이고 각 부하의 특정한 요구를 이해해 줌으로써 부하에 대해 개인적으로 존중한다는 것을 전한다. 넷째, 지적 자극(Intellectual Stimulation)을 준다. 그러므로 리더가 부하로 하여금 형식적 관례(Conventional Practice)와 사고(Thinking)를 다시 생각하게 함으로써 새로운 관념을 촉발시킴 등 네 가지 요인으로 구성되어 있다.

다음의 설문에 답하고 자신의 변혁적 리더십을 점검하라. 기록을 마쳤으면 자신의 '기록시트'를 서로 보여 주거나 발표하고, 과정을 마쳤으면 이 프로그램을 통해서 느낀 점을 피드백하라.

	변혁적 리더십 ('나의 상사는~' or '나의 동료는~')	Check 그렇지 않다-그렇다
1	문제를 해결하는 방식에 있어 규정을 고집하지는 않는다.	1 2 3 4 5
2	나에게 필요한 것이 무엇인지를 시간을 들여 찾아낸다.	2 4 6 8 10
3	나는 그(상사, 동료)가 어떠한 난관도 극복할 수 있다고 언제라도 믿는다.	1 2 3 4 5
4	우리 조직의 미래에 대한 그의 비전에 우리의 생각을 포함시킨다.	1 2 3 4 5
5	난국을 기회로 전환시킨다.	1 2 3 4 5
6	그의 생각은 내가 전에 전혀 의문을 갖지 않았던 생각을 재고하게 한다.	2 4 6 8 10
7	필요에 적합하게 독창적으로 규정을 수정한다.	1 2 3 4 5
8	나와 1대 1로 일한다.	2 4 6 8 10
9	나를 지도하는 데에 시간을 보낸다.	2 4 6 8 10
10	우리가 만일 위험에 직면하면, 그가 가장 먼저 조치를 취한다.	1 2 3 4 5
11	새로운 업무수행 방법에 대한 나의 호기심을 불러일으킨다.	2 4 6 8 10
12	창의적 아이디어에 대한 비판을 자제한다.	2 4 6 8 10
13	내가 위험을 감수하도록 용기를 준다.	1 2 3 4 5
14	내가 할 수 있다고 믿을 만한 이유를 제시한다.	1 2 3 4 5
15	업무나 임무의 중요성에 관해 나를 설득한다.	1 2 3 4 5
16	나는 패배를 받아들이는 것을 용납하지 않는다.	1 2 3 4 5
17	당면한 사안에 대해 비전을 제시한다.	1 2 3 4 5
18	나는 그(상사, 동료)를 성공과 성취의 상징으로 생각한다.	1 2 3 4 5
관련의견		

출처 : Bass, B. M.(1985). *Leadership and Performance beyond Expectations*. N.Y. : The Free Press.

결과 분석

(1) 110점 이상 : 매우 훌륭함. 당신의 변혁적 리더십은 매우 강한 편이다.
(2) 109~100점 이상 : 훌륭함. 당신의 변혁적 리더십은 강한 편이다.
(3) 99~90점 이상 : 보통임. 당신의 변혁적 리더십은 강한 편은 아니지만 훌륭한 수준도 아니다.
(4) 89~80점 이상 : 부족함. 당신의 변혁적 리더십은 안정적인 수준이 아니므로 제시된 항목의 계발에 힘써라.
(5) 79점 이하 : 매우 부족함. 당신의 변혁적 리더십은 매우 미숙한 편이다. 제시된 덕목에 노력을 기울일 것이며, 그때까지 당신의 변혁적 리더십의 성공 여부는 매우 불투명하다.

| 그래프 11-2 | 변혁적 리더십

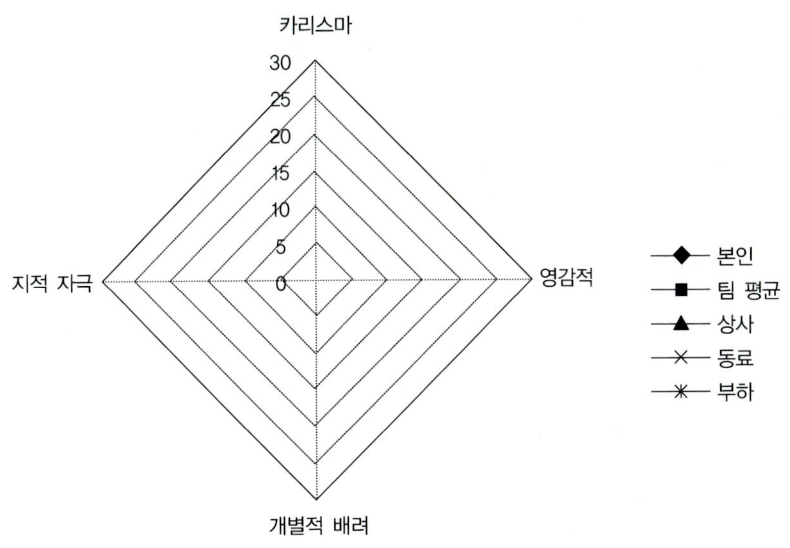

| 표 11-3 | 종합진단 비교표

구 분		각 요인별 점수			
		카리스마	영감적	개별적 배려	지적 자극
문항번호		1, 3, 5, 7, 13, 18	4, 10, 14, 15, 16, 17	2, 8, 9	6, 11, 12
본인의 점수					
팀 평균점수					
타인 진단 점수	상사				
	동료				
	부하				
본인-타인진단 최대 차이 값					

- 본인과 타인 간의 점수 차이가 클수록 원인을 잘 점검하고 개선할 필요성이 있다.
- 보다 자세한 진단 결과의 내용은 제1장의 '해석 및 요령'을 참조하라.
- 보다 신뢰성 있는 평가를 원한다면 진단표에 제시된 문답 중에서 자신이 더욱 개선되기 위해 노력해야 하는 항목을 조직(집, 학교, 공동체, 직장)에서 가장 신뢰하는 사람이나 정직한 피드백을 줄 것 같은 사람을 선정하여 경청한다.

04 스프레이쳐(Spreitzer G. M.)의 임파워먼트

임파워먼트란 위임을 통해서 일어나는 것이 아니라 구성원의 파워를 신뢰하여 그들의 능력과 잠재력을 키우는 것이다. 임파워먼트의 목표는 파워를 주는 것이 아니라 진보적이고 책임성 있는 행동을 어렵게 만드는 조직의 제약으로부터 자유를 주는 것이고, 파워를 늘리는 것이 아니라 그들이 이미 지니고 있는 지식과 의욕을 풀어주는 것이다.

스프레이쳐에 의하면 권한의 위임을 넘어서 가장 효과적으로 파워가 쓰이는 곳에 실질적으로 파워를 부여하고, 개인의 내적 직무동기 및 행동능력을 제고시키며, 파워를 잃는 것도 주는 것도 아니고 파워를 풀어주고 키워주는 것이라 했다.

다음의 설문에 답하고 자신의 임파워먼트를 점검하라. 기록을 마쳤으면 자신의 '기록 시트'를 서로 보여 주거나 발표하고, 과정을 마쳤으면 이 프로그램을 통해서 느낀 점을 피드백하라.

	스프레이쳐의 임파워먼트(Empowerment) ('나의 상사는~' or '나의 동료는~')	Check 그렇지 않다–그렇다
1	내가 하는 일은 나에게 매우 중요하다.	1 2 3 4 5
2	나는 내 일을 하는 나의 능력을 확신한다.	1 2 3 4 5
3	나는 내 일을 어떻게 하는가를 결정하는 데 중요한 자율성을 가지고 있다.	1 2 3 4 5
4	내 부서에서 일어나는 일에 대한 나의 영향력은 크다.	1 2 3 4 5
5	내 업무 활동은 나에게 개인적으로 의미가 있다.	1 2 3 4 5
6	나는 내 업무 활동을 수행하는 내 능력에 대해 스스로 확신한다.	1 2 3 4 5
7	나는 내 일을 하는 데 나 스스로 결정을 할 수 있다.	1 2 3 4 5
8	나는 내 부서에서 일어나는 일에 대해 상당한 지배력을 갖는다.	1 2 3 4 5

9	내가 하는 일은 나에게 의미가 있다.	1 2 3 4 5
10	나는 내 일에 필요한 기술들을 터득했다.	1 2 3 4 5
11	나는 내 일을 어떻게 하는가에 대해 독립성과 자유의 상당한 기회를 가지고 있다.	1 2 3 4 5
12	나는 내 부서에서 일어나는 일에 대해 중요한 영향력을 갖는다.	1 2 3 4 5
관련 의견		

출처 : Spreitzer, G. M.(1995). "Psychological empowerment in the workplace : Dimensions, measurement, and validation". *Academy of Management Journal* 38(5) : 1442-65.

결과분석

(1) 55점 이상 : 아주 훌륭함. 그들의 임파워먼트는 매우 강한 편이다.

(2) 54~49점 : 훌륭함. 그들의 임파워먼트는 강한 편이다.

(3) 48~40점 : 보통임. 그들의 임파워먼트는 강한 편은 아니지만 훌륭한 수준도 아니다.

(4) 39~30점 : 부족함. 그들의 임파워먼트는 안정적인 수준이 아니므로 제시된 항목의 계발에 힘써야 한다.

(5) 29점 이하 : 아주 부족함. 그들의 임파워먼트는 매우 부족한 편이다. 제시된 덕목에 노력을 기울일 것이며 그때까지 그들의 임파워먼트 성공 여부는 장담할 수 없다.

|그래프 11-3| 스프레이쳐의 임파워먼트

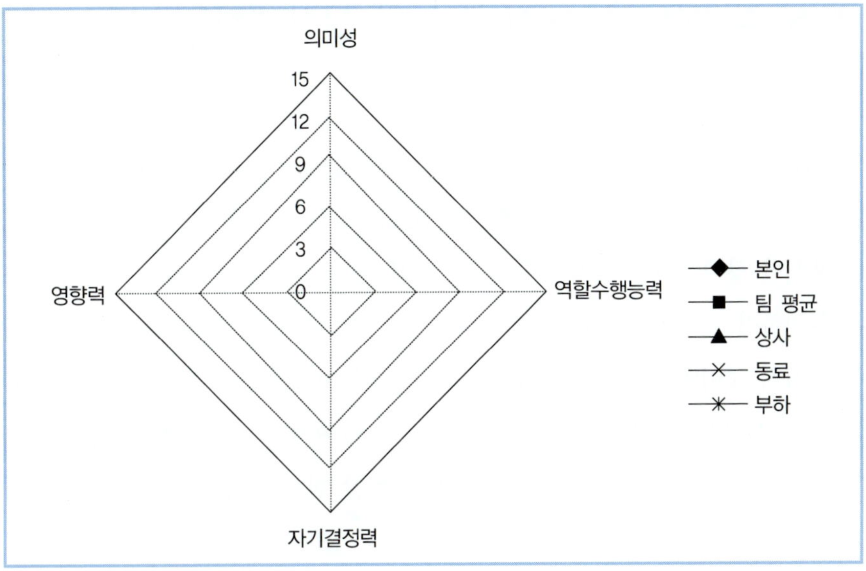

|표 11-4| 종합진단 비교표

구 분		각 요인별 점수			
		의미성	역할수행능력	자기결정력	영향력
문항번호		1, 5, 9	2, 6, 10	3, 7, 11	4, 8, 12
본인의 점수					
팀 평균점수					
타인 진단 점수	상사				
	동료				
	부하				
본인-타인진단 최대 차이 값					

- 본인과 타인 간의 점수 차이가 클수록 원인을 잘 점검하고 개선할 필요성이 있다.
- 보다 자세한 진단 결과의 내용은 제1장의 '해석 및 요령'을 참조하라.

05 존 맥스웰(John Maxwell)의 임파워먼트

임파워먼트를 배워야 한다. 임파워먼트는 사람들에게 일을 어떻게 해야 할지 결정할 수 있는 자유를 주는 것이다. 임파워먼트는 방향 설정을 하고 일정한 가이드라인을 제시한 상태에서 나머지 것들을 부하 직원에게 맡기는 것이다. 여기서 중요한 것은 위임하려는 일의 성격과 위임받는 사람의 신뢰성이다. 먼저 일이 얼마나 중요한지를 따져 보아야 한다. '시급성'과 '중요성'이 어떤지를 생각해 보아야 한다.

그러나 임파워먼트 받는 사람의 신뢰성을 고려해야 한다. 그 일을 수행할 능력, 경험, 전문 지식을 가지고 있는지를 따져 보아야 한다. 예를 들어 열정이 있다는 이유만으로 검증되지 않은 사람(경험과 전문 지식 없음)에게 심장 수술을 시키는 일은 하지 말아야 한다. 또 능력이 있더라도 그 사람이 일에 대해 열정과 애정을 갖고 있는지도 살펴보아야 한다. 실력이 있다는 것은 알겠는데 매일 술이나 먹고 눈에서 광채를 잃은 사람에게 중요한 일을 줄 수는 없다. 충실성과 신뢰도가 높은 사람에게 부여하는 임파워먼트야 말로 개인과 조직에 신선한 에너지를 불어넣어 줄 수 있는 것이다.

다음의 설문에 답하고 자신의 임파워먼트를 점검하라.

존 맥스웰의 임파워먼트 ('나의 상사는~' or '나의 동료는~')		Check 그렇지 않다-그렇다
1	가끔 발생하는 리더들의 실수를 인정한다.	1 2 3
2	공로를 팀에게 돌리며 나보다 팀이 박수받기를 원한다.	1 2 3
3	나는 권력을 분담한 사람들의 간헐적인 실수를 용납한다.	1 2 3

4	나는 창의적 정신을 양성하고 장려한다.	1 2 3
5	나의 권력을 분담하여 상대방의 리더십 역량을 개발하기 위해 노력한다.	1 2 3
6	나의 지위와 권력은 나만의 전유물이 아니다.	1 2 3
7	내 주위 리더들이 발전하도록 돕는다.	1 2 3
8	리더십 문화의 맥락에서 위험을 감수할 것을 장려한다.	1 2 3
9	조직의 리더들에게 양질의 훈련을 지속적으로 제공한다.	1 2 3
10	팀원 훈련에 필요한 예산을 확충할 것이다.	1 2 3
관련의견		

출처 : John C. Maxwell(2007). *The 21 Laws of Leadership Workbook*. 청우. pp. 194-195 재구성.

결과분석

(1) 25~30점 : 당신은 임파워먼트가 매우 강한 편이다. 꾸준히 본인의 리더십을 개발하는 한편 사람들이 위에서 제시된 항목을 계발하도록 도와라.

(2) 20~24점 : 리더로서 치명적인 수준은 아니지만 안정적인 수준도 아니다. 리더십 강화를 위해 위에 제시된 항목의 계발에 힘써라.

(3) 10~19점 : 당신의 리더십은 미비하다. 위에 제시된 항목마다 노력이 필요하며 그때까지 당신의 리더십의 성공 여부는 불투명하다.

| 표 11-5 | 종합진단 비교표

진단내용	본인 진단점수	팀 진단점수	타인진단 점수			본인-타인 최대 차이
			상사	동료	부하	
임파워먼트						

- 본인과 타인 간의 점수 차이가 클수록 원인을 잘 점검하고 개선할 필요성이 있다.
- 보다 자세한 진단 결과의 내용은 제1장 '해석 및 요령'을 참조하라.
- 보다 신뢰성 있는 평가를 원한다면 진단표에 제시된 문답 중에서 자신이 더욱 개선되기 위해 노력해야 하는 항목을 조직(집, 학교, 공동체, 직장)에서 가장 신뢰하는 사람이나 정직한 피드백을 줄 것 같은 사람을 선정하여 경청한다.

06 리든과 매슬린(Liden & Maslyn)의 LMX 진단

리든과 매슬린이 1998년에 개발한 측정설문으로 총 11가지 설문문항 속에 4가지 하위 구성요인이 포함되어 있다. LMX(Leader Member Exchange) 질문을 구성하는 4가지 하위 구성요인은 리더와의 정서적 애착(Affect), 리더의 보호에 대한 충성심(Loyalty), 리더와 조직을 위해 더 많은 추가적 노력을 기울이려는 공헌의욕(Contribution), 리더의 직무지식과 능력에 대한 전문적 존경(Professional respect)이 포함되어 있다. LMX 이론은 이론적·실무적 측면에서 몇 가지 긍정적 시사점을 제공해 주고 있다.

첫째, 이론적 측면에서 LMX 이론은 리더십을 리더와 부하 간의 쌍관계로 보는 유일한 이론이다. 다른 리더십 이론들은 리더십을 집단 수준에서 일어나는 현상으로 보는 반면, LMX 이론은 리더와 부하의 개별적 상호관계로 보아 기존의 리더십 이론들에서 간과한 부분을 보완하여 리더십을 새로운 관점에서 접근할 수 있도록 길을 열어주고 있다.

둘째, 실무적 측면에서 보면 LMX 이론은 많은 사람들로 하여금 공감을 갖게 한다. 조직생활을 경험해 본 사람이라면 자신이 내집단 또는 외집단 가운데 어느 한 곳에 속해 있다는 느낌을 받아보지 않은 사람은 거의 없을 것이다. 리더는 자신이 신뢰하는 부하에게 일을 믿고 맡기게 되고, 부하는 리더의 신뢰를 바탕으로 더 많은 일을 하게 되는 경우를 종종 보아왔다. 반면에 외집단의 부하들은 일을 수행하는 데 자신의 능력을 발휘할 기회조차 얻지 못하는 경우도 허다하다. 따라서 리더와 부하 간의 교환관계를 발전시키는 것은 자연스런 형태이다. LMX 이론은 조직 내 리더와 부하 간에 연관관계를 맺게 되는 과정과 그 형태에 대한 기존의 경험을 입증해 주고 있다.

셋째, LMX 이론은 리더십 과정에서 커뮤니케이션의 중요성을 강조하고 있다.

양질의 교환관계는 효과적인 커뮤니케이션을 동반하지 않고는 불가능하다. 커뮤니케이션은 리더와 부하 간의 신뢰형성의 단초를 제공할 뿐만 아니라 발전적인 교환관계를 형성하는데 절대적이다. LMX의 질은 신뢰와 상호헌신을 바탕으로 한 커뮤니케이션을 통해 달성될 수 있다는 것을 이 이론이 제시해 주고 있다.

다음의 설문에 답하고 자신의 LMX를 점검하라. 측정을 마쳤으면 자신의 '진단 시트'를 서로 보여 주거나 발표하고, 과정을 마쳤으면 이 프로그램을 통해서 느낀 점을 피드백하라.

Liden & Maslyn의 LMX 이론 ('나의 상사는~' or '나의 동료는~')		Check 그렇지 않다-그렇다
1	나는 나의 상사를 인간적으로 좋아한다.	1 2 3 4 5
2	나의 상사는 사람들이 친구로 갖고 싶어 하는 유형의 사람이다.	1 2 3 4 5
3	나의 상사와 함께 일하기에 아주 재미있다.	1 2 3 4 5
4	나의 상사는 문제의 쟁점에 대한 정확한 지식이 없다 할지라도 나의 직무 활동을 옹호한다.	1 2 3 4 5
5	나의 상사는 내가 다른 사람들로부터 공격받는다면 나를 옹호해 줄 것이다.	1 2 3 4 5
6	내가 정당한 실수를 하였을 때, 나의 상사는 다른 사람들로부터 나를 옹호해 줄 것이다.	1 2 3 4 5
7	나는 나의 상사를 위해 내 직무 명세서에 명시된 일보다 더 많은 일을 할 수 있다.	1 2 3 4 5
8	나는 내가 속한 부서의 이익을 위해서라면 정상적인 업무 외에 추가적인 노력을 기울일 의향이 있다.	1 2 3 4 5
9	나는 나의 상사의 직무지식에 감명 받는다.	1 2 3 4 5
10	나는 나의 상사의 직무에 대한 능력과 지식을 존경한다.	1 2 3 4 5
11	나는 나의 상사의 전문적 직무 기술에 감명 받는다.	1 2 3 4 5
관련의견		

출처 : Liden, R. C., & Maslyn, J. M.(1998). Multidimensionality of leader-member exchange : An empirical assessment through scale development. *Journal of Management* 24(1) : 43-72.

결과 분석

(1) 50점 이상 : 당신은 LMX 수준은 매우 강한 편이다. 꾸준히 본인의 리더십을 개발하는 한편 사람들이 위에서 제시된 항목을 계발하도록 도와라.

(2) 49~42점 : 리더로서 치명적인 수준은 아니지만 안정적인 수준도 아니다. 리더십 강화를 위해 위에 제시된 항목의 계발에 힘써라.

(3) 41점 이하 : 당신의 리더십은 미비하다. 위에 제시된 항목마다 노력이 필요하며 그때까지 당신의 리더십의 성공 여부는 불투명하다.

그래프 11-4 LMX 진단

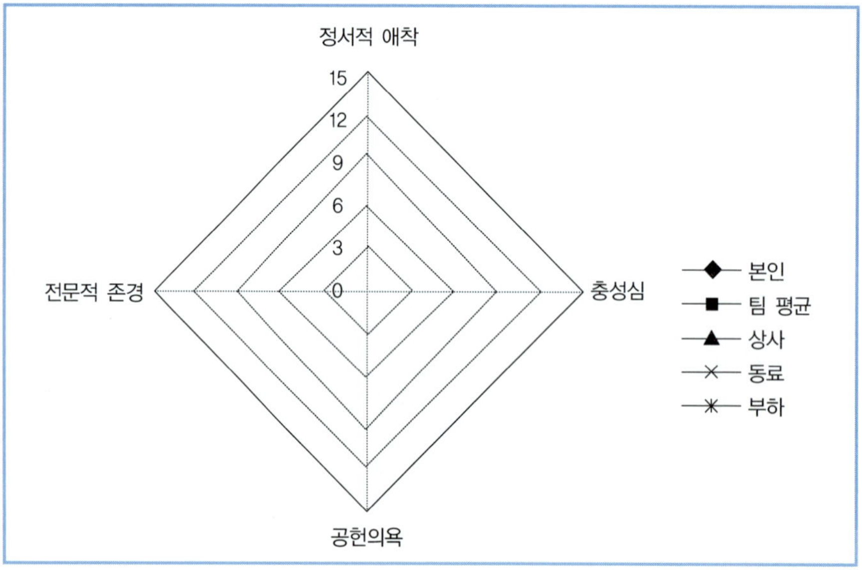

| 표 11-6 | 종합진단 비교표

<table>
<tr><th colspan="2" rowspan="2">구 분</th><th colspan="4">각 요인별 점수</th></tr>
<tr><th>정서적 애착</th><th>충성심</th><th>공헌의욕</th><th>전문적 존경</th></tr>
<tr><td colspan="2">문항번호</td><td>1, 2, 3</td><td>4, 5</td><td>6, 7, 8</td><td>9, 10, 11</td></tr>
<tr><td colspan="2">본인의 점수</td><td></td><td></td><td></td><td></td></tr>
<tr><td colspan="2">팀 평균점수</td><td></td><td></td><td></td><td></td></tr>
<tr><td rowspan="3">타인
진단
점수</td><td>상사</td><td></td><td></td><td></td><td></td></tr>
<tr><td>동료</td><td></td><td></td><td></td><td></td></tr>
<tr><td>부하</td><td></td><td></td><td></td><td></td></tr>
<tr><td colspan="2">본인-타인진단
최대 차이 값</td><td></td><td></td><td></td><td></td></tr>
</table>

- 본인과 타인 간의 점수 차이가 클수록 원인을 잘 점검하고 개선할 필요성이 있다.
- 보다 자세한 진단 결과의 내용은 제1장의 '해석 및 요령'을 참조하라.
- 보다 신뢰성 있는 평가를 원한다면 진단표에 제시된 문답 중에서 자신이 더욱 개선되기 위해 노력해야 하는 항목을 조직(집, 학교, 공동체, 직장)에서 가장 신뢰하는 사람이나 정직한 피드백을 줄 것 같은 사람을 선정하여 경청한다.

줄탁동시(啐啄同時)

깨달음의 화두로 쓰이고 줄탁동기(啐啄同時),

줄탁동시(啐啄同時)라고도 한다.

줄, 줄(啐) : 쭉쭉 빨 '줄',

탁(啄) : 쫄 '탁'으로 읽는다.

– 벽암록(碧巖錄) –

질문과 답변
Q & A

Q7 임파워먼트를 하지 못하는 이유는?

임파워먼트란 권한의 전체 크기가 미리 정해져 있다는 기존의 가정을 깬 개념으로 그 크기를 늘릴 수 있다는 접근 방법이다. 임파워먼트는 전통적 통제 중심의 사고인 권한위임과는 의미가 다르다. 유능한 리더는 부하들에게 없는 것을 갖춰 주는 사람이 아니다. 이미 지니고 있는 것을 최대한으로 발휘하도록 도와주는 사람이다. 따라서 임파워먼트란 통제 중심에서 자율 중심으로 개인과 조직을 옮기는 문화 변화의 과정이다. 즉, "자율과 통제를 동시에 추구하는 것"이다. 그리하여 구성원에 대한 자율 · 책임 · 능동 · 적극성 · 창의성 증진의 과정으로 통제보다는 자율이 강조된다.

임파워먼트 리더란 기존의 뺏고 빼앗기는 식의 전투적 개념이 아니라 양자 모두의 권한이 확대되는 현상이며, 팔로워에게 자신감과 자율성을 심어 주어 모든 업무에 대해 자율적 리더로 키우는 것을 말한다. 다시 말해서, '적극적 시너지 효과(Positive synergy)', '부(負)의 엔트로피(Negative entropy)', '권한 확대(Power multiplication)'이며 '+α'의 자율적 · 창조적 권한위임을 임파워먼트라고 한다. 그런데 리더들이 임파워먼트를 잘하지 못하는 이유는 무엇일까?

미래의 리더십은 끄는 자와 끌려가는 자의 관계가 아니라 '함께 간다'는 뜻이 부각되어야 한다. '공유한(Shared) 리더십', '코(Co-) 리더십', '팀 리더십', '파트너십'이라는 표현들을 그래서 사용한다. 그렇다고 리더가 전혀 부상되지 않는 것은 아니다. 위기 때는 리더가 돋보인다. 미래의 리더는 역할을 나누고 권한을 위임할 줄 알아야 하는 것이다.

임파워먼트라고 하면 흔히 '믿고 맡기는 것'이라고 생각한다. 관리자도 일을 맡긴 다음에 결과를 가져올 때까지 기다리고, 구성원들도 관리자의 간섭을 받지 않고 보고할 필요 없이 자신들만의 판단으로 일을 처리하는 것을 권한위임이라고 생각한다. 그러나 그것은 잘못된 정보이다. 진정한 의미의 임파워먼트 리더십은 '그냥 믿고 맡기는' 경영이 아닌 '책임경영'이다. 피라미드의 정점에 서서 지시·통제만 하는 리더는 이제 필요 없다. 리더는 관대함과 통솔력 그리고 지혜를 가지고 권한을 구성원에게 위임할 때 조심해서 해야 한다. 리더 주변에는 항상 2인자가 있고 3인자도 있게 마련인데 이들과의 역할분담이 무엇보다도 성공의 열쇠이다.

기록을 마쳤으면 자신의 아이디어와 느낀 감정을 적은 '기록 시트'를 서로 보여 주거나 발표한다. 과정을 모두 마쳤으면 이 프로그램을 통해서 느낀 점을 피드백하라.

(1) 임파워먼트 하기를 주저한 이유는?

당신의 영향력의 원 안에서 임파워먼트에 장애가 되는 가장 커다란 장애요인 3가지는 무엇인가?

① ______________________

② ______________________

③ ______________________

(2) 이러한 장애요인들을 제거하기 위해 당신은 무엇을 할 수 있는가?

____

____

____

(3) 누군가에게 자신의 권력을 임파워먼트해보라.

누군가에게 현재 자신의 권력을 위임해보라. 즉, 어떤 업무에 대한 자신의 영향력을 다른 사람에게 넘긴다거나, 아이에게 가족 이벤트 계획을 하게 하는 것이다. 1주일 동안 다음의 시트지에 답하면서 평가해보라.

나는 ＿＿＿＿＿＿에게 ＿＿＿＿＿＿＿＿＿으로써 나의 권한을 분배하였다.

① 나의 권한을 분배할 때 내가 이 사람을 팔로워로 선택하게 된 이유는 무엇 때문인가?

____

____

____

② 나는 어떻게 임파워먼트를 강조하고 지원할 것인가?

____

____

____

③ 내가 제거해야 할 임파워먼트의 장애요인은 없는가?

____

____

____

④ 팔로워에게 권한을 위임할 때 내가 가장 먼저 고려한 사항은 무엇인가?

____

____

____

⑤ 당신의 제안에 팔로워는 어떤 반응을 보였는가?

⑥ 팔로워가 리더로 성장하도록 어떤 용기와 도움을 주었는가?

⑦ 자신의 팀원들에게 숨겨진 재능, 지식 또는 경험을 발견했는가?

08 내가 꿈꾸는 팔로워는?

흔히 리더십과 팔로워십을 별개의 개념으로 생각하는 경향이 있다. 그러나 팔로워는 리더의 반대되는 개념이 아니며, 단순한 주종 관계나 수직적 관계도 아니다. 누구든지 리더이면서 동시에 팔로워이다. 직장에서건, 가정에서건 그렇다. 팔로워란 리더를 좇아 업무를 하고 보좌해서 원하는 방향으로 판단을 유도하기도 하며, 때로는 반대편에 서서 리더가 잘못된 길로 들어서는 것을 바로잡아 주는 사람들이다. 팔로워는 단순히 부하 직원으로서 리더를 떠받드는 것이 아니라 소신을 갖고 공동의 목표를 향해 리더를 물심양면으로 돕는 인물(버금이, 참모)로서 '주인의식'을 지닌 리더이다.

팔로워는 균형과 조정을 통해 진정한 화합을 도모하고 조직을 성취와 비전으로 이끈 보이지 않는 숨은 공로자라고 할 수 있다. 무엇이 팔로워십을 방해하고 있는가? 아마도 그것은 자신감 결여, 비판의 결여, 철학의 부재, 좁은 시야, 유행 선호 등일 것이다. 따라서 훌륭한 팔로워를 양성하는 조직문화를 만드는 것이 중요하다. 그렇다면 따르는 자, 팔로워들의 원칙은 어떤 것이 있을까? 예를 들어 충성심, 인간관계, 빠른 업무능력과 같은 원칙들을 만들어 볼 수 있을 것이다. 우리가 원하는 팔로워의 모습은 사람마다 다르다. 당신은 어떤 모습의 팔로워를 찾고 있는가? 당신이 꿈꾸는 팔로워는 어떠한 능력을 지니기를 원하는지 다음의 리스트에 적어보라.

기록을 마쳤으면 자신의 생각을 적은 '기록 시트'를 서로 보여 주거나 발표한다. 과정을 모두 마쳤으면 이 프로그램을 통해서 느낀 점을 피드백하라.

1 내가 원하는 팔로워는?

① ______________________________

② ______________________________

③ ______________________________

④ ______________________________

⑤ ______________________________를 지닌 사람이다.

2 ☆표시한 능력을 지닐 수 있는 방법은?

유유상종(類類相從)이란 말이 있다. 비슷한 사람끼리 몰려다닌다는 말이다. 정말 진리란 생각이 든다. 팔로워십도 그렇고 리더십도 그렇다. 리더는 수준에 맞는 팔로워를 고르게 되어 있다. 팔로워 역시 자기 눈에 맞는 리더를 만나게 되어 있다. 리더와 팔로워는 같은 수준일 수밖에 없다. 그렇기 때문에 팔로워의 수준이 높아지면 리더의 품질도 높아진다.

위의 리스트를 작성하였다면 리스트 옆에 자신은 그러한 능력을 갖추었는지를 자기점검해보라. 즉, 당신은 위의 리스트와 같은 팔로워를 원하는데 자신도 같은 특성을 지닌 뛰어난 리더라면 ○표시를 하고, 자신이 지니고 있지 않거나 평균적인 리더라면 ☆표시하라. 그리고 ☆표시한 능력을 내가 지닐 수 있는 방법은 무엇인지, 누구로부터 배울 것인지 계획을 세워보라.

3 내가 ☆표시한 능력은 무엇인가?

① ______________________________

② ______________________________

③ ____

④ ____

⑤ ____이다.

나는 이것을 보완하기 위해서 나는 ________에게 가르침을 받을 것이다.

"Work banishes those three great evils, boredom, vice and poverty."

"노동은 세 개의 큰 악, 즉 지루함, 부도덕, 그리고 가난을 제거한다."

– 괴테(Goethe) –

09 리더와 팔로워의 덕목 배틀

1993년 포서너(B. Z. Posner)의 책 『*Credibility*』에 '리더의 덕목과 추종자의 덕목'에 대한 순위가 발표된 적이 있다. 1위와 4위가 '정직'과 '능력'으로써 리더와 추종자 동일하게 요구하고 있음을 알 수 있다.

팔로워십도 그렇고 리더십도 그렇다. 리더는 수준에 맞는 팔로워를 고르게 되어 있다. 팔로워 역시 자기 눈에 맞는 리더를 만나게 되어 있다. 항상 리더 욕을 하면서도 조직생활을 계속하는 사람은 사실 누워서 침을 뱉고 있는 것과 같다. 그렇게 한심한 사람을 따르는 자신은 얼마나 더 한심한가? 리더와 팔로워는 같은 수준일 수밖에 없다. 그렇기 때문에 팔로워의 수준이 높아지면 리더의 품질도 높아진다. 그러므로 리더십 못지않게 중요한 것이 바로 팔로워십이다.

좋은 팔로워는 좋은 리더를 만든다. 좋은 팔로워 없이 좋은 리더는 생겨날 수 없다. 리더의 입장은 리더가 되어 보아야만 알 수 있고 이해할 수 있다. 좋은 팔로워가 되기 위해서는 리더의 입장을 시뮬레이션 하는 것이 필요하다. 과연 나는 제대로 된 팔로워인지 나는 내가 맡은 분야를 성실하고 책임감 있게 하고 있는지, 리더가 힘들어 할 때 격려하고 그가 잘못한다고 생각될 때 솔직하고 공손하게 그것을 말해 주었는가 돌이켜 봐야 한다.

"국민은 꼭 자기 수준에 맞는 지도자를 갖게 되어 있다." 처칠의 명언이다. 내가 속한 조직(팀, 동아리, 공동체)에서 리더와 팔로워의 덕목 5가지를 서로 논의하여 찾아 적으라.

기록을 마쳤으면 자신의 아이디어와 생각을 적은 '기록 시트'를 서로 보여 주거나 발표한다. 과정을 모두 마쳤으면 이 프로그램을 통해서 느낀 점을 피드백하라.

순 위	리더의 덕목	추종자의 덕목
1위	정 직	정 직
2위	미래지향적 사고	협동심
3위	동기부여 역량	믿음을 줌
4위	능 력	능 력

출처 : Kouzes, J. M., & Posner, B. Z.(1993). *Credibility : How leaders gain and lose it, Why people demand it*. San Fransisco, CA. : Jossey-Bass.

(1) 내가 속한 조직(팀, 동아리)에서 필요한 리더와 팔로워의 덕목은?

순 위	리더의 덕목	추종자의 덕목
1위		
2위		
3위		
4위		
5위		

(2) 그 이유는 무엇인가?

21세기 리더십의 경향

"스스로 지도자로 생각하더라도 따라오는 사람이 없다면,
그저 산책을 하고 있는 것에 불과하다."

무조건 "나를 따르라."는 나폴레옹식의 리더십은 거(去)하였다.

CHAPTER 12

통합과 소통의 리더십

태산이 큰 이유는 모든 흙을 받아들였기 때문이요, 바다가 깊은 이유는 모든 물줄기를 받아들였기 때문이다. 독수리가 강한 것은 땅에서 움직이는 먹이들을 가장 높은 곳에서 내려다 볼 수 있기 때문이다. 리더는 독수리처럼 일의 모든 과정을 조감할 수 있는 통합 능력을 지녀야 한다. 그리고 리더는 스스로 조정과 협력의 업무를 감당할 뿐 아니라, 다른 조직원들이 자신의 일에만 얽매이지 않고 일의 전체를 조감할 수 있는 문화를 조성할 책무가 있다. 그러나 사람은 하늘을 날 수 없고 조직에서 일어나는 모든 과정을 육안으로 보지 못한다. 그러므로 리더는 조직원들 각자가 자신들의 머릿속에서 전체의 업무가 이루어져 가는 과정을 이미지로 조감하도록 해야 한다.

최근 화두가 되고 있는 '소통'이라는 말은 커뮤니케이션이다. 책임 있고 이성적인 군중을 상대하는 첨단 멀티미디어 시대에는 커뮤니케이션이 활성화되어야 한다. 안타깝게도 많은 조직의 리더가 의사소통을 제대로 못하고 있다. 위대한 조직에서는 의사소통이 굉장히 활발하게 이루어지고 있다. 뛰어난 리더는 위로, 아래로, 우회적으로, 개인적으로, 공식적 또는 비공식적으로 모든 수단과 방법을 가리지 않고 지속적으로 의사소통을 한다. 리더에게 가장 중요한 것은 사람의 마음을 얻는 것이다. 사람들은 리더의 심성이 어떤가를 즉각적으로 판단하고, 선한 심성의 소유자인 그의 말과 행동에 깊은 신뢰를 보인다. 그래서 21세기의 리더는 소통의 중요성을 깨달아야 할 것이다. 커뮤니케이션은 말이 아닌 마음의 전달이기 때문이다.

자기진단
Dynamic self-Question

01 나의 코칭(Coaching) 리더십은 어느 정도일까?

코칭 리더십은 '스스로 생각하게 만들고, 스스로 깨닫게 하고, 스스로 결정해서 실행하게 하고, 목표를 달성하게 함으로써 성장시키는' 리더십이다. 코칭의 기본 철학은 누구나 가능성과 잠재 능력을 갖고 있다고 본다. 컨설팅(Consulting), 카운슬링(Counseling), 테라피(Therapy), 멘토링(Mentoring)과의 차이는 코칭은 컨설팅처럼 진단하고 해결책을 제시하지 않는다. 컨설팅이 해결책을 제시하는 것이 목적이라면 코칭은 그 해결책을 스스로 발견하게 하는 것이다.

카운슬링이나 테라피가 문제 해결을 위해 한 개인의 과거를 여행하는 과거 지향적인 면이 많은 반면에 코칭은 철저히 미래 지향적이다. 멘토링은 멘토(Mentor : 도움을 주는 자)와 멘티(Mentee : 도움을 받는 자)의 관계에서 수직적이며, 상호간에 인격적 개입이 깊이 일어나지만, 코칭은 수평적 파트너십이며, 일방적인 개입은 금기 사항으로 깊숙한 개입이 있을 필요가 없다.

다음의 설문에 답하고 자신의 코칭 리더십을 진단하라.

	전통적 접근방법	나의 위치 ('나의 상사는~' or '나의 동료는~')	코칭 접근방법
1	개인보다는 전체적인 조직문화를 강조한다.	1 2 3 4 5	개인의 스타일과 강점을 업무에 최적화시킨다.
2	긴 근무시간을 요구한다.	1 2 3 4 5	건강하고 균형 잡힌 개인과 직장생활의 모델이 된다.

3	성과달성에 대한 두려움을 갖게 한다.	1 2 3 4 5	모험적인 시도를 할 수 있는 안전한 공간을 만들어 준다.
4	승인하고 결제만 한다.	1 2 3 4 5	협력하여 함께 문제를 해결한다.
5	실패와 잘못을 지적한다.	1 2 3 4 5	노력과 성장을 칭찬한다.
6	약점에 초점을 맞춘다.	1 2 3 4 5	강점을 인정하고 강화시켜준다.
7	오직 성과주의의 관리를 한다.	1 2 3 4 5	지속적인 성과를 추구하고 직원들을 참여시킨다.
8	조직원들의 말을 듣는 수준에서 그친다.	1 2 3 4 5	조직원들이 하는 말의 의미를 공감하고 이해한다.
9	조직원의 행동을 통제한다.	1 2 3 4 5	잠재능력을 발휘할 수 있도록 임파워시켜준다.
10	혼자서 모든 문제를 해결하려 한다.	1 2 3 4 5	다른 사람들의 문제를 해결하고 예방하도록 도와준다.
관련 의견			

출처 : 한국리더십 센터(2009). 필자 재구성.

결과분석

(1) 30점 이하 : 당신은 전형적인 관리자로서 변화하는 환경에 적응하는데 어려움이 있을 가능성이 있다.

(2) 31~39점 : 조직성과를 위해 노력하는 당신, 구성원의 성장과 함께 할 수 있는 대안은 무엇일지 되짚어 볼 때이다.

(3) 40~44점 : 커뮤니케이션 능력이 뛰어난 잠재적인 코치! 더 나은 성과는 어떻게 나올까?

(4) 45점 이상 : 이미 타고난 코치이자 리더의 성품을 가진 당신. 체계화된 코칭 교육으로 지속적 탁월한 성과를 이루는 코칭형 리더가 되어보기 바란다.

| 표 12-1 | 종합진단 비교표

진단내용	본인 진단점수	팀 진단점수	타인진단 점수			본인-타인 최대 차이
			상사	동료	부하	
코칭 리더십						

- 본인과 타인 간의 점수 차이가 클수록 원인을 잘 점검하고 개선할 필요성이 있다.
- 보다 자세한 진단 결과의 내용은 제1장의 '해석 및 요령'을 참조하라.

02 나의 팀장 리더십 유형 진단

요즘 대부분의 조직은 팀 단위로 구성되어 있으며, 팀은 조직의 모든 업무를 실질적으로 담당하고 추진하고 있다. 따라서 팀장이 효율적으로 팀 업무와 팀원을 관리하는 것은 매우 중요하다. 많은 조직들이 팀의 성과를 올리기 위해 팀의 업무를 관리하고 지원하는 솔루션을 찾고 있다.

손에 흙을 묻힐 준비가 되어 있는 사람만이 진정한 리더로 성공할 수 있다. 힘이나 권위, 원칙 등을 내세우기보다 문제해결과 변화에 대처하기 위해 온몸으로 부딪히는 용기를 가진 사람이 바로 팀을 위하는 리더다. 성공한 조직에는 최고결정자와 구성원 사이에 언제나 현장리더(팀장)가 존재한다. 팀장은 조직의 핵심존재로서, 환경에 신속하고도 정확하게 대응함으로써 성과를 창출하고, 촉진하는 역할(Innovation Facilitator)이 되어야 한다. 팀을 위한 나의 리더십 스타일을 알아보자.

다음 1~16번까지 매 항목마다 "✔" 표시 내용이 나와 일치하면 "○"표를 하라. A~D 중에서 "○"가 가장 많이 표시되는 곳이 나의 Leadership 유형이다.

팀장 리더십 정도는? ('나의 상사는~' or '나의 동료는~')		A	B	C	D
1	부하직원 잘못에 대해서 남들 앞에서 꾸중한다.			✔	
2	부하직원의 이야기를 잘 경청, 수용한다.	✔			
3	부하직원의 사생활과 비전에도 관심을 갖는다.	✔			
4	기존의 업무처리 방식을 벗어나 새로운 방식을 시도한다.				✔
5	마감시한이 두렵지 않다.				✔
6	CEO의 지시를 부하 직원에게 전달하는 것이 나의 큰 임무이다.		✔		

7	시장조사 분석 결과를 중요시 여긴다.		✔		
8	조직의 발전을 위해 변화를 주도하는 것이 급선무라고 생각한다.				✔
9	중요한 결정이나 기획에 부하직원의 의견을 반영한다.	✔			
10	책상은 항상 정돈되어 있으며 플래너, 다이어리를 꼼꼼히 챙긴다.		✔		
11	결정사항이 있을 때까지 부하직원과 상의하지 않는다.			✔	
12	기업은 결과로 승부한다, 과정보다 결과가 우선이다.			✔	
13	새로운 아이디어를 제안하는 것을 좋아한다.				✔
14	문서화, 서류화하기를 좋아한다.		✔		
15	부하 직원에게 맡긴 일은 책임 있게 완수하도록 위임한다.	✔			
16	팀장의 역할은 올바른 방향 지시가 우선이라고 생각한다.			✔	
합 계					

결과 분석

〈유형별 특성 분석 및 대책 방안〉

(1) A-코치형 팀장

동료나 부하직원과 정보 공유를 통한 의사결정을 하는 코칭형 리더십을 지녔다. 프로젝트 수행을 위해 목표를 충분히 공유하며, 프로젝트수행을 위한 아이디어 및 정보 공유를 지원한다. 그리고 부하 직원의 말을 잘 경청하고 지시 보다는 질문을 즐긴다. 그러나 신속한 결정, 위기상황에 대처할 때와 그렇지 않을 때를 잘 구분해야 한다. 그러므로 질문과 지시의 적절한 활용이 중요하다. 부하직원 사기진작을 통한 조직성과 목표 달성을 위한 솔선수범이 필요하다.

(2) B-제2인자형 팀장

창조성 보다는 논리적 업무수행을 선호한다. 규칙을 중요시하고, 문서화를 중요시하기 때문에 정확한 데이터 역시 중시한다. 자신의 리더십 보다는 상사의 의견을 즉각 수용, 반영하려는 의지가 강하다. 그러나 지나치게 상사의 의견을 중요시 하여 자신의 의견, 리더십 발휘에 한계성이 있다. 그러므로 자신의 소신과 비전을 키워 나가도록 노력하는 자세가 필요하다.

(3) C-유아독존형 팀장

자신의 잘못을 인정하기 보다는 타인을 탓하는데 익숙하지 않은가? 주장이 강해 타인의 의견을 무시하고,

자신의 고집에 집착하지 않은가? 업무수행 시 구체적인 과정 파악을 경시하고, 결과에만 집착하는 경향, 능력 있는 부하 육성 및 유지에 불리하다. 그러나 자신의 의견이 분명하더라도 주위의 의견을 수용하는 겸손한 자세가 필요하다. 겸손한 자세로 신뢰감을 높여 실적을 달성하려는 노력을 병행해야 한다. 그러므로 성과도 중요하지만 조직원과의 인간관계에도 관심을 가질 필요가 있다.

(4) D-변혁적 리더형 팀장

항상 새로운 계획안과 아이디어를 중요시 하는 유형으로 주어진 일만 하는 것을 그다지 만족해하지 않는 유형이다. 그리고 부하직원의 능력이 조금 부족해도 독창성과 아이디어를 자주 제안하기를 원한다. 변화를 선도 한다는 강점도 있으나 반면에 지나치게 앞서 가려는 경향은 조직의 질서나 규율에 지나칠 수 있다는 단점을 내포하고 있으므로 팀장의 리더십이라면 중간관리자로서 상사를 설득하고, 부하직원과의 조화로운 업무 추진의 중요성을 염두에 두어야 할 것이다.

꿈, 목표, 계획을 적어 놓은 노트가 있는가?

A DREAM written down with a date becomes a GOAL,

꿈을 날짜와 함께 적어 놓으면 그것은 목표가 되고,

A GOAL broken down becomes a PLAN,

목표를 잘게 나누면 그것은 계획이 되며,

A PLAN backed by ACTION makes your dream come true.

그 계획을 실행에 옮기면 꿈은 실현된다.

– 그레그 레이드(Greg S. Reid) –

03 인맥 수준 체크리스트

'인맥'이란 단어에 사람들은 왜 삐딱한 시선으로 바라볼까? 제일 먼저 공직자에 대한 뇌물을 떠올리게 되고 부정부패를 생각하게 한다. 내 인맥은 바람직하고 다른 사람의 인맥은 연고와 뇌물로 이루어진 부적절한 관계라고 생각해서일까? 인맥은 두 얼굴을 가지고 있다. 자신의 인간관계가 좋다는 것을 의미하는 긍정적 얼굴과 지연・학연・혈연으로 대표되는 부정적 얼굴이다. 보통 국가 발전을 저해시키는 주범으로 연고주의를 일컬으며 '인맥' 때문에 우리 사회가 분열되고 실력 있는 사람이 제대로 대접받지 못한다고 한다. 이처럼 과연 인맥은 부정적이기만 한 것일까?

예수는 돈도 '빽'도 없었다. 예수는 비주류였고, 혈연도 학연도 내세울 것이 없었다. 그럼에도 불구하고 예수는 왕이 되었다. 5년짜리 통치자가 아니라 2000년 이상을 통치하였고 앞으로도 영원한 만인의 우상이 되었다. 예수는 비싼 음식이 아니더라도 자신이 가진 가장 좋은 포도주를 내어 놓았다. 그리고 자주 베풀고 대접하였다. 예수는 사람들에게 깊은 관심을 가지고 모두를 기억하였다. 예수는 늘 다른 사람을 위해 기도하였다. 예수는 사람을 차별하지 않았다. 예수는 약한 사람들의 '빽'이 되어 주었다. 음지에 있는 사람들의 배경이 되어 준 것이다. 예수는 다른 사람들을 용서하였고, 제자나 주위사람들을 늘 칭찬했다. 예수는 네트워크를 넓혔다. 예수는 자기가 태어난 동네에서만 활동하지 않았다. 성공하기 위해 지역감정을 이용하지도 않았다. 이런 점에서 인맥관리의 원조는 예수이다.

인맥은 내 성공의 엘리베이터가 되는 사람이 아니다. 한 계단, 한 계단씩 성공을 향해 올라갈 수 있도록 내 손을 잡아 이끌어주고 격려해주는 사람이다. 정정

당당하게, 내가 관심을 가지고 배려하고 공감해서 만들어낸 좋은 인맥, 좋은 인간관계이다. 이런 점에서 인맥관리는 '운명관리'이다. 평생에 걸쳐 중요하게 만나는 사람들이 나의 삶, 운명이라는 것을 명심하고 좋은 인간관계를 구축해야 한다. 인맥관리는 '자기관리'이며, '휴먼 리더십'이다.

이제 인맥 수준 체크표를 이용해서 자신의 인맥 수준을 체크해보라.

	인맥 수준 체크리스트 ('나의 상사는~' or '나의 동료는~')	Check 전혀 아니다-그렇다
1	경쟁사에서 나와 비슷한 일을 하는 사람들과 가끔 정보 교환을 한다.	1 2 3 4
2	내가 속한 업계의 정보에 대해 잘 알고 있다.	1 2 3 4
3	다른 부서 직원들과도 술자리를 하는 경우가 많다.	1 2 3 4
4	다른 사람들이 내게 조언을 구할 때 많이 도와주는 편이다.	1 2 3 4
5	동료나 아는 사람의 경조사에는 빠지지 않고 참석하는 편이다.	1 2 3 4
6	동창회나 OB모임을 갖고 있다.	1 2 3 4
7	명함집이나 주소록 관리를 자주 하는 편이다.	1 2 3 4
8	사람을 사귀는 일이라면 자신이 있다.	1 2 3 4
9	사람을 통해 새로운 기회를 찾은 적이 있다.	1 2 3 4
10	새로운 사람을 알게 되는 것이 즐겁다.	1 2 3 4
11	어떤 분야에서든 궁금한 것을 물어 볼 수 있는 친구들이 한두 명씩은 있다.	1 2 3 4
12	어려운 일이 있을 때 전화 한 통이면 곧바로 나와 줄 친구가 있다.	1 2 3 4
13	업무상 알게 된 사람들과 친해지는 경우가 많다.	1 2 3 4
14	업무와 관련된 포럼이나 세미나에는 가급적 참여하려고 한다.	1 2 3 4
15	업무와는 전혀 상관없는 분야의 커뮤니티 활동에도 참가하고 있다.	1 2 3 4
16	영향력 있는 사람들을 몇 명 알고 있다.	1 2 3 4
17	인맥관리를 위한 자신만의 방법을 갖고 있다.	1 2 3 4
18	인맥을 이어가다 보면 만나지 못할 사람은 없다고 생각한다.	1 2 3 4

19	인생에서 가장 중요한 것은 사람이라고 생각한다.	1 2 3 4
20	점심 식사는 외부 사람과 함께 할 때가 많다.	1 2 3 4
21	조직의 내부 소식을 공식 발표 전에 알게 되는 경우가 많다.	1 2 3 4
22	주위 사람들에 비해 알고 지내는 지인의 수가 많은 편이다.	1 2 3 4
23	중요한 사람들에게는 정기적으로 이메일을 발송하거나 안부 전화를 한다.	1 2 3 4
24	친한 사람들에게 조그마한 선물이라도 자주 하는 편이다.	1 2 3 4
25	한번 인사를 나눈 사람의 이름은 반드시 기억하려고 노력한다.	1 2 3 4
관련의견		

결과 분석

(1) 80~90점(인맥고수)

이 점수대를 얻은 사람이라면 인맥의 '고수'로 나름대로의 확고한 전략을 갖고 있으며, 인맥형성을 하는 방법도 잘 알고 있다. 영향력 있는 중요한 사람이 누구인지를 파악하고 있으며, 필요할 때 도움을 청하는 방법도 잘 알고 있다. 또한 스스로도 인맥을 만들고 관리를 하기 위해 많은 노력을 하고 있다. 각종 모임에 열심히 참석을 하며 그 중 한두 개 정도는 주도적으로 이끌어 나가고 있을 것이다. 이 정도라면 더 이상 스킬은 중요하지 않다. 그러나 인맥 관리에서 필요한 것은 좀더 깊은 공감대를 얻어 내는 능력이다. 그렇게 된다면 더 이상 당신은 인맥을 만들기 위해 분주하게 뛰어다닐 필요가 없고 오히려 사람들이 당신에게 자연스럽게 모이게 될 것이다.

(2) 70~80점(인맥 중급)

현재 가지고 있는 인맥 수준이라면 그리 불편한 점은 없다. 주변 사람들에 비해 지인들의 범위도 넓은 편이고, 업무와 상관없는 커뮤니티 활동에도 참여 하고 있을 것이다. 그런 데도 한계를 많이 느끼게 된다. 주변으로부터 좋은 사람이라는 평가를 받고 있지만, 막상 어려움이 닥쳤을 때는 도와줄 사람을 찾기가 어려울 때가 많다. 외로울 때 편하게 술 한 잔 할 사람을 불러내기도 어려울 것이다. 이런 상황이라면 그 동안의 인맥관리가 술자리와 같이 시간을 즐기는 데 소비한 것이 아닌지를 생각해 봐야 한다.
사람들과의 관계를 단순히 즐기는 것에서 한걸음 더 나아가 정보를 교류하고 스터디를 하는 방식으로 돌려 보는 것이 좋다. 좀더 전략적인 인맥 관리 방법이 필요하다.

(3) 60~70점(인맥초보)

나이나 지위에 상관없이 이 점수를 받았다면 당신의 인맥 수준은 아직도 초보 수준이라고 말할 수밖에 없겠다. 친한 사람들을 꼽아보면 가족이나 몇몇 소수의 친구, 업무와 관계되어 있는 직장 동료 몇 명이 전부일 것이다. 또는 아주 많은 쓸데없는 주소록이나 명함을 가지고 있을 수도 있다. 기본적으로 당신은 사람을 만나고 인간관계를 넓혀가는 데 두려움을 갖고 있거나 관심이 적은 편이다.

원래부터 주변에 있던 사람이나 다가오는 사람을 제외하고는 적극적으로 인맥을 만드는 노력을 하지 않는다. 무조건 사람을 많이 만난다고 인맥이 넓어지는 것이 아니다. 한 사람을 만나더라도 좀더 정성을 가지고 가치 있는 만남을 만들어 내려고 노력해야 한다. 사람들과 '주고받는' 관계를 만들어 가면서 점차 인맥을 확장시켜 나가는 것이 시급하다.

(4) 60점 이하(인맥 낙제생)

혹시 '인맥은 나와는 상관없어'라고 생각하고 있는 건 아닌가? 동창회나 동호회 모임에도 참석하지 않고, 업무와 관련된 모임에도 거의 참석하지 않는다. 참석하더라도 주변인으로 머물 뿐이다. 새로운 사람을 만나 이야기를 하고 의견을 나누는 것에 두려움이 있을 수 있다. 이러한 두려움은 시간이 지나갈수록 점점 더 심해지고, 당신은 점점 고립이 될 것이다. 집에서 혼자 있다면 인간관계는 별로 중요하지 않을 수 있다. 하지만 정상적인 사회생활을 하는 사람이라면 많은 부분에서 힘들어질 수밖에 없다.

인간관계에서는 서로 도움을 주고받는 것이 당연하다. 절대로 혼자서는 살아갈 수가 없기 때문이다. 인맥을 만들어 가기 전에 먼저 두려움부터 없애는 것이 필요하다. 먼저 주변 사람들에게 마음을 열어보는 것부터 시작해야 한다. 관심 있는 분야의 온라인 커뮤니티에서 활동을 시작해 보자. 단, 온라인 모임은 오프라인에서 직접 만나야 제대로 된 관계가 형성이 된다. 친구가 소개해 준 모임에 참석해서 서서히 관계를 만들어 나가는 것도 좋은 방법이다.

표 12-2 종합진단 비교표

진단내용	본인 진단점수	팀 진단점수	타인진단 점수			본인-타인 최대 차이
			상사	동료	부하	
인맥 수준						

- 본인과 타인 간의 점수 차이가 클수록 원인을 잘 점검하고 개선할 필요성이 있다.
- 보다 자세한 진단 결과의 내용은 제1장의 '해석 및 요령'을 참조하라.
- 보다 신뢰성 있는 평가를 원한다면 진단표에 제시된 문답 중에서 자신이 더욱 개선되기 위해 노력해야 하는 항목을 조직(집, 학교, 공동체, 직장)에서 가장 신뢰하는 사람이나 정직한 피드백을 줄 것 같은 사람을 선정하여 경청한다.

04 나는 대인관계(Inter-Personal)가 몇 점일까?

히키코모리(引き籠もり, 引きこもり, ひきこもり, Social withdrawal)라는 일본말이 있다. 바깥세상과 접촉을 끊은 채 몇 달이고 방 안에 틀어박혀 지내는 '은둔형 외톨이'를 가리키는 말이다. 다른 사람과 정서적 교감도 없고 끼니나 운동을 챙기지 않아 삶이 피폐해지는 것은 물론 건강도 크게 악화되는 그야말로 '방구석 폐인'이다. 이와는 반대로 원만한 대인 관계를 가지고 즐거운 생활을 한다면 정신 건강에 좋은 것은 두말할 필요도 없다. 나의 대인관계는? 나는 상대방을 배려하는 사람일까?

아래 20문항을 통해 타인과 얼마나 원만한 인간관계를 맺고 있는지 자신의 대인관계에 대한 질문을 스스로 측정해보라.

	나는 대인관계가 몇 점일까? ('나의 상사는~' or '나의 동료는~')	Check 전혀 아니다-그렇다
1	기분이 나쁘거나 신경이 날카로울 때는 상대방에게 나의 불편한 상황을 미리 말하고 양해를 구하는 편이다.	1 2 3 4 5
2	나는 다른 사람들의 갈등을 잘 중재하는 편이다.	1 2 3 4 5
3	나는 상대방과 이야기할 때 어떤 상황에서도 내 감정을 평온한 상태로 유지하려고 노력한다.	1 2 3 4 5
4	나는 상대방에게 문제가 있을 때 그를 도와주고 싶은 마음이 들 때가 많다.	1 2 3 4 5
5	나는 상대방에게 문제가 있을 때 상대의 감정을 상하게 하는 말을 자제하려고 노력한다.	1 2 3 4 5
6	나는 상대방의 이야기를 비교적 잘 들어준다.	1 2 3 4 5
7	나는 상대방의 정확한 감정 상태를 파악하기 위해 그의 입장에서 이야기를 듣고 이해하는 것이 필요하다고 생각한다.	1 2 3 4 5
8	나는 상대방이 말할 때 그의 감정 상태를 잘 읽는 편이다.	1 2 3 4 5

9	나는 적시에 적절하게 갈등에 대처하는 방법을 잘 알고 있다.	1 2 3 4 5
10	상대방과 가치관이 완전히 다를 때 나는 그 차이점을 인정하고 받아들인다.	1 2 3 4 5
11	상대방과 갈등 상황에 놓였을 때, 양쪽 모두가 만족할 수 있는 해결책을 찾으려고 노력한다.	1 2 3 4 5
12	상대방에게 내 생각과 감정을 솔직하게 표현하는 편이다.	1 2 3 4 5
13	상대방에게 은혜를 입었을 때 반드시 감사 표시를 한다.	1 2 3 4 5
14	상대방이 감정적으로 불안한 상황일 때는 상대에게 비판, 충고, 지시, 조언 등을 하는 것이 별로 도움이 되지 않는다고 생각한다.	1 2 3 4 5
15	상대방이 고민이 있거나 심리적으로 불안하거나 감정이 상해 있을 때 나는 상대의 감정 상태를 빠르게 감지하는 편이다.	1 2 3 4 5
16	상대방이 나를 불편하게 만드는 행동을 했을 때 "너 때문이야."라고 인식하지 않도록 주의해서 말하는 편이다.	1 2 3 4 5
17	상대방이 나를 불편하게 만드는 행동을 했을 때 꼭 이야기를 해야 직성이 풀린다.	1 2 3 4 5
18	상대방이 내 감정을 상하는 말 또는 행동을 했을 때 되도록 상대의 감정을 해치지 않고 내 입장을 전달하려고 노력한다.	1 2 3 4 5
19	상대방이 내게 말하는 문제들을 해결해 주려고 최대한 노력한다.	1 2 3 4 5
20	상대방이 어떤 문제를 가지고 있을 때 나는 그가 스스로 자신의 문제를 해결할 수 있다고 믿는다.	1 2 3 4 5
관련의견		

결과 분석

전체 20문항에 대한 각각의 점수를 합산해 총점을 낸다. 이 평가표는 절대적인 것이 아니기 때문에 심각하게 생각할 필요는 없다. 정확한 진단을 위해서는 전문적인 검사기관에서 검사를 받아야 한다.

(1) 100~91점 : 당신의 인간관계는 매우 원만하다. 주변 사람들과 훌륭하게 커뮤니케이션하고 있다. 대인관계 커뮤니케이션 전문가가 될 수 있는 소질이 있다.

(2) 90~81점 : 주변 사람들과 비교적 원만한 인간관계를 맺고 있다. 약간만 훈련 받으면 훌륭한 커뮤니케이터가 될 수 있다.

(3) 80~71점 : 주변 사람들과 그럭저럭 마찰 없는 관계를 맺고 있다. 그러나 보다 완벽하게 커뮤니케이션을 수행하려면 약간의 훈련이 필요하다.

(4) 70~61점 : 대인관계 커뮤니케이션에서 문제를 갖고 있다. 상대방과 대화 중에 종종 갈등관계에 놓이는 경우가 있다. 원만한 인간관계를 맺기 위해 전문적인 훈련과 연습으로 커뮤니케이션 방법을 개선할 필요가 있다.

(5) 60점 이하 : 당신은 대인관계 커뮤니케이션에서 많은 문제를 가지고 있다. 상대방과 갈등을 적절하게 해결하지 못하는 경우가 많다. 대화 상대자의 감정을 불편하게 만들기도 한다. 커뮤니케이션 방법을 몰랐다면, 지속적으로 자신의 대화 방법을 개선하려 노력해야 한다.

출처 : GTI Korea. 서울신문 2005. 1. 13.

| 표 12-3 | 종합진단 비교표

진단내용	본인 진단점수	팀 진단점수	타인진단 점수			본인-타인 최대 차이
			상사	동료	부하	

- 본인과 타인 간의 점수 차이가 클수록 원인을 잘 점검하고 개선할 필요성이 있다.
- 보다 자세한 진단 결과의 내용은 제1장의 '해석 및 요령'을 참조하라.
- 보다 신뢰성 있는 평가를 원한다면 진단표에 제시된 문답 중에서 자신이 더욱 개선되기 위해 노력해야 하는 항목을 조직(집, 학교, 공동체, 직장)에서 가장 신뢰하는 사람이나 정직한 피드백을 줄 것 같은 사람을 선정하여 경청한다.

05 나의 대화 스타일은?

당신의 대화 스타일은? 말투와 감정에 관련된 문항을 읽고 해당하는 쪽을 골라 보자. '딱 내 스타일이야' 싶은 사람이 있고, 어딘가 마음에 안 들고 잘 통하지 않을 것 같은 느낌이 드는 사람이 있다. 대화 스타일의 차이 때문이다. 각 유형의 장단점을 알고 대화에 임하면 훨씬 더 편안하고 자연스러워진다.

당신의 대화 스타일은? 말투를 나타내는 A와 B, 감정을 나타내는 a와 b의 문항에서 단 하나라도 당신이 많이 해당하는 쪽을 골라보세요.

A문항 ('나의 상사는~' or '나의 동료는~')		Check	
		Yes	No
1	다른 사람의 말을 잘 따르는 편이다.		
2	말수가 적은 편이다.		
3	말이 느린 편이다.		
4	말할 때 주위에 맞춰주는 편이다.		
5	비밀을 감추는 편이다.		
6	상대의 말에 호응해주는 편이다.		
7	자기주장을 자제하는 편이다.		
8	질문하는 편이다.		
9	하고 싶은 말을 자제하는 편이다.		
관련 의견			

	B문항 ('나의 상사는~' or '나의 동료는~')	Check	
		Yes	No
1	다른 사람에게 지시하는 편이다.		
2	단정적으로 말하는 편이다.		
3	말싸움에서 이기려고 하는 편이다.		
4	말이 빠른 편이다.		
5	자기주장을 내세우는 편이다.		
6	말하기를 좋아하는 편이다.		
7	비밀을 개방하는 편이다.		
8	주도권을 쥐고 말하는 편이다.		
9	하고 싶은 말은 하고 마는 편이다.		
관련 의견			

	α문항 ('나의 상사는~' or '나의 동료는~')	Check	
		Yes	No
1	결과를 중요하게 여기는 편이다.		
2	날카롭게 지적하는 편이다.		
3	냉정한 편이다.		
4	느낌을 나타내지 않는 편이다.		
5	말할 때 침착한 편이다.		
6	업무적으로 말하는 편이다.		
7	이론적으로 대화하는 편이다.		
8	조용히 말하는 편이다.		
9	차분하게 말하는 편이다.		
관련 의견			

	b문항 ('나의 상사는~' or '나의 동료는~')	Check	
		Yes	No
1	감성적으로 대화하는 편이다.		
2	감정에 좌우되는 편이다.		
3	과정을 중요하게 여기는 편이다.		
4	느낌을 표현하는 편이다.		
5	말할 때 쉽게 흥분하는 편이다.		
6	상대방을 배려하며 말하는 편이다.		
7	열정적으로 말하는 편이다.		
8	인간적으로 말하는 편이다.		
9	활기차게 말하는 편이다.		
관련 의견			

결과 분석

당신이 Aa의 조합이면 분석형이다. Ab라면 우호형이고, Ba이면 주도형, Bb라면 표현형이다. 각 유형이 지닌 특징과 개선해야 할 소통의 습관은 다음과 같다.

(1) 분석형 리더(Aa) : 상대와 대화를 나누는 데 더 많은 시간을 할애하고 감정을 표현하려 애써야 한다. 냉담하거나 예의바르지 못한 자세를 보여 거리를 두는 것처럼 비치지 않도록 주의하길 바랍니다.

(2) 우호형 리더(Ab) : 더 많이 표현하고 활발하게 행동하며 세부사항에 대해 꼬치꼬치 따지는 걸 자제해야 한다. 너무 고집 센 사람으로 보이지 않도록 유의하며 의사소통 과정에서는 결과 중심적 태도를 갖길 바랍니다.

(3) 주도형 리더(Ba) : 적게 말하고 많이 듣는 연습을 하는 게 좋다. 직설적인 표현이나 배려 없는 언행을 조심하지 않으면 거만한 사람으로 여겨질 위험이 있다는 걸 명심하길 바랍니다.

(4) 표현형 리더(Bb) : 적게 말하고 많이 듣도록 애쓰고, 세부사항과 사실적인 내용에 초점을 맞춰 이야기해야 한다. 주제에 집중하고 지나치게 감정적이 되지 않도록 노력하길 바랍니다.

출처 : 공문선(2005). 통쾌한 대화법. 흐름출판.

06 소통능력 자기진단(I)

'커뮤니케이션'의 어원은 '나누다(Communicare)'라는 라틴어에서 비롯됐다고 한다. 그런 만큼 커뮤니케이션의 목적은 일방적으로 이야기하는 것이 아니라 공유하는 것이다. 커뮤니케이션을 잘하는 것은 '마음을 담아서 말하는 것'이다. 다른 사람과 커뮤니케이션을 할 때는 항상 마음이 오가는 대화를 나눠야 한다. 커뮤니케이션의 목적은 '공감대 형성'이며, 커뮤니케이션 능력이 리더십의 성공을 결정한다!

아래 문제들은 내가 상대의 이야기를 어떻게 듣는지 알아보기 위한 것이다. 만약 다음과 같은 말을 상대가 나에게 해 온다면 어떻게 반응을 보일 것인지 가장 가깝다고 생각되는 것에 ○표 하라.

1. "퇴근시간만 다가오면 일거리를 많이 주니 저는 퇴근하지 말라는 것입니까?"

① 직장 일이 다 그런 것 아닌가, 자네가 좀 참아 줘야지.

② 오늘 무슨 약속이 있는가?

③ 이봐, 여기가 퇴근하러 다니는 곳인가?

④ 남의 사정은 알아보지도 않고 무리하게 일을 시킨다는 말인가?

2. "저는 매일 같은 일만 되풀이 하고 있습니다. 더구나 그 일은 중학생 정도면 할 수 있는 일입니다."

① 불평도 소용없네. 업무가 본래 그런 것인데 난들 어떻게 하겠나!

② 일을 좀더 재미있게 할 수 있는 방안이 있으면 얘기해 보게.

③ 조금만 더 참고 하면 위에서도 무슨 배려를 해주시겠지.

④ 너무 단순히 작업을 반복하려니 지루하지?

3. "제가 맡은 일의 진전도 별로 없고 그것 때문에 두 번씩이나 실장님께 심한 꾸중을 들었습니다. 그래서 저는 어떻게 해야 좋을지 모르겠습니다."

① 그러니까 열심히 노력하게!

② 왜 일의 진척이 없는가?

③ 당신이 맡은 일이 중요한 것이니까 그러시겠지. 가능하면 빨리 마칠 수 있도록 최선을 다해 보게.

④ 일의 성과가 좀처럼 없고 또 꾸중까지 들으니 의기소침해졌군!

4. "이 부서에 왔을 때 승진을 다소나마 기대하고 열심히 일했습니다. 그런데 4년이나 지난 지금까지 저는 같은 지위에 머물러 있습니다."

① 당신에게 무엇인가 문제가 있어서 그런 것 아니야?

② 인사과에서 당신이 왜 승진이 안 되었는지 얘기하던가?

③ 조금만 더 참게. 인사체증이 있지만 이번에는 승진하겠지.

④ 승진이 되지 않아 무척 실망하고 있군.

5. "과장님은 다른 사람에게는 쉬운 일을 맡기면서 왜 저한테만 항상 어려운 일을 맡기십니까?"

① 무슨 말이야! 이제는 쉬운 일을 시켰다는 것을 모르나?

② 어째서 자네한테만 힘든 일을 시킨다고 생각하는가?

③ 그렇게 어려운 일을 잘 해낼수록 조직에서 유능한 사람이란 인상을 주네.

④ 업무의 할당이 불공평한 것 같아 기분이 상했군!

〈응답지 1〉

구 분	자신의 반응	토의 결과	바람직한 반응
1			
2			
3			
4			
5			

〈응답지 2〉

구 분	비 판		정보의 요구		충 고		공 감	
	자 신	팀	자 신	팀	자 신	팀	자 신	팀
1								
2								
3								
4								
5								

결과분석

응답문항 중에서 ①번은 비판, ②번은 정보의 요구, ③번은 충고, ④번은 공감을 의미한다.

(1) 판사형 : 상대방의 이야기를 듣고 평가하고, 판단하고, 지적해 주는 반응, 주로 ①번이 많다.

(2) 형사형 : 반응을 하기 전에 이해하기 위하여 더 많은 정보를 요구하는 일. 상대방은 심문 당하는 것처럼 느낄 우려가 있다. 자신이 중요하다고 여겨지는 방향으로 대화를 끌고 간다. 주로 ②번이 많다.

(3) 해결사형 : 상대에게 어떻게 하는 것이 좋은가를 조언해 주는 반응, 주로 ③번이 많다.

(4) 도사형 : 상대방이 말한 내용을 해석해 준다. 자신에게 중요한 것에만 반응, 관심. 상대방이 말하고자 하는 내용 왜곡. 설명거리를 찾는다. 주로 ③번 유형이다.

(5) 로저스형[1] : 상대방의 입장에서 그의 기분을 수용하며 이야기의 내용을 이해하는 반응. 친밀감을 조성하고 상호 이해를 돕는다. 주로 ④번 유형이다.

(6) 꽃장수형 : 지지적 대답, 상대방 격려, 위로, 보상, 동정하는 형이다. 주로 ④번 유형이다.

1 칼 로저스(Carl Roger)는 미국의 심리학자로서 내담자(來談者) 중심의 상담요법 또는 비지시적(非指示的) 카운슬링의 창시자이다. 치료적 변화를 위하여 필요한 치료자의 태도를 중시했다. 치료자 자신의 자기일치, 환자에 대해 무조건적인 긍정적적 관심, 일치된 공감적 이해를 중시했다.

07 소통능력 자기진단(Ⅱ)

본 설문은 정답이 없다. 편한 데로 체크하면 된다. 자신의 행동에 가장 가까운 것을 찾는다. 각 질문마다 두 가지의 가능한 행동(A와 B)이 나와 있다. 주어진 상황에서 평소 자신의 행동과 관련하여 판단하라. 즉, 당신의 응답은 두 행동에 대한 상대적인 선택을 나타내게 되는데, 각 항목마다 두 가지의 가능한 행동에 대하여 다음과 같이 6가지 유형 중 하나로 배점하면 된다.

■ 6가지 배점 유형

A	B
5	0
4	1
3	2
2	3
1	4
0	5

■ 참고사항
5는 "나는 항상 이렇게 행동한다"를 의미하는 것이고
0은 "나는 절대로 이렇게 행동하지 않는다."를 의미하는 것이다.
※ 두 항목의 합은 항상 5가 되어야 한다.

1. 동료와 그의 문제에 대한 의논을 하고 있을 때 갑자기 그 동료가 자기 문제뿐만 아니라 내 문제도 같이 이야기 하자고 제안한다면, 나는?
   ( ) A : 내 문제는 다음에 이야기하고 그의 이야기를 중점적으로 살펴보자고 하겠다.
   ( ) B : 내 문제에 대한 동료의 의견을 들을 수 있는 좋은 기회이므로 그렇게 하자고 적극적으로 동의하겠다.

2. 친한 동료와 그의 대인관계에 대하여 이야기 할 때에, 나는?

( ) A : 감정을 상하지 않게 하기 위해서 그 동료의 인간관계상의 단점이나 약점을 이야기 하지 않도록 주의한다.

( ) B : 그의 대인관계가 향상되도록 도와주기 위해서 주로 그의 인간관계상의 단점이나 약점을 지적해준다.

3. 만일 두 사람에게 다 중요한 어떤 문제에 대한 여러 번의 충돌로 인하여 내 동료와 나의 관계가 나빠졌다면, 나는?

( ) A : 그 동료와 이야기 할 때 의견이 다른 문제를 언급하지 않도록 노력해서 관계가 더 악화되는 것을 피하겠다.

( ) B : 우리 관계를 해결하기 위하여 먼저 의견충돌이 일어난 문제를 해결하자고 이야기 하겠다.

4. 만일 내 동료나 부하가 나를 회피하는 이상한 행동을 보인다면, 나는?

( ) A : 그 사람에게 행동이 이상하다고 말하고 왜 그러는 것이냐고 물어보겠다.

( ) B : 그냥 덮어두고 그 사람이 원하는 대로 하도록 두겠다.

5. 다른 일로 기분이 상해 있을 때 부하나 동료가 내가 너무 화가 나 있어서 같이 있기가 불편하다고 이야기한다면, 나는?

( ) A : 내가 지금 신경이 날카로우니 당분간 그냥 두라고 이야기한다.

( ) B : 잘 알겠다고 이야기 하지만 내가 왜 화가 나 있는지에 대해서 굳이 설명하지는 않는다.

6. 만일 회사 내에서 나에 대한 부정적인 소문이 돌고 있고 내 동료 중의 한 사람이 그 소문을 잘 알고 있다고 생각되면, 나는 그 동료에게?

(　　) A : 소문에 대한 이야기는 일부러 피하고 그 동료가 원한다면 나에게 먼저 이야기를 하도록 하겠다.

(　　) B : 소문에 대해서 그 동료가 아는 것이 무엇이냐고 직접적으로 물어보겠다.

7. 만일 한 동료가 다른 어떤 동료에 대하여 모든 사람에게 거만하게 행동한다고 부정적으로 이야기하고 나도 전적으로 동의하는 경우라면 나는?

(　　) A : 그 이야기를 들은 후에 나도 똑같이 느끼고 있다고 확실하게 내 입장을 밝힌다.

(　　) B : 이야기를 잘 듣겠지만 그 동료가 내 생각을 다른 사람에게 퍼뜨릴 위험이 있으므로 내 생각은 전혀 말하지 않겠다.

8. 만일 내가 생각하기에 자신의 능력으로 감당할 수 없는 직무를 내 부하가 맡기를 원하고 있고, 인사부서에서도 그 부하를 그 자리에 잠정적으로 발령했다면, 나는?

(　　) A : 내 생각을 인사부서나 그 부하에게 이야기 하지 않고 자신들이 알아서 처리하도록 한다.

(　　) B : 일단 그 부하와 인사부서에 내 생각을 이야기 하고, 최종 결정은 서로 알아서 내리도록 한다.

9. 만일 내 동료가 다른 사람을 상대할 때 나쁜 인상을 줄 수 있는 행동을 하는 것을 보았다면, 나는 동료에게?

(　　) A : 그가 내 생각을 받아들이지 않을 수도 있겠지만, 내 생각을 그에게 이야기 하고 고치는 것이 어떻겠냐고 제안한다.

(　　) B : 주제넘게 남의 일에 참견하는 것으로 보일지도 모르니까, 그냥 모른 척 한다.

10. 과거에 야단을 친 일로 해서 나와 편치 못한 관계에 있는 부하나 후배에 대해서, 나는?

( ) A : 불러다가 그 행동을 이야기 한다면 상황에 더 나빠질 것이므로 그냥 둔다.

( ) B : 불러다가 야단을 친 것이 나와의 관계에 영향을 미친 것이냐고 직접적으로 물어본다.

11. 만일 내 동료나 부하가 일을 효과적으로 하기 위해서 같이 잘 지내야 할 다른 동료나 부하와 개인적인 문제로 충돌을 일으키고 있다면, 나는?

( ) A : 그 사람에게 다른 사람과의 문제에 대해서 부분적으로 책임이 있다고 말하고 그 문제로 다른 사람이 나쁜 상태에 처해 있는 것을 알게 한다.

( ) B : 이 문제를 언급하게 되면 추후에 두 사람과 잘 지내기가 어렵게 되기 때문에 관여하지 않는다.

12. 만일 내 동료가 나와 다른 사람들에게 부당하게 행동하고 있다고 생각하는 경우에, 나는?

( ) A : 다른 사람들에게 나처럼 그 동료의 행동을 부당하게 느끼고 있는지를 물어본다.

( ) B : 내가 먼저 물어보지 않고, 다른 사람들이 그 이야기를 꺼낼 때까지 기다린다.

집계표 및 자가 진단

Feedback 항목에 대한 반응		
항목번호		응답결과
1	B	
4	A	
6	B	
8	A	
10	B	
12	B	
합 계		

자기 노출항목에 대한 반응		
항목번호		응답결과
2	B	
3	B	
5	B	
7	A	
9	A	
11	A	
합 계		

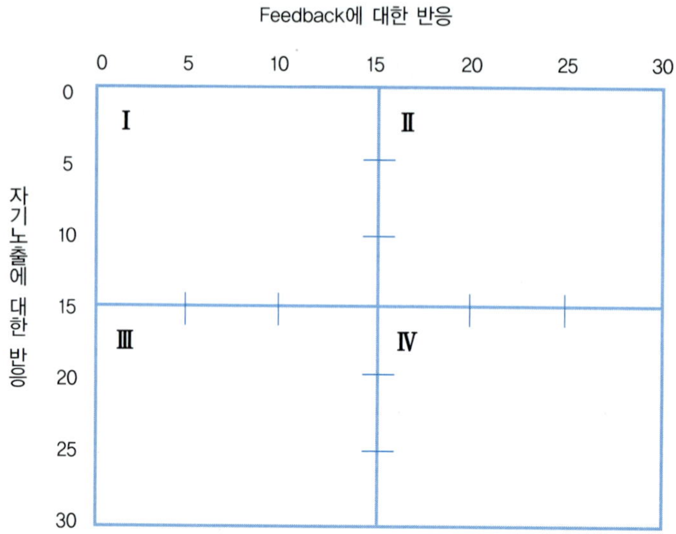

결과분석

(1) Ⅰ분위 : 자기노출은 낮지만, 피드백에 대한 반응은 큰 편이다. 자기노출에 대해 보다 관심을 두어야 한다.

(2) Ⅱ분위 : 피드백과 자기노출의 정도가 낮으므로 소통능력이 빈약한 리더이다.

(3) Ⅲ분위 : 피드백은 낮지만, 자기노출정도는 강한 편이다. 자기 피드백에 보다 더 큰 관심을 두어야 할 것이다.

(4) Ⅳ분위 : 자기노출과 피드백이 모두 강하며, 소통능력이 뛰어난 리더이다.

Q8 일상 속의 설득사례 찾기

시사토론 프로그램에 '토론'이 없다고 한다. 소모전에서 오는 '설득의 부재' 현상을 의미한다. 세종이 이루어 낸 위대한 업적을 보면 비슷한 의견을 가진 동조자들과의 협의 속에서 이루어진 순금식(純金式) 결과물이 아니라 언제나 반대자들과의 격렬한 토론 속에서 설득과 협상으로 이루어 낸 '설득의 힘'이었다. 나아가 투쟁의 와중에서도 합의와 결정으로 이루어진 강력하고 단단한 연금술(鍊金術)의 창조물이었다.

이제 나를 설득하고, 동료를 설득하고, 상사와 부하, 애인, 이웃을 설득하지 않고는 이 세상에서 얻을 수 있는 것은 아무것도 없다. 설득력을 가진 사람은 일상생활과 직장생활 모두에서 결정적인 힘을 발휘한다. 항상 다른 사람들에게 영향을 주어 합의하거나, 자신의 생각에 찬성하게 하거나, 자신이 원하는 대로 상대가 행동하게끔 만든다.

우리는 살아가면서 셀 수 없을 정도로 많이 설득의 기로에 선다. 어떤 사람은 원하는 것을 얻고, 어떤 사람은 원하는 것을 얻지 못한다. 이렇게 결과가 다르게 나오는 이유는 무엇일까? 바로 설득력의 차이이다.

여기에서 최근에 성공적으로 수행한 일상생활 속에서의 설득 사례를 찾아서 적어보라. 기록을 마쳤으면 자신의 아이디어와 느낀 감정을 적은 '기록 시트'를 서로 보여 주거나 발표한다. 과정을 모두 마쳤으면 이 프로그램을 통해서 느낀 점을 피드백하라.

09 어떤 유형의 사람들과 어울리고 싶은가?

인맥 관리를 잘 하기 위해서는 먼저 자기 자신의 인맥 수준에 대해서 파악을 해 볼 필요가 있다. 중요한 것은 인맥에 대한 마음가짐이다. 새로운 사람들을 만나는 것을 좋아하고 그들과 친해져서 인간적인 관계를 맺어 나가면서 자신의 영역을 점차 확대해 나가는 것을 즐겨 해야 인맥이 자연스럽게 형성이 된다. 사람을 만나는 것부터 두려워하고 힘들어하면 제대로 된 인맥을 만들기가 결코 쉽지 않을 것이다.

여러분은 어떤 사람들을 만나고 어떤 유형의 사람들과 어울리고 싶은가? 기록을 마쳤으면 자신의 아이디어와 느낀 감정을 적은 '기록 시트'를 서로 보여 주거나 발표한다. 과정을 모두 마쳤으면 이 프로그램을 통해서 느낀 점을 피드백하라.

(1) 부지런하고 아는 것이 많고 지혜로운 사람을 만나고 싶은가? 게으르고 무식하고 답답한 사람을 만나고 싶은가?

____

____

____

(2) 성실 근면하고 정직하며 신뢰할 만한 사람과 낭비가 심하고 허영심이 강하며 거짓말을 잘 하는 사람 중에 누구와 사귀고 싶은가?

____

____

____

(3) 다양한 문화를 이해하고 유연한 사고를 가진 사람과 독선적이고 타인을 이해하지 못하며 고집이 센 사람 중에 누구를 만나면 도움이 되겠는가? 누구와 같이 날아갈 것인가? "새들은 같은 날개끼리 날아간다(Birds of a feather flock together)." 여러분이라면 어떤 새들과 날고 싶은가?

____

____

____

(4) 함께 날아가는 새들에게 어떤 영향을 주고 싶은가?

____

____

____

(5) 그들에게 도움이 되고 싶은가? 해로운 영향을 끼치고 싶은가?

____

____

____

(6) 한편, 자신의 하급자가 팀장으로 발령이 났다면 당신은 어떻게 하겠는가?

____

____

____

10 결과중시형과 과정중시형의 리더

결과(Outcome)중시형의 상사와 과정(Process)중시형의 팀원이 있다고 하자. 결과중시형 상사가 "이번 프로젝트는 어떻게 돼 가나?"라고 물으면 팀원은 "예, 이번 프로젝트는 아시는 바와 같이 지난 3일에 시작(Kick-off)하여 3개 그룹으로 나누어 진행되고 있는데, 첫 번째 그룹은 현재 60% 정도 진행되고 있고, 두 번째 그룹은…"하고 그 과정을 설명한다. 그러면 상사는 "그러니까 결론이 뭔가. 결론만 말해 보게."라며 재차 질문하고 팀원은 당황해서 그때서야 "예, 차질 없이 잘 준비되고 있다."라고 답변한다. 결과중시형 상사는 "그래, 처음부터 그렇게 말하면 좋지 않은가."라고 말한다. 이때 상사는 팀원을 무의식적으로 '미련한 친구'라고 여길지도 모르고, 팀원은 상사가 자기를 인정하지 않고 있다는 억측에 빠지기 쉽다. 이런 일이 거듭되면, 자연히 일에 의욕과 동기를 잃고 상사를 경원하게 되고, 불평과 불만에 사로잡히게 될 것이다.

반대로 과정중시형의 상사와 결과중시형의 팀원의 경우를 보자. 과정중시형 상사가 "이번 프로젝트는 어떻게 돼 가나?"라고 물으면 당신은 어떻게 대답할 것인가? 만일 "예, 차질 없이 잘 준비되고 있다."라고 간단히 답변한다면 상사는 어떻게 생각할까? 이러한 커뮤니케이션의 차이점은 왜 생기며 그 원인을 해결하는 방법은 무엇일까?

기록을 마쳤으면 자신의 아이디어와 느낀 감정을 적은 '기록 시트'를 서로 보여 주거나 발표한다. 과정을 모두 마쳤으면 이 프로그램을 통해서 느낀 점을 피드백하라.

11 나-표현법(I-Expression)으로 소통하기

만일 당신이 "너 같은 바보와 같이 프로젝트를 같이 하게 되다니… 내가 너라면 차라리 혀 깨물고 죽어버리고 싶다." 이런 말을 들었다면 어떨까? 모욕당했다는 생각에 눈물이 날 것이다. 이럴 때 나는 어떻게 해야 할까? 대화 전문가들은 '번역'의 기술을 익히라고 충고한다. 곧이곧대로 받아드려 흥분하지 말고, 그 말의 진정한 의미가 무엇인지 파악하라는 뜻이다. 친구는 정말로 내가 혀 깨물고 죽기를 원할까? 물론 아니다. 이 말을 '번역'하면 다음과 같다. "너는 어설프고 불성실하게 과제를 한다. 그러니 이번에는 정말 제대로 꼼꼼하게 해주었으면 좋겠어."라는 의미일 것이다.

만약 말투 자체에 그대로 주목했다면, "너는 그 따위로 밖에 말을 못하니? 네 인간성이 의심스럽다!"라는 식의 거친 반격이 튀어나오기 쉽다. 끝없는 '말꼬리 잡기'는 이렇게 시작된다. 그러나 욱하는 감정을 참고 상대의 속상하고 불안한 마음을 바라보면, 흥분한 친구의 말 속에서 본심을 짚어낼 수 있다.

그러면 나는 어떻게 대꾸해야 할까? 이렇게 해보자. "내가 프로젝트를 제대로 못할까봐 불안하구나?(사실 ; 상대방 감정 읽어주기) 네 마음은 알겠지만 그렇게 말하면 나도 마음이 상해(나의 감정 표현), 나도 잘하고 싶어. 그러니 어떻게 함께 프로젝트를 잘 할 수 있을지 같이 이야기 하지 않을래?(발전적 제안 및 요청)" 훨씬 부드럽지 않습니까?

반격하기 보다는 상대의 마음을 읽고 나의 속상한 마음을 표현하라. "너는 그 따위로 밖에 말을 못하니?"는 공격이지만, "네 마음은 알겠지만 그렇게 말하면 나도 마음이 상해."는 내 감정의 '표현'이다. 공격받으면 반격하고 싶어진다. 하지만 상대가 나를 이해해주고 나 때문에 받은 상처를 보여주며 이해를 구하면 화났던 마음은 금세 누그러들기 마련이다. 이런 식의 대화를 하다보면 논쟁은 어느덧 이해와 화해로 바뀌게 된다. 이처럼 '나-표현법'은 단단하게 맺힌 마음의 응어리를 풀어내는 좋은 대화 방법이다. 이제 상대의 마음을 아프게 하는 다음의 말들을 주어진 공식에 따라 한번 바꾸어 보기 바란다.

기록을 마쳤으면 자신의 아이디어와 느낀 감정을 적은 '기록 시트'를 서로 보여 주거나 발표한다. 과정을 모두 마쳤으면 이 프로그램을 통해서 느낀 점을 피드백하라.

| 예 | (1) "이렇게 늦게 오면 어떡해? 넌 정말 구제불능이구나."
⇨ "네가 이렇게 늦게 올 때마다,〈사실〉
"나와 동아리 아이들이 모두 기다려야 하는데다가, 이야기할 시간도 짧아서 많이 당황하게 돼"〈감정〉
"그러니 네가 좀더 빨리 와 주었으면 좋겠어!"〈요청〉

(1) 내가 어린애예요? 왜 엄마는 남의 책상을 뒤지고 그래요?

⇨ "나는 엄마가 ________________ 하면,**〈사실〉**

________________ 해.**〈감정〉**

엄마가 ________________ 좋겠어요."**〈요청〉**

(2) 내가 말하면, 왜 딴 데를 보니? 그딴 식으로 밖에 못하겠어?

⇨ "나는 네가 ________________ 하면,**〈사실〉**

________________ 해.**〈감정〉**

네가 ________________ 좋겠어."**〈요청〉**

12 대화가 중요해

대화란 서로 마주 대하여 이야기함 또는 그 이야기라 할 수 있다. 그래서 대화는 인격과 인격의 만남이요, 인격과 인격의 교류이다. 따라서 입이나 귀는 하나의 수단일 뿐 정작 말하고 듣는 것은 바로 사람의 인격인 것이다. 즉, 인격적인 만남으로써의 대화는 살아있는 실재(實在)끼리의 만남이 이루어지고 관계 맺음이 드러나는 자리이다. 일반적으로 우리는 어떤 사건이나 일에 대해서 '누가, 언제, 어디서, 무엇을, 어떻게, 왜'라는 '6하 원칙(六何原則)'에 의해 말을 한다. 그런데 대화에는 '누구에게'라는 하나의 요소가 더 필요하다. 즉, 대화가 성립되기 위해서는 대화 상대자들이 있어야 하는 것이다.

같은 말이라도 '아' 다르고 '어' 다르다는 말이 있다. 실제로 살아가면서 '아' 다르고 '어' 다른 말의 묘한 뉘앙스 때문에 크고 작은 갈등을 겪는다. "전쟁으로 인한 상처보다 더 치명적인 것은 한 사람의 입에서 나온 말이다."라는 서양 격언이 있다. 그것은 사람의 세 치 혀가 총칼보다 잔혹한 살인의 도구로 쓰일 수도 있음을 경계하라는 뜻이다. 구체적이고 진솔한 대화야말로 살아 있는 인격적 존재의 만남이며, 이를 통해 참된 만남이 실현되는 것이다.

기록을 마쳤으면 자신의 아이디어와 느낀 감정을 적은 '기록 시트'를 서로 보여 주거나 발표한다. 과정을 모두 마쳤으면 이 프로그램을 통해서 느낀 점을 피드백하라.

(1) '대화'란 말을 들으면 떠오르는 것 또는 느낌을 적어보라.

(2) 자신의 인생을 바꿔놓을 만큼 중요한 만남의 대화가 누구와 언제 있었는가?

(3) 일상생활 중에 대화가 가장 잘 되는 사람의 이름을 1~2명 적어보라.

(4) 일상생활 중에 대화가 가장 잘 안 되는 사람의 이름을 1~2명 적어보라.

(5) 자신과 대화가 잘 되는 그 사람의 특징은 무엇인지? 즉, 그 사람과 대화가 잘 되는 이유는 무엇일까? 그 사람에게 어떤 특징이 있기에 대화가 잘 되는지를 간단히 기록하도록 한다.

(6) 자신과 대화가 잘 안 되는 그 사람의 특징은 무엇인지? 즉, 그 사람과 대화가 잘 안 되는 이유는 무엇일까? 그 사람에게 어떤 특징이 있기에 대화가 잘 안 되는지를 간단히 기록하도록 한다.

(7) 각자의 경험을 바탕으로 대화를 중단시키는(단절하게 만드는) 말은 구체적으로 무엇이 있는가?

(8) 살면서 가장 후회하고 있는 말이 있다면 무엇인가?

(9) 내가 자주 사용하는 말 중에서 절대로 이런 말은 사용하지 않겠다고 결심한 말이 있다면 그것은 무엇인가?

(10) 나의 상관(동료, 부하)이 쓰는 말 중에서 저런 말은 나도 써야겠다고 생각하는 말이 있다면 무엇인가?

13 참된 대화 : 눈높이의 '말하기'와 '듣기'

참된 대화를 하기 위해서는 상대가 이해할 수 있도록 상대의 입장에서 대화를 하여야 하고, 또한 상대의 입장에서 들어야 한다. 우리는 모든 일에 있어서 상대가 건네 오는 대화를 잘 이해한다고 생각한다. 그러나 자신의 주관에 얽매여 '공감적 이해'가 안 되고 있음을 체험 해보기 위해 다음과 같은 작업을 시도해보기 바란다.

방법은 첫째, 두 사람이 한 팀을 만들고 가위 바위 보로 리더(전달자)와 부하 역할을 정한다. 전달자는 말로만 [모형 1]을 최대한 자세하고 정확하게 설명한다. 둘째, 부하 역할을 맡은 설명에 따라 그림을 A4에 그리도록 한다. 셋째, 질문은 한 번만 가능하며, 질문이 모형도의 결정적인 부문일 경우는(혹은 발표자의 판단에 따라) 답변을 안 해도 무방하다. 문제의 설명은 단 한번만 가능하다. 단, 그림을 보여 주어서는 안 된다. 넷째, 그림을 다 그리고 나면, 전달자에게 나머지 학생들이 얼마만큼 이해한 것 같은 지 물어본다. 그리고 나머지 사람들에게는 전달자의 의도를 얼마만큼 파악했는지를 질문한다. [모형 2]를 반복해서 설명하고, 그려볼 수도 있다.

기록을 마쳤으면 자신의 아이디어와 느낀 감정을 적은 '기록 시트'를 서로 보여 주거나 발표한다. 과정을 모두 마쳤으면 이 프로그램을 통해서 느낀 점을 피드백하라.

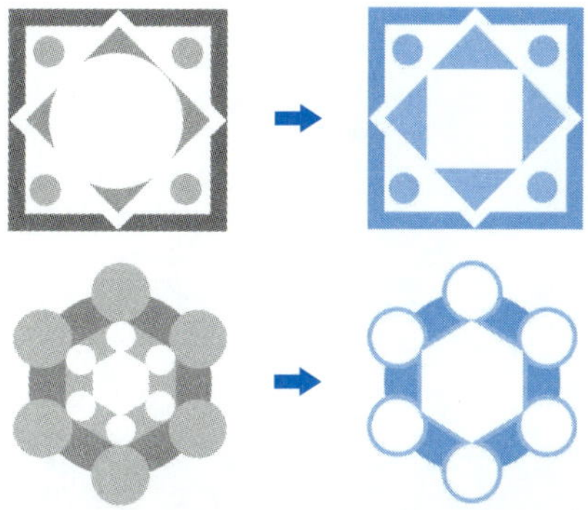

[모형 1] [모형 2]

(1) 전달자도 충실히 전달했고, 그리는 사람도 열중하여 그렸지만, 실제 그림과 차이가 날것이다. 왜 이러한 차이가 생겼을까?

____

____

____

(2) 혹시 전달자나 나머지 학생들 모두 자신의 주관에 따라 행동하지는 않았는가?

____

____

____

(3) 짧은 시간 동안이었으나, 본 실습을 통해서 다른 사람의 말을 듣고 이해한다는 것이 얼마나 힘들고 어려운 일인지를 체험할 수 있었을 것이다. 우리는 언어능력을 과신한다. 그런데 이것이야말로 대단히 위험하다는 것을 본 실습을 통해 알 수 있다. 말만 가지고 상대를 리더 한다는 것이 얼마나 어려운가를 학습한 셈이다.

"NO를 거꾸로 쓰면 전진을 의미하는 ON이 된다.
모든 문제에는 반드시 문제를 푸는 열쇠가 있다.
끊임없이 생각하고 찾아내라."

– 노만 빈센트 필(Norman Vincent Peale) –

CHAPTER 13

글로벌 리더십과 위기관리

21세기는 글로벌 리더십(Global leadership)을 원한다. 등태산 소천하(登泰山 小天下 : 공자가 태산에 오른 뒤에야 비로소 천하가 작다는 것을 알았다는 이야기)라는 고사성어가 있다. 바다를 구경한 사람은 크게 보이던 강물이 너무도 작게 생각되고, 성인과 같은 위대한 분에게 조석으로 가르침을 받은 사람은 옛날에 좋게 들리고 훌륭하게 느껴졌던 말들이 한낱 말재주나 부린 알맹이 없는 것으로 느껴진다는 의미다. 글로벌 리더의 필요성을 강조한 말이다.

위기가 닥쳤을 때 빛나는 리더십이 있는 반면, 오히려 위축되는 리더십이 있다. 위기관리는 폭풍우가 휘몰아칠 때 현장에서 배워야 할 원칙이 아니다. 구름이 없는 맑은 하늘일 때 배워서 익혀야 한다. 위기에 잘 대처하는 조직은 평소에도 정리정돈이 잘 되어 있다. 그들의 가치가 무엇인지, 조직 안에서 흐르는 주어진 일(Mission)이 무엇인지 잘 알고 있다. 이는 조직의 존재 이유를 알기 때문이다. 위기가 닥쳐오면 존재 이유를 모르고 무너지는 조직이 있는 반면에 잘 준비된 조직은 더 강화된다. 리더십은 위기를 극복하는 방법보다는 어떻게 조직을 존재시키느냐가 핵심이다. 위기는 언제 누구에게나 닥칠 수 있는 잠재된 실체이므로 매일 위기의 연속이라 여겨 철저히 대비하는 유비무환(有備無患)의 대응 자세가 필요하며, 이는 개인도 조직도 국가도 결코 다를 수 없다.

01 글로벌 리더십 OX 퀴즈

등태산 소천하(登泰山 小天下 : 공자가 태산에 오른 뒤에야 비로소 천하가 작다는 것을 알았다는 이야기)[1]라는 고사성어가 있다. 바다를 구경한 사람은 크게 보이던 강물이 너무도 작게 생각되고, 성인과 같은 위대한 분에게 조석으로 가르침을 받은 사람은 옛날에 좋게 들리고 훌륭하게 느껴졌던 말들이 한낱 말재주나 부린 알맹이 없는 것으로 느껴진다는 의미다. 글로벌 리더의 필요성을 강조한 말이다.

21세기는 글로벌 리더십(Global Leadership)의 시대라고 할 수 있다. 글로벌 리더라면 다(多)문화에 대한 관리 역량이 중요하다. 최근에는 우리나라 사람들도 교양인 소리를 들으려면 와인과 오페라를 알아야 해서 그 스트레스가 만만치 않다고 한다. 이처럼 글로벌화가 빨리 진행되면서 국제 매너에 대한 중요성이 무엇보다 높아지고 있는 실정이다. 현재 우리나라는 세계에서 국력이 13번째 수준이고, 우리나라에 사는 외국인만도 100만 명 이상이다. 이제 우리도 세계무대에서 어깨를 나란히 하는 인간관계를 가져야 할 때가 됐다. 알다시피 영어는 세계 언어가 되었고, 인터넷의 발달로 영어의 지위는 더욱 강화되고 있다.

이제 세계무대에 뛰어들기 위해서 비즈니스 매너와 영어를 동시에 잡아야 한다. 같은 이야기를 해도 지적인 수준이 높은 화제를 가져야 존경심을 갖고 본다.

1 "공자께서 노나라 동산(東山)에 올라가서는 노나라를 작게 여기시고, 태산에 올라가서는 천하를 작게 여기셨다. 그렇기 때문에 바다를 구경한 사람에게는 어지간한 큰 강물 따위는 물같이 보이지가 않고 성인(聖人)의 문에서 배운 사람에게는 어지간한 말들은 말같이 들리지가 않는 법이다."(맹자, 진심상(盡心上)).

다음은 가장 기본적인 매너에 대한 문제이다. OX 퀴즈에 답하고 자신의 글로벌 매너를 강화하기 바란다.

퀴즈를 마쳤으면 서로의 점수를 보여주거나 느낀 점을 체크하고 피드백하라.

	글로벌 리더십 OX 퀴즈	Check	
		Yes	No
1	방향이나 사람을 지시할 때는 정중함을 더하기 위해 양손으로 한다.		
2	명함은 높은 사람이 부하에게 정중하게 전달한다.		
3	명함을 받았을 경우 읽기 어려운 한자가 있을 때는 그 자리에서 물어 보는 것이 예의이다.		
4	상대방을 기억하기 위해서 명함의 뒤편에 특히 사항을 기록해 두는 것이 좋다.		
5	여러 장의 명함을 한꺼번에 받았을 때는 명함 지갑에 순서대로 넣으면서 본인의 명함을 건넨다.		
6	소개 시에는 지위를 막론하고 연소자를 연장자에게 소개한다.		
7	집안 식구와 외부인을 소개할 때 보통 집안 식구를 먼저 소개한다.		
8	악수 시 신뢰감을 주기 위해서는 양손을 잡고 한다.		
9	악수는 이성간의 경우 아무나 자연스럽게 먼저 청한다.		
10	방한용 장갑을 착용하고 있을 때는 반드시 벗고 악수를 한다.		
11	회전문 안내 시에는 안내자가 방문자의 앞에 서서 회전문을 밀어 주는 것이 예의이다.		
12	계단 안내 시 안내자는 방문자의 앞에서 먼저 계단을 오르는 것이 바람직하다.		
13	엘리베이터 안내 시 상대자가 다수일 경우 안내자가 맨 나중에 탑승한다.		
14	단독의자와 장의자 중 상석은 장의자이다.		
15	운전자가 친근할 경우 상석은 운전자의 대각선 쪽이다.		
관련 의견			

표 13-1 종합진단 비교표

진단내용	본인 진단점수	팀 진단점수	타인진단 점수			본인-타인 최대 차이
			상사	동료	부하	
글로벌 매너						

- 본인과 타인 간의 점수 차이가 클수록 원인을 잘 점검하고 개선할 필요성이 있다.
- 보다 자세한 진단 결과의 내용은 제1장의 '해석 및 요령'을 참조하라.
- 보다 신뢰성 있는 평가를 원한다면 진단표에 제시된 문답 중에서 자신이 더욱 개선되기 위해 노력해야 하는 항목을 조직(집, 학교, 공동체, 직장)에서 가장 신뢰하는 사람이나 정직한 피드백을 줄 것 같은 사람을 선정하여 경청한다.

〈정답〉 1. (X) 사물은 한손 사람은 양손-시선도 함께(고객-방향-고객)-고객을 기준으로 안내한다. 2. (X) 방문자가 먼저 명함을 내민다. 3. (O) 4. (O) 상대방이 가고 난 다음 기록한다. 5. (X) 서서 받을 때는 이야기할 동안 손에 들고 있다. 6. (X) 지위가 제일 먼저이다. 7. (O) 8. (X) 9. (O) 10. (O) 여성의 경우는 괜찮다. 11. (X) 12. (O) 13. (X) 14. (O) 15. (X)

질문과 답변
Q & A

Q2 당신은 시대의 트렌드(Trend)를 알고 있는가?

'박제된 리더'가 아닌 '살아있는 리더'로 성공하기 위해서는 각 분야의 흐름을 잘 읽어야 한다. 트렌드(Trend)란 현재에서 발생되고 미래의 일정 기간 또는 꾸준히 사회의 각 분야에서 나타나는 유행 같은 현상을 트렌드라고 말한다. 트렌드는 대게 5년 전후로 지속되는 경향이 있으며, 단기적인 트렌드의 경우 단기간에 끝나 버리는 형태와 수년 수십 년에 걸쳐 일어나는 장기적인 트렌드로 구분해 볼 수 있다. 단기적인 트렌드의 경우 단기간에 새로운 변화를 가져오기 때문에 다양한 변화를 시도하는 경향이 있고 그 시대의 유행으로 발전한다.

요즘 여러분 친구들 사이에서 유행하는 것이 무엇인지 찾아보고, 그것이 왜 유행하게 되었는지 생각을 적어보라. 유행 속에는 '친구들이 무엇을 원하는지' 그 마음이 들어 있다. 그리고 국제적으로 유행하는 것이 무엇인지 찾아보고, 그것이 왜 유행하게 되었는지도 함께 적어보라.

기록을 마쳤으면 자신의 아이디어를 적은 '기록 시트'를 서로 보여 주거나 발표한다. 과정을 모두 마쳤으면 이 프로그램을 통해서 느낀 점을 피드백하라.

03 아는 것만큼 보인다

우리는 19세기 영국의 왕보다도 더 많은 정보를 가지고 있지만, 현대의 첨단 기술로도 내부 및 외부 환경의 변화를 충분히 파악할 수 없다. 그래도 리더가 환경의 변화를 예의 주시하면서 그들 주변에서 급변하고 있는 세계의 흐름을 포착하기 위해 최선을 다하는 것은 매우 중요하다.

리더십을 필요로 하는 곳은 어디인가. 그 곳은 바로 끊임없이 변화하는 이 세상이다. 리더는 그들 주위에서 일어나는 변화를 인식하고 그 변화가 자기의 조직, 그리고 궁극적으로는 조직원들에게 어떤 영향을 미칠 것인지를 알고 있어야만 한다. 리더는 리더십을 생활화하고, 다른 사람들로 하여금 성장하고 발전하며 변화의 시기에 번성할 수 있도록 도와줌으로써 자기의 조직을 지속적으로 존속·발전할 수 있도록 노력을 다해야 한다.

전투에 임한 장수는 시·공간적 상황은 물론 적의 능력까지도 정확히 파악해야 한다. 리더십 이론에서 리더십을 리더, 부하, 환경 등의 함수관계로 보고 있듯이 3가지가 상황파악의 대상이 된다. 결국 리더십에서 상황파악은 리더십 발휘의 전제요건이며, 리더십의 성패를 결정하는 요체로써 상황파악이 전제되지 않고는 올바른 목표설정, 전략설정이 불가능해진다.

다음의 질문에 답하고 자신의 상황파악능력을 점검해보라. 기록을 마쳤으면 자신의 아이디어와 느낀 감정을 적은 '기록 시트'를 서로 보여 주거나 발표한다. 과정을 모두 마쳤으면 이 프로그램을 통해서 느낀 점을 피드백하라.

1 실습(1) : 상황변화

지난 1~3년 사이에 각자의 조직에 영향을 미친 중요한 변화에 대해 토의해 보십시오.

(1) [외부 변화] 지난 1~3년 사이에 각자의 조직에 영향을 미친 외부세계의 변화는 어떤 것들이 있는가?

____

____

____

(2) [내부 변화] 지난 1~3년 사이 조직의 업무방식을 크게 바꾸게 만든 조직 내부의 변화는 어떤 것들이 있는가?

____

____

____

(3) [조직 구성원] 이러한 변화들이 조직 구성원들에게 어떠한 영향을 미쳤는가?

____

____

____

(4) [자신] 이러한 변화들이 여러분 자신에게는 어떠한 영향을 미쳤는가?

(5) [리더] 이러한 변화는 리더인 당신에게 무엇을 의미하는가?

2 실습(2) : 팀장이 되어서 변화된 것들

당신은 팀장이 되었다. 리더가 된 것이다. "팀장이 되어서 변화된 것들"을 토의를 통해 정리해보라. 변화되어서 좋은 점과 어려운 점으로 구분하여 토의하고, 각 분임의 토의결과는 발표를 통해 상호공유하면 된다. 토의 시간은 10분이다. 발표자를 선정하라.

(1) 좋은 점

(2) 어려워진 점

Q4 미래 통찰력을 키우기 위한 나의 실천법

미래를 내다보는 눈을 가진 사람은 사람들의 욕구를 세밀하게 관찰한다. 이제는 상상력으로 시간과 공간을 뛰어 넘어야 한다. 미래는 상상을 타고 온다. 상상력을 총동원하여 미래를 예측하고 대비하자. 미래가 예정된 것이든 만들어가는 것이든 한 가지 분명한 사실은 미래는 준비하는 자의 것이라는 점이다. 꿈꾸는 자만이 미래를 맞이할 수 있다. 설령 미래가 예정되어 있다 하더라도 준비하고 기다리는 자에게 제대로 열릴 것은 너무나 당연한 일이다.

미래에 대한 통찰을 지닌 리더라면 항상 배우는 자세로 '지적 희열'을 즐긴다. 정보를 구하기 위해 많은 시간을 투자한다. 사물이나 현상을 다양한 각도에서 생각한다. 글로벌 환경 변화에 따른 현재와 미래의 연결점을 찾아본다. 미래는 정해지지 않은 무한한 가능성 세계이므로 미래에 대한 예측은 막강한 힘을 발휘한다. 이제 우리는 과거에는 꿈도 꾸지 못했던 예측들을 컴퓨터와 같은 도구를 이용하여 정교하게 구체화할 수 있는 능력을 갖게 되었다. 미래를 보는 눈을 키우기 위해 실천하고 있는 방법에 대해 한 가지씩 구체적인 사례를 들어 이야기를 나누어 보라. 나는 미래를 보는 눈을 키우기 위해 어떤 노력을 기울이고 있는가?

기록을 마쳤으면 자신의 아이디어와 느낀 감정을 적은 '기록 시트'를 서로 보여 주거나 발표를 한다. 과정을 모두 마쳤으면 이 프로그램을 통해서 느낀 점을 피드백하라.

5 누구를 태울 것인가?

다음의 상황에서 당신은 과연 어떤 선택을 할 것인가? 당신의 '리더십 철학'과 '행동'을 발휘해보라. "당신은 거센 폭풍우가 몰아치는 밤길에 운전을 하고 있다. 마침 버스 정류장을 지나치는데, 그곳에는 세 사람이 버스를 기다리고 있었다. 약하고 지쳐서 아주 생명이 위급해 보이는(빨리 병원에 모시고 가야 하는 듯하다) 할머니, (당신을 보고 반색하는) 당신의 생명을 구해 준 적이 있는 정말 고마운 의사, (이번에 지나치면 다시는 만날 수 없는) 당신이 꿈에도 그리던 이상형의 사람 등 3명이 기다리고 있다. 기다리는 버스 시간은 멀었고 차에는 단 한 명만이 더 탈 수 있는 상황입니다." 당신은 이 상황에서 어떤 사람을 태우겠는가? 당신의 선택과 그 이유를 적은 '기록 시트'를 서로 보여 주고 발표한다.

과정을 모두 마쳤으면 이 프로그램을 통해서 느낀 점을 피드백하라.

06 위기상황, 당신의 리더십 철학은?

텍사스 크기의 소행성이 시속 2만 3천 마일의 속도로 지구와 충돌하여 지구는 방사능과 화염에 휩싸여 인류 최후의 종말을 맞이하게 되었다. 이런 바 지구 종말을 일컫는 아마겟돈(Armageddon)의 순간이 다가온 것이다. 하지만 초토화된 지구의 폐허 속에서도 12명의 생명이 생존하여 건강하게 숨을 쉬고 있었다(아래 명단 참조).

한편 백두산 지하 연구실에서는 이 날을 대비해 서강과학연구원의 김재득 박사는 캡슐을 만들어 두었고, 지구상에서 방사능이 제거되고 생물이 생존할 수 있을 때까지 지구를 떠나 있다가 귀환해 인류의 새로운 지구 생활을 구상하고 있었다. 김박사는 인간의 생존이 보장되는 현대 과학의 완전한 결정체인 캡슐로 지구의 마지막 생존자이며 미래 지구촌의 새 주인공을 위한 구출 작전을 펴야 한다. 그러나 그 보호 캡슐에는 과학자 자신을 포함해서 오직 8명만이 탑승할 수 있게 되어 있다.

이제 지구의 생존자 12명 중 아래 '구조 대상자'의 인명 자료를 보고 그 중에서 7명을 엄중 선정해보라. 각자의 성격이나 인물됨에 대한 더 이상의 정보는 없지만, 당신이 구세자라면 새로운 역사의 주인공으로 누구를 선택할 것인가? 그리고 그 이유는 무엇인가? 자신의 가치관, 직업과 사람에 대한 평소의 이미지, 인류의 생명과 정의에 대한 리더십 철학으로 팀원을 설득해보라.

과정을 모두 마쳤으면 이 프로그램을 통해서 느낀 점을 피드백하라.

1 구조 대상자

- 17세의 여고 1학년생
- 용감한 무장 해병대
- 인기절정인 미모의 여가수
- 저명한 역사학자
- 젊은 성직자
- 탁월한 외교관
- 갓 학위를 받은 우주과학자
- 월드컵 축구 스타
- 임신 중인 시골농부의 아내
- 전과 4범이나 현재는 개과천선한 여자
- 외국에서 유학 다녀온 남학생
- 대형트럭 운전기사

2 토론문

(1) 선정기준과 토론과정에서 자신의 리더십 철학은 무엇이었나?

____

____

____

____

____

(2) 생존 대상자에서 제외된 5명과 그 이유는?

제외된 5명	그 이유는?

(3) 토론과정에서 누구의 리더십 스타일이 가장 특이하였는가?

누 구	어떤 내용?

07 리더가 마음에 들지 않는 이유

리더는 전지전능한 신이 아니다. 성직자도 아니다. 리더도 때로는 한잔 술에 횡설수설하기도 하고, 때로는 중요한 정책 결정의 중대한 미스를 남기기도 한다. 필자의 경험상 많은 리더들과 사람들이 완벽한 리더십에 대한 '환상'을 가지고 있었다. 간디와 같은 품성과 칭기즈칸의 카리스마, 케네디 대통령 같은 외모, 아인슈타인의 천재성을 가진 사람을 원한다. 그러나 모든 문제를 처리하는 팔방미인의 만능해결사형 리더는 지구상 어디에도 존재하지 않는다. 더 이상 슈퍼맨 같은 리더는 없다.

환상은 깨어져야 한다! 오직 '엄친딸', '엄친아', '아친남'만이 가능할 뿐이다. 당신의 리더는 어떠한가? 당신은 무엇 때문에 당신의 리더가 불만인지 종이에 적어보라. 종이에 기록한 결점이 결정적 오류가 아니라면 찢어버려라! 그래야 리더가 이해되고, 그럼으로써 리더와의 관계에 신천지가 펼쳐진다.

- **자! 이제 당신의 리더로부터 무엇이 마음에 안 드는지 종이를 꺼내어 자세히 적어보라.**
- **기록을 마쳤으면 자신의 내용 중 3~4가지만 서로 소개한다. 과정을 마쳤으면 이 프로그램을 통해서 느낀 점을 서로 토의하라.**

08 나의 '실패노트' 작성하기

세상에는 성공이 있으면 실패도 있다. 화(禍)가 있으면 복(福)이 있듯이 성공과 실패는 음양 법칙의 일부다. 결코 실패했다고 해서 좌절하면 안 된다. 실패해도 굴하지 않고 적극적인 사고로 새로운 에너지를 발휘해 나가야 한다. 한 번도 실패하지 않았다는 것은 새로운 일을 전혀 시도하고 있지 않다는 신호다. 최악의 삼진아웃타자는 최고의 홈런 타자인 베이브 루스(Babe Ruth)였다. 에디슨은 전구하나에 400번의 실패를 하였다.

일상생활의 대부분은 실패와 성공의 연속과정에 있다. 어쩌면 일생을 실패와 더불어 살아간다고 해도 과언이 아니다. 따라서 실패를 어떻게 해석하고 대처하느냐는 자신이 원하는 삶을 성취하는데 중요한 요소 중의 하나일 것이다. '실패는 성공의 어머니다.' 이 말은 진리다. 과거의 성공은 실패의 씨앗으로 변한다. 변화의 강력한 적중의 하나는 '과거의 성공'이다. 과거의 성공은 변화의 이유가 되지는 못하지만 저항의 이유는 될 수 있다. 우리는 작은 실패에서 배울 수 있어야 한다. 폐암 말기가 돼서야 담배를 끊는 것은 별 소용이 없다.

에디슨은 약 1,100여 건의 크고 작은 발명을 했다. 에디슨은 '발명의 대가'인 동시에 '실패의 대가'이기도 하다. 우리는 그가 백열전구를 발명한 것은 알지만 그것이 7,000번만의 성공이라는 점은 알지 못한다. 에디슨의 발명은 반복된 실험의 결과였다. 그가 백열전구의 필라멘트를 연구할 때 재료로써 시험해 본 것은 면사부터 대나무 섬유까지, 아마존 원산종이부터 일본 교토의 석정수 여덟 번째 궁 근방의 대나무까지 7,000여 개가 넘는다. 에디슨은 노트에 자신의 실패를 기록하고 정리했다.

반복되는 패턴으로 실패를 거듭한다면, 실패에 집중하여 좌절할 것이 아니라 실패의 결과를 피드백하여 자신이 원하는 것을 성취할 수 있는 방법을 찾고 행동하여야 한다. '실패는 없고, 피드백만 있을 뿐이다.' 실패와 성공의 연속과정에서 실패의 결과에 집중하여 좌절감 등의 부정적 감정에 주목하기 보다는, 어떻게 하면 원하는 것을 성취할 수 있을 것인가에 집중하여 실패의 프로세스를 점검하고 피드백하는 과정에서, 실패를 줄여내고 성취의 가능성을 높여나갈 수 있을 것이다. 그것을 구체화시킬 수 있는 방법으로써 원하는 것을 성취하기 위한 '피드백 노트'를 작성해보는 것도 좋은 방법이다.

'실패와 성공은 닮은 얼굴을 하고 온다'는 말이 있다. 처음엔 실패처럼 보이는 성공이, 또 성공처럼 보였던 실패가 얼마나 많은가! 그러므로 개인이든 조직이든 실패를 실패로 놔두지 말고 성공의 지렛대로 삼아야 한다. 진정한 리더라면 실패에 대한 좌절감에 주목하는 것이 아니라, 실패의 결과가 발생하게 된 다양한 과정을 피드백함으로써 실패를 '걸림돌'이 아닌 성취의 '디딤돌'로 활용할 수 있어야 한다.

리더십 실패 요인에는 여러 가지가 있을 수 있고, 실패 요인은 리더 자신과 상황에 따라 다를 수 있다. 독자가 리더가 되었을 때, '어떻게 하면 성공할까?'라는 물음과 함께 '무엇이 실패를 초래하는가?'라는 물음도 함께 던져 보자. 손자(孫子)의 전승불복(戰勝不服)이 의미하는 것처럼 영원한 승자는 없다. 항상 성공하는 리더는 없다는 말이다. 실패와 '휴먼 에러'(Human Error)를 최소한으로 줄이고 대비하고, 성공을 위한 발판을 마련하는 것 역시 리더의 자질이다. 자신의 '실패노트'를 작성하고 '패자부활전'을 펼쳐라. 그리고 분석하고 평가하여 재도약의 발판으로 삼아라. '실패는 성공의 어머니', '창조적 실패'라는 말처럼 실패에 대한 올바른 인식이 더 큰 발전의 원동력이 되기를 바란다.

기록을 마쳤으면 자신의 실패 사례내용 중 2~3가지만 서로 소개한다. 과정을 마쳤으면 이 프로그램을 통해서 느낀 점을 서로 토의하라.

09 리더 실패(탈락, 암살) 사례 찾기

리더 실패의 한 유형으로 '리더 탈락'은 리더로 인정받던 사람이 해고, 대기발령, 이동, 조기 퇴직, 조직에서의 고립화 등을 통해서 비자발적으로 조직의 핵심 라인에서 멀어지게 되는 경우를 말한다. 패한 리더들은 변화에 실패한 리더로서 초기의 성공에 안주했거나 아니면 변화하는 상황의 요구에 제대로 준비해 대응하지 못한 결과가 결국은 후반에 실패(탈락 혹은 암살)로 나타나는 현상이다.

경영학 용어에 '성공 함정(Success trap)'이란 말이 있다. 한 번의 성공이 제2, 제3의 성공을 보장하는 것이 아니고 한두 차례의 성취를 과신하고 방심했다가는 언제든지 위험에 노출될 수 있다는 뜻이다. 리더 실패를 초래하는 네 가지 함정(T · R · A · P)으로는 T : 실천력 결여(Talk Only, No Action), R : 현장과의 괴리(Remoteness from Reality), A : 권위주의(Authoritarianism), P : 인기주의(Populism)를 들고 있다.

리더들의 실패 요인은 대부분 자신의 실수에서 배우지 못하고, 융통성 있게 대처하지 못한 결과다. 그리고 과거를 인정하지 않고 이끌기보다 명령한다. 듣지 못하고, 자신의 욕구를 먼저 생각한다. 따라서 리더십이 영원할 거라고 생각해서 부하를 가르치지 못한다. 유머 감각이 없고 세상을 흑백 논리로만 본다는 특징을 지니고 있다. 리더는 과거에 성공했던 정책에 집착하는 '성공 함정'에 빠져서는 결코 안 된다.

한때 샐러리맨의 우상으로 추앙받던 김우중의 대우 신화는 32년 만에 막을 내렸다. 김 회장은 일밖에 모르는 사람으로 술은 전혀 안마시고, 골프도 시간이 없어 배우지 못했다. 유명 인사들에게 흔히 있는 스캔들도 없다. 오로지 경영에만 전념해 워커홀릭(Workaholic, 일중독자)이라는 별명이 붙을 정도의 리더였지만 어찌

해서 실패한 리더로 되었는지 김우중의 성공과 몰락에 대해 서로 알아보자.

동시에 이러한 사례에 해당하는 리더를 찾아보자! 리더 실패(탈락, 살해)의 사례는 많다. 신(新)제국의 처음이자 마지막 황제 왕망(王莽),[2] 서초패왕 항우,[3] 후안 페론,[4] 미하일 고르바초프,[5] 비뚤어진 선심형 리더 히틀러, 왕이 되기엔 너무나 유약했던 남자 루이 16세,[6] 궁예[7] 등 여러 분야에서 리더의 성공과 실패에 관한 이야기를 쉽게 접할 수 있다.

기록을 마쳤으면 자신의 내용 중 1~2가지만 서로 소개한다. 과정을 마쳤으면 이 프로그램을 통해서 느낀 점을 서로 토의하라.

---

2 왕망(王莽, 기원전 45년~기원후 25년 10월 6일)은 전한을 무너뜨리고 신나라를 세운 사람이다. 왕망은 그 아버지의 이복동생이 황후가 되자, 그 황후의 도움으로 섭정이 되었다. 중국 역사에서 "찬탈자"로 알려져 있으며, 시호는 가황제(假皇帝)·섭황제(攝皇帝)이다(위키백과, 2009).

3 항우(項羽, 기원전 232년~기원전 202년)는 초나라의 왕으로, 패왕(霸王)이라고도 불린다. 진(秦)나라 말기 하상(下相 : 지금의 강소성 숙천<宿遷> 서남) 출신으로 이름은 적(籍), 자는 우(초나라의 명문의 후손이다. 유방과 맞섰는데 초반에는 참모 범증의 활약으로 승승장구하였으나, 이를 간파한 유방이 항우와 범증을 갈라놓아 결국 패하였다(위키백과, 2009).

4 후안 도밍고 페론(Juan Domingo Perón, 1895년 10월 8일~1974년 7월 1일)은 아르헨티나의 군인이자 정치가로, 1946년에서 1955년, 1973년에서 1974년에 걸쳐 세 차례 아르헨티나의 대통령을 역임했다. 대중인기영합주의정책으로 비평을 받기도 한다(위키백과, 2009).

5 미하일 세르게예비치 고르바초프(Михаи́л Серге́евич Горбачёв, 1931년 3월 2일~)는 소비에트 연방의 마지막 당 서기장이다. 1985년부터 91년도까지 소련 공산당 서기장에 있었으며, 1990년 노벨 평화상을 수상하였다. 페레스트로이카를 추진하였고, 이는 소련을 비롯한 동유럽 옛 공산주의 국가들의 개혁과 개방, 민주화에 큰 영향을 주었다(위키백과, 2009).

6 루이 16세(Louis XVI, 1754년 8월 23일~1793년 1월 21일)는 1774년부터 1792년까지 프랑스 왕국을 통치한 부르봉 왕가 출신의 왕이다. 선량했던 그는 프랑스 사회를 개혁할 생각을 하고 있었으나, 나약하여 의지와 추진력이 부족하였고 당시 귀족층의 사치스러운 생활 또한 심각하였다. 결국 프랑스 혁명으로 퇴위당한 후 참수형에 처해졌으며, 그로 인해 '마지막 루이(Louis le Dernier)'라는 별명이 붙었다. 본명은 루이 오귀스트이다(위키백과, 2009).

7 궁예(弓裔, 857?~918년, 재위 : 901~918년)는 승려이자 태봉(후고구려)의 초대 군주다. 그는 신라 헌안왕 또는 신라 경문왕이 후궁을 통해서 얻은 아들이다. 성은 김씨, 호 또는 법명은 선종(善宗)이다(위키백과, 2009).

10 장자(莊子)의 우화

장자가 밤나무 밭에 놀러 갔다가 이상한 까치 한 마리가 나무에 앉아 있는 것을 보았다. 장자가 까치를 향해 돌을 던져 잡으려 하는 순간 까치는 본인이 위험에 빠진 것도 모르고 나무에 있는 사마귀 한 마리를 잡아먹으려고 정신이 팔려 있었다. 그런데 사마귀는 자기 뒤에 까치가 자신을 잡아먹으려는 사실을 모른 채 매미를 향해 두 팔을 쳐들어 잡으려 하고 있었고, 매미는 그것도 모르고 그늘 아래서 모든 것을 잊고 노래하고 있었다.

장자는 순간 세상의 모든 것들 중에 진정한 승자가 없다는 것을 깨닫고 던지려는 돌을 내려놓았다. 그 때 밤나무 밭지기가 쫓아와 장자가 밤을 훔친 줄로 알고 그에게 욕을 퍼부었다. 장자 역시도 최후의 승자는 아니었던 것이다. 세상 사람들은 서로 먹히고 물려 있으면서 자신이 영원한 승리자인 듯 착각하고 있는 것이다.

잠시의 성공에 도취되어 자기계발과 변화관리를 하지 않아서 실패하거나 후회한 사례가 있다면 장자의 우화를 교훈삼아 서로 논의해보라.

과정을 모두 마쳤으면 이 프로그램을 통해서 느낀 점을 피드백하라.

11 역발상과 창의적 리더

정보와 지식은 더 이상 부를 창출하는 기반이 되지 못한다. 이제 무엇이 새로운 '부'의 창출을 지배할 것인가? 결론부터 말하자면 답은 '아이디어'와 '창의성'이다. 정보 격차 대신 아이디어 격차가 모든 경쟁력을 좌우할 것이며, 그 경쟁력은 부의 창출을 원천적으로 지배하는 '창의적 계급'을 만들어낼 것이다.

바퀴를 활용해 새로운 물건을 만든 두 사람이 있다. 한 사람은 바퀴 달린 장갑을, 다른 한 사람은 바퀴 달린 운동화를 만들었다. 둘 다 남들이 생각하지 못한 것을 발명했으니 똑같이 창의적이라 할 수 있을까? 이 중 상품화되어 여러 사람에게 즐거움을 주고 있는 것은 바퀴 운동화이다. 창의성이란 이미 있는 것을 새로운 방식으로 조합하거나 분해하여 재구성하는 사고 성향이다. 독창적인 아이디어로 남들이 생각지 못한 물건이나 이론을 창조한 것만으로는 창의적이라고 할 수 없다. 새로 만들어 낸 것이 전의 것보다 더 효용 가치가 있어야만 창의적이라 할 수 있는 것이다.

창의성은 학교 성적과는 직접적인 관련성이 없다. 누구든 가치 있는 것을 창조해 내려는 의지와 호기심을 가진다면, 창의성을 기를 수 있다. 창의성은 우리가 접하는 일상생활에서도 개발되고 발휘된다. 작은 사물이나 사소한 현상도 그냥 지나치지 않고 거기서 뭔가 새로운 것을 발견하려는 노력, 고정된 관념을 깨고 달리 생각해 보려는 노력에 의해 우리의 뇌는 차츰 창의적으로 발전하는 것이다. 마치 우리가 운동을 통해 근육을 잘 발달시킬 수 있듯이 끊임없는 두뇌 훈련을 통해 창의적 사고 능력 또한 길러질 수 있는 것이다.

사하라 사막에 사는 사람들에게 눈을 치우는 제설차를 수출한 사람이 있다. 평생 눈을 한 번도 구경해본 적도 없는 사람들에게 눈을 치우는 차가 무슨 소용이 있을까요. 그래서 그는 제설차를 모래를 치우는데 좋은 차로 선전하여 수출했답니다. 그래서 사막에 사는 사람들은 지금도 고속도로에 쌓인 모래를 제설차로 치우고 있답니다. 이러한 열정의 상혼(商魂)과 창의성을 발휘하여 에스키모인에게 냉장고를 파는 법과 스님에게 빗을 파는 법을 토의하고 그 결과를 적어 보기 바란다.

- **시간은 3분이며, 떠오르는 아이디어를 가능하면 많이 기록하기 바란다.**
- **기록을 마쳤으면 자신의 아이디어와 느낀 감정을 적은 '기록 시트'를 서로 보여 주거나 발표한다. 과정을 모두 마쳤으면 이 프로그램을 통해서 느낀 점을 피드백하라.**

(1) 스님에게 빗을 파는 법

(2) 에스키모인에게 냉장고(에어컨)를 파는 법

(3) 종이컵으로 할 수 있는 것 10가지?

(4) 이 세상에 종이가 한 장도 없이 사라진다면 어떤 일이 일어날까?

(5) 모든 사람들의 얼굴이 같다면 어떤 일이 일어날까?

리더의 선언문(Leader's Magic Words)

리더들의 최고 선택! 나의 다짐

오늘부터 다시 내 인생의 새로운 드라마로 출발합니다.

1. 긍정적으로 생각하며 살겠습니다(절대긍정).
2. 적극적으로 행동하며 살겠습니다(순수열정).
3. 모두에게 감사를 표현하며 살겠습니다(두루감사).
4. 언제나 서로의 장점을 먼저보고 칭찬하며 살겠습니다(칭찬박사).
5. 1분간 말하고, 2분간 경청하며, 3분간 맞장구치겠습니다(대화지존).
6. 무재칠시[8]를 실천하고 세븐 업[9]을 적극 실천하는 리더가 되겠습니다(실천리더).
7. **열린 마음, 열린 머리, 열린 행동을 갖춘 열린 사람이 되겠습니다(우주리더).**

______, ______, ______을 갖춘 리더가 되겠습니다.

선서자 (   ) 서 명 ________________

200__년 _____월 _____일

멘토의 메시지

서 명 ________________

8 무재칠시(無財七施)란 화안시(和顔施), 언시(言施), 심시(心施), 안시(眼施), 신시(身施), 좌시(座施), 찰시(察施)를 말한다.

9 세븐 업(7-UP)이란 Change-up(변화관리, 변혁적 리더), Cheer-up(칭찬, 펀 리더), Clean-up(도덕성, 도덕적 리더), Give-up(권한위임, 임파워먼트), Shut-up(경청, 질문리더), Show-up(참여, 솔선수범), Pay-up(봉사, 성취적 리더)을 말한다. 리더를 꿈꾸는 자는 세븐 업을 Level-up시키려는 마음을 Mind-up해야 한다.

"무엇이든 잘 보려면 마음으로 보아야 해.
가장 중요한 건 눈에는 보이지 않아."
- 어린왕자 중에서 -

승자는 패자보다 열심히 일하지만 여유가 있고
패자는 승자보다 게으르지만 늘 바쁘다고 한다.
승자의 시간은 하루가 25시간이고,
패자의 시간은 23시간밖에 되지 않는다.
승자는 열심히 놀고 열심히 일한다.
패자는 빈둥빈둥 놀고 허겁지겁 놀고 흐지부지 쉰다.

– 유태인의 경전 '디아스포라' 중에서 –

참고문헌

1. 국내 문헌

공문선(2005). 통쾌한 대화법. 흐름출판.
김재득(2008). 리더십. 대영문화사.
______(2009). 조직행태론. 서강대학교.
백기복(2005). 리더십 리뷰 : 이론과 실제. 창민사.
______(2006). 성취형 리더의 일곱가지 행동법칙. 이지북.

2. 국외 문헌(번역본)

브라이언 트레이시 · 김정희 옮김(2004). (누구나 알고 있는) 성공의 습관. 이른아침.
스티븐 코비 · 김경섭 옮김(2005). 성공하는 10대들의 7가지 습관(개정판). 김영사.
스펜서 존슨 · 이영진 옮김(2000). 누가 내 치즈를 옮겼을까?. 진명출판사.
신시아 샤피로 · 공혜진 옮김(2007). 회사가 당신에게 알려주지 않는 50가지 비밀. 서돌.
앤서니 로빈스 · 조진형 옮김(2008). 네 안에 잠든 거인을 깨워라. 씨앗을 뿌리는 사람.
오렌 유리스 · 송린 옮김(2005). 성공리더의 리더십 카리스마. 종합출판.
존 맥스웰 · 김환영 옮김(2007). 리더십 21가지 법칙(실천편) : 사람을 세우는 인재 경영. 청우.
지그 지글러 · 성공가이드 옮김(2005). 정상에서 만납시다. 산수야.
톰 피터스 외 · 유승용 옮김(2007). (비즈니스 거장들) 리더십을 말하다. 늘푸른소나무.

3. 국외 문헌(원본)

Avdio, B., & B. M Bass(1985). *Transformational Leadership, Charisma and Beyond, School of Management*. SUNY at Binghamton. Working Paper. pp. 85-90.

______________________(1988). "Transformational Leadership, Charisma and Beyond". In J. G. Hunt, B. R. Baliga, H. P. Dachler and c. a. Schriesheim(Eds.), Emerging Leadership Vistas, Lexington Book, Lexington, Mass. pp. 29-50.

Avdio, B., & T. C. Givons(1988). "Developing Transformational Leaders : A Life Span Approach". In J. A. Conger, R. N. Kanungo and Associates(Eds.). *Charismatic Leadership : The Elusive Factor in Organizational Effectiveness*. San Francisco, CA : Jossey Bass. pp. 276-308.

Bass, B. M.(1985). *Leadership and Performance beyond Expectations*. NY : The Free Press.

Conger, J. A., Kanungo, R. N., Menon, S. T., & Mathur, P.(1997). Measuring charisma : Dimensionality and validity of the Conger-Kanungo scale of charisma leadership. *Canadian Journal of Administration Science* 14(3) : 290-302.

Kelley, R. E.(1994). *The Power of Followership*. NY : Doubleday Dell.

Spreitzer, G. M.(1995). Psychological empowerment in the workplace : Dimensions, measurement, and validation. *Academy of Management Journal* 38(5) : 1442-1465.

4. 리더십 관련 연구단체 및 언론기관

리더피아(LEADERPIA) http://www.leaderpia.com/
삼성경제연구소 http://www.seri.org/
에니어그램 파워 http://www.9-mind.com
엑스퍼트컨설팅 http://www.exc.co.kr/
크레벤성공센터 http://www.creven.org/
피닉스리더십센터 http://www.briantracy.co.kr/
하버드대학교 http://www.ksg.harvard.edu/
한국리더십센터 http://www.eklc.co.kr/index.asp/
한국에니어그램연구소 http://www.enneagram.re.kr/
한국카네기연구소 http://www.carnegie.co.kr/
휴 넷트 http://www.hunet.co.kr/
서울신문 2005. 1. 13
일간스포츠 2004. 2. 11
중앙일보 2008. 5. 8

찾아보기

ㅊ

ㅋ

ㅌ

ㅍ

ㅎ

저/자/약/력

■ 김재득(金載得)

저자 김재득은 대구 출생으로 대륜고등학교를 졸업했다. 가톨릭 수요사제모임의 1기 장학생으로 미국 하버드대학교 케네디 스쿨에서 리더십을 연수하고, 경희대학교 대학원에서 인사·조직(리더십)을 전공하여 행정학박사 학위를 받았다. 청소년 리더십, 팔로워십 전문가로서 가톨릭대학교 인간학연구소에서 연구교수를 지냈다. 현재, 서강대학교 공공정책대학원 행정법무학과 대우교수로 재직하면서 청소년, 열린 영성과 생명에 관한 리더십 연구와 저술 활동에 집중하고 있다. 또한 '공공리더십연구원(www.ripl.re.kr)' 원장으로 재직 중이며, 그 밖에도 지방행정연수원, 사회정의시민행동(www.casj.or.kr), 종교단체 및 기업체 등에서 코칭 리더로서 활발한 강연을 하고, 다수의 매체에 칼럼을 기고하고 있다. 주요 저서로는 『리더십』, 『5도(度)의 리더십』, 『인간과 조직의 이해』, 『현대사회와 행정』, 『정보사회와 인간관계』, 『리더십의 정글에서 길 찾기』, 『조직행태론』, 『인간관계의 이해』, 『인사행정론』, 『박제된 리더와 살아 있는 리더』, 『리더와 의사소통』 등 다수가 있다.

〈주요 강의 및 연구 분야〉

1. 리더십 분야 : 5도(度)의 리더십, 셀프 리더십, 7-Up, 팔로워십 4개 과정
2. 의식 혁신 분야 : 삶과 자기혁신, 변화관리. 시간관리 3개 과정
3. 조직 분야 : 휴먼 네트워킹, 임파워먼트, 코칭, 커뮤니케이션 등 4개 과정
4. 종교사회 분야 : 청소년 리더십, 종교지도자의 리더십 등 3개 과정

서강대학교 이외에 사회적 약자를 위한 NGO, 종교단체, 청소년교육기관, 공공기관, 일반 기업체 등 67개 단체에 순회 특강 중이다.

E-mail_ leadership@sogang.ac.kr / leadership10@daum.net
Homepage_ http://www.ripl.re.kr/
Daum cafe_ http://cafe.daum.net/leadershipandKJD

리더십 워크북

5도의 리더십 : 진단·처방·적용

|저자| 김재득

|1판 1쇄| 발행 2009년 7월 30일
|1판 2쇄| 발행 2012년 3월 20일
|1판 3쇄| 발행 2014년 3월 20일
|1판 4쇄| 발행 2015년 3월 10일

|발행인| 김동훈
|발행처| **공동체**

|주소| 경기도 고양시 일산동구 호수로 358-39, 동문타워 I 905호(백석동)
|전화| 031)920-8305(대표)
|팩스| 031)920-8308
|e-mail| compub@naver.com
|출판등록| 2005년 10월 6일
|등록번호| 제396-2005-36호

|ISBN| 978-89-6352-029-2
정가 18,000원